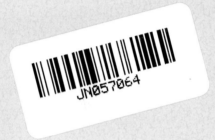

大井川流域の近代史年表

大塚淑夫 編集

はじめに

この本の執筆活動は、新型コロナウイルス感染症の拡大による外出・外食の自粛、会議や祭の中止などで狭い書斎に籠もることが多くなった二〇二一年七月から、終活の一部として今日まで感《かま》けてきました。

一般的に、地域史の年表は、県史・郡史・市町村史など、行政区画ごとにまとめられています。ここではそれらの行政区画の枠を取り除き、今はやりのドローンのカメラ目線で、鳥瞰的《ちょうかんてき》に「近代史」を概観してみようと思いました。

「大井川流域」という先史時代から現代まで各時代を通して、行政的にも人文科学的にも、日本を東西に二分する特殊な地理的環境のもとで「近代史」という時代を区切ってまとめてみました。

その対象範囲は、明治二二(一八八九)年、町村制施行当時の名称で示すと、榛原郡上川根村《はいばらぐんかみかわねむら》・志太郡東川根村《しだぐんひがしかわねむら》(本川根町↓現川根本町)、榛原郡中川根村《なかかわねむら》・志太郡徳山村《とくやまむら》(中川根町↓現川根本町)、榛原郡下川根村《しもかわねむら》・志太郡笹間村《ささまむら》(川根町↓現島田市)、榛原郡金谷町《かなやちょう》・五和村《ごかむら》(金谷町↓現島田市)、志太郡島田町《しまだちょう》・六合村《ろくごうむら》・大津村《おおつむら》・伊久身村《いくみむら》・榛原郡初倉村《はずくらむら》(現島田市)、榛原郡吉田村《よしだむら》(現吉田町)、志太郡相川村《あいかわむら》・静浜村《しずはまむら》・吉永村《よしながむら》(大井川町↓現焼津市)、となります。

「近代《きんだい》」とは、教科書的時代区分によれば、明治維新《めいじいしん》から太平洋戦争終戦までを区切りとしています。しかし地域史的には、ペリーやプチャーチンの「黒船来航」に対して、大草村《おおくさむら》・落合村《おちあいむら》(美濃国岩佐藩《みののくにいわさはん》飛び領地、現島田市大津地区)や川根筋の村々など海岸から離れた山間の集落にも、用宗《もちむね》海岸の防備のため、郷夫や鉄砲などの調達が指示されています。また黒船来航とともに「ペスト」「コレラ」など新しい感染病の流行が「明治維新」以前からこの地域でも始まっています。従って近代に繋がる事柄も含めて、幕末の嘉永年間まで遡《さかのぼ》って記してみました。また年表の終わりは、昭和十五（一九四〇）年までを一区切りとしました。「太平洋戦争開戦」前年までです。私の生まれた年でもあります。地域史的にみて、大戦中は全国一律の戦時体制でした。また私的《わたくしてき》には、この年以降は歴史というより実体験の時代に入ります。

私の専門分野は、考古学です。高校時代のクラブ活動から大学を定年退職後も調査・研究を続けてきました。その研究範囲は、駿河地方、西相模地方の古墳文化が中心でしたが、全国でも北海道北見地方から沖縄は先島地方の島々まで広範囲にわたっています。

広義の歴史学の中でも、個人の書いた「文献」を重視する狭義の歴史学に対し、遺物という「現物」と遺跡という「現場」を重視する考古学的視点は、いつの時代を研究する場合でも変わりません。可能な限り現場に赴《おもむ》いて文献資料の裏付けをし、現地住民からの聞き取り調査を行い、地理的環境を確認してきました。この雑多で浅薄に見える年表から、興味をそそられた事柄を見つけ、深掘りしてくれる今後の読者に期待致します。

編者　大塚淑夫

令和四（二〇二三）年十二月脱稿

目次

大井川流域の近代史年表

一　幕末の大混乱…度重なる自然災害と社会の混乱

・大干魃　・大地震　・疫病の大流行　・大火災　・ええじゃないか　・討幕軍の往来

年号	月日	ことがら
一八四九 嘉永 二	一月	・信濃屋庄三郎手代、御用材の大井川川下げ届書を島田役所に提出。
	四月	・椎茸《しいたけ》・茶などを積んで大井川筏《いかだ》下《さ》げが小長井(上川根・藤川村)近辺から行われた。
		・神座《かんざ》村では、天保《てんぽう》八(一八三七)年小笠郡山口村本所落合與左衛門・志太郡六合村阿知ヶ谷廣住孫右衛門両名が発起人となり、村民と協議して用水路開鑿の計画を立て、翌天保九年春には、蓑口《みのぐち》より字前田まで三四〇余間の用水路(現在の大堀)が竣工した。この開墾により字前田・同水神前の二ヵ所で田およそ二丁五反の開拓が成功した。これを「本所田」と称した。その後、出水のため度々荒地と起き返し(開墾)を繰り返し、次第に開拓は拡張して、この年までには、字孫目下・大街道下・出シ鼻・大沢尻・今蔵沢・甚六前・同道向ノ久保・二軒屋・御林下にて田八丁九反五畝四歩が竿入れ(検地)となった。後世神座地区での開墾事業はこの用水路の恩恵によるものであり、與左衛門・孫右衛門の功績は大きい。
一八五〇	一月二三日	・普門庵火災。

嘉永　三	四月二日	・「海防論」が高まり、浜松藩は海防報告書「海防手当書」を幕府に提出。
	八月	・堀之内・青部村等春の長雨、七月の大風雨による作物不作状況を駿府紺屋《こうや》町役所に届出。
		・この年、崎平《さきだいら》からの大井川筏下し荷物に茶・椎茸・板材等の積荷の記載あり。
		・この年、駿州六合村の江崎長作、茶の手揉みの「青透流」を編み出す。
一八五一 **嘉永　四**		・大草の天徳寺、山火事に遭い山門を除き全焼。翌嘉永《かえい》五年焼失した庫院を再建。明治二三年から本堂・諸堂の再建に着手、明治二七年に再建された。
	八月	・道中奉行は、改めて東海道品川～箱根宿、丸子～舞坂宿、新居～宮宿、桑名～草津宿で宿組合を作らせ、組合毎に取締役を置かせた。島田宿**桑原古作**（分家六代）が、箱根以西島田宿までの**東海道取締役**を命ぜられた。
		・この年、川根地区で**旱魃**《かんばつ》。八月一日～四日まで青部村村民、雨乞いを行う。
一八五二 **嘉永　五**	三月一日	・千頭山会所の要助、御用材伐出入山者八〇〇人余の諸入用品に関する書状を信濃屋庄三郎に送る。
		・この年、駿府の茶商人、茶仲間を再興し茶流通の独占を図る。
一八五三 **嘉永　六**	二月	・安倍・藁科の茶生産六三カ村、江戸の商人と自由に直取引しようとして駿府商人と対立し**嘉永の一件**始まる
	六月三日	・アメリカ使節**ペリー**は、軍艦四隻を率いて浦賀沖に来航。久里浜に上陸して開国要求の国書を手渡す。
	七月十八日	・ロシアの使節プチャーチンの軍艦が長崎に入港。
	七月	・駿州志太郡地名《じな》村名主庄兵衛外六名から島田役所（紺屋町代官所出張所）に、字「仏の元」に地

下溝を掘抜き、水を引き、地名村中に水路を通して**墾田開発**するという許可願が認可された。しかし金策が付かず中止。明治十二(一八七九)年ようやく完成する。

八月
・大間・千頭・藤川等遠江側の六ヵ村、中泉代官所支配に関し、生活困窮と交通利便などを理由により、駿河代官所への支配替えを願い出る。

十月二三日
・**家定**、十三代将軍となる。
・嘉永五～七年の三カ年に渉り、夏期降雨なく未曾有の**大旱害**。ことに嘉永六年の日照甚だしく、特に野田付近の谷川悉《ことごと》く干上がる。付近の多数の農民は千葉山の龍王段(雨乞い段)で雨乞いをし、**鵜田沢《うだざわ》・大谷《おおや》へ溜池**を掘る。大井川の流れも止まり、向榛原《むこうはいばら》(志太郡南部)では井戸水枯渇《こかつ》し、谷口弁天山の深渕《ふかんぶち》までできて、田水や家事の水を汲んで運んだ。
・嘉永年間以後、川役人の最上位に**取締**が置かれた(年額給料十二両～十三両)。
・千頭村、持山の立木を信濃屋庄三郎に売り渡し、その出材に関して御林や隣村との境、その他の支障は全くないと請書を出す。

十二月
・駿州の茶仲間、安部郡・有度郡等六ヶ郡一三〇村が呼応して、再度生産の立場より茶株仲間の非行を上訴したが成功しなかった。

嘉永 七
一八五四

一月
・**ペリー**が軍艦七隻を率いて江戸湾に来港。
・美濃国岩村藩の飛び領地であった大草村・落合村に対し、岩村藩横内《よこうち》陣屋から、海岸に面する同領広野村・石部《せきべ》村の**海防警備**のための人足として、郷夫を出張させる準備をするよう廻状が出された。内容は、大草村は二二人の内鉄砲七人、他は郷夫、落合村は郷夫三〇人。

一月～三月
・島田代官所から伊久美村を始め川根筋の村々に、次々と廻状触れが出された。これは異国船来航に対する防備のため、猟師たちの持つ鉄砲・玉薬を差し出せ、諸寺院の梵鐘な

	どを大砲や小銃鋳造のため差し出せ、などというものであった。
二月	・身成村では、「鉄砲証文」と「馬毛付帳（所有する馬の大きさ・種類・数・所有者の調査）」を代官所に差し出した。府中紺屋町陣屋代官、大草太郎左衛門政修が島田宿を支配（手代・友沢政蔵）
三月　三日	・幕府、ペリーと**日米和親条約**を締結。内容は下田・箱館の開港、薪水・食料・石炭・欠乏品の供給・漂流民の保護を主とし、最恵国待遇の条項も盛り込まれた。
五月	・**『島田宿《しまだしゅく》　獨《ひとり》　案内《あんない》』**改訂版発行。この年の島田宿の旅籠《はたご》屋は三七軒。
六月　五日	・大井大明神御位階上願の手続きをなし、御位階お迎えとして宿役人代表置塩《おしお》栄一、神主大井主税《ちから》ほか数名京師に上った。
七月十五日	・大井大明神に孝明天皇から「**勅宣御位記**」（**正一位**の位階）を賜る。**大井神社**と改称。
	・大井川洪水。川原新田で三戸流失。付近川成。
八月　二日	・**台風**による塩風のため、出穂残らず白穂となり、地主検見の上、小前《こまえ》（小作人）一俵につき一斗二升ずつ歩引きをなす。
十月　七日	・大津大草村・落合村・村良《むらら》村・堀内村・宮島村・助宗《すけむね》村など美濃国岩村藩領地の村々へ岩村藩横内陣屋から廻状が廻され、各村の猟師に、玉薬・印籠を翌八日までに役所に持参せよというものであった。
十月	・島田宿と相賀《おおか》村との間で「赤松疎水」の協議まとまり、島田宿では永代用水取入口として赤松蛙島付近に隧道を開削することになり、覚書を取り交わしたが、完成直前の大地震で崩壊。
十一月　四日	・**東海大地震**（伊豆・相模大地震。震源地は遠州灘沖から駿河湾内の全長二〇〇km、マグニチュード推定八・四、津波規模三m）、島田宿では、正覚寺堂宇大破、六丁目清水重左衛門方土蔵の庇《ひさし》を落とす、大井神社の石鳥居崩壊、宿内倒壊家屋多数、死者あり。三丁目和泉《いずみ》屋所左衛門・一丁目大村屋・桝《ます》屋山三郎の三軒潰れ大破損。五丁目魚問屋嘉太郎・大阪屋平左衛門・魚屋留

吉の三軒倒壊、大阪屋では二人死亡。

・六合地区では、倒壊家屋十八戸、負傷者数名。所々で地上に亀裂を生じ、泥土を噴出。東光寺付近では、山地至る所で崩落、陥没。

・大津地区では、千葉集落で二戸三棟が倒壊するも人畜に死傷なし。大長地区でも数戸が倒壊。

・(小夜の中山)峠茶屋皆倒壊、金谷宿九分通り倒壊、往来へ土と水噴き上げ道悪し、出火なし。

・藤枝宿では田中城大破、噴砂、失火により九一戸焼失、即死者五名。付近の土地全域に渉って大きな亀裂が生じ、泥水噴出。東海道の交通断絶。

・掛川藩では、掛川城倒壊し、城下の西見附から東見附まで焼失。壊滅的打撃を受けた。領内各村へ復旧のため大工を賦役した。また領民の生活困難を救うため、細島村外一四〇ヵ村へ米二千俵を施米した。

・金谷宿助郷村々の家屋の倒壊は三九%、各村へ**田中城・掛川城復旧**に対する賦役・人足の徴発が行われた。各村に村高一〇〇石あたり人足五人を三度ずつ、十五日分の労役が課せられ、百姓への負担は極めて重かった。

・大井川下流右岸堤防崩れ平地同然となる。安政二年一月に堤普請完成。

・大井川左岸掛川藩領下江留《しもえどめ》村での被害は、村内一四〇軒のうち七〇軒が壊滅、七〇軒は半壊、一面地割れし、ここから水吹出し、田地二〇〇石ほどが荒れ地になった。その後も余震は数かぎりない。藤守村の内本多半之助知行地《ちぎょうち》では居家全壊四八軒・居家半壊二三軒・小屋全壊一二軒・死者一人。その他、現大井川町全域で地割れ、液状化現象(流砂)・隆起沈降現象が起こり、大井川の堤防も破壊された。津波も約四mあったと推定される。

十一月 五日

・**南海大地震**(震源は紀伊半島南東沖一帯、推定マグニチュード八・四、津波規模四m)。六合地区では、一〇余戸が倒壊し、数名負傷、不動の瀧上部が崩壊。

	十一月十九日	・夜七ツ(四時)頃大揺れの地震あり。
		・このような大きな被害に対し、領主は財政悪化のため勧農・救恤《きゅうじゅつ》は不十分。
		・この頃、伊久美村二俣の西野平四郎らが、江戸神田白壁町に借家をして、江戸市中に川根茶の売込店を開き、開国とともに輸出品目として需要が出る。
一八五四 安政 元	三月 三日	・幕府、ペリーと**日米和親条約**を締結。
	十一月二七日	・**安政**に改元。
	十一月	・金谷宿に疫病流行。
	十二月二三日	・夜七ツ(四時)頃、再び大揺れの地震あり。向榛原地区(旧大井川町地区)では、人家はじめ建築物全半壊、田畑は隆起または陥没し、泥水吹き出す。大井川堤防崩れ平地同然となり、津波は地蔵森波除け御林まで上がる。
	十二月二一日	・幕府、プチャーチンと**日露和親条約**を締結。
		・この年、**ペスト流行**、島田宿内死者五〇〜六〇人。
		・身成村鉄砲証文十八名、馬毛付帳(一〇疋)提出。
一八五五 安政 二	一月二六日	・夜七ツ(四時)頃、再び大揺れの地震あり。これまで昼夜度々小揺れあり。
	一月二七日	・夜五ツ半(午後八時半)頃、県中部で大きな地震。大井川両岸・榛原に家屋被害。下江留で亀裂から水噴き出す。中島村盤石寺庫裏・土蔵破壊・島田・川根でも強く感じる。
	二月十八日	・前年の地震で、大長村伊太八倉山《やくらやま》西部に大亀裂を生じ、そこが大雨で大崩落して、岩石の下敷きとなり、伊太村の田畑地一〇〇俵分ほど損壊、里家一軒埋没し五人圧死。この崩壊で伊太谷川が堰き止められ八倉池が出来た。川会所《かわかいしょ》損壊する。
	七月	・**連続地震**。

	七月二六～二七日	・東海道諸国**大風雨**。島田宿でも豪雨、大井川洪水。川原新田地先破堤で三戸流失、付近川成。五和《ごか》地区では牛尾・島付近で破堤。震災から再築されたばかりの飯淵《はぶち》新田村四番下弍の小出しより六番出しまで決壊、八五間区間の各所で破堤し入水。流失家屋七戸・浸水家屋三〇戸。川尻村入水。
		・安政東海地震の**最大余震**（マグニチュード七～七・五）。
	八月十四日	・駿府紺屋町役所、**普請用竹売買**につき高値がないよう村々に廻状を廻す。
	九月十三日	・藤川村・田代村等大井川東岸の九ヵ村、定免の切替につき村々の惣代が駿府奉行所より呼び出され一〇月に高決まる（**定免**《じょうめん》とは、一定期間年の豊凶に拘わらず定額の年貢を徴収すること）。
	九月二一日	・島田役所、値上げ禁止の触状を出す。
	十一月四日	・六月作成の金谷宿助郷五二ヵ村の「地震破損取調書上帳」によると、地震による損地は〇・七％、家屋倒壊は全体で三九％。
	十一月	・駿府紺屋町役所、江戸表地震出火につき材木・運賃等の値上げ禁止を布達する。
一八五六 安政 三	一月 七日	・梅地《うめじ》村（上川根）、最近は村内の秩序が乱れ、盗みも多くなっているとして村人が相慎み不正をしない旨を申し合わせる。
	一月	・崎平の茶商、茶等の荷物を**筏下げ**し江戸へ送る。
	三月十六日	・島田役所、藤川・桑野山等に地震につき御陣屋修復入用金納入に関する廻状を廻す。
	四月	・**川会所**建替え（現存）。
	六月 九日	・中泉役所、管内での無宿どもの徘徊・金銭ねだり・盗みなどに取り締りの廻状を出す。
	六月	・大井神社南参道入口に、通日雇仲間《とおしひようなかま》が石灯籠二基を奉納。
		・天王村天王社の玉垣・石欄干を修復奉納（寄進者八七名中、川方一〇名以外は名字あり）。
	八月二五日	・暮六ツ（午後六時）頃から夜四ツ半（午後十一時）頃まで大風雨。稲は白穂となる。

	九月 三日	・東海大地震で中泉代官所陣屋が被害、その修復入用金を千頭村等から徴収する。
	九月 四日	・千頭《せんず》役人、信濃屋庄三郎の山木買入に当たり、御林と百姓山の境見分に行く際の準備を中泉代官所手代から指示される。
	九月 六日	・千頭村、村内大間谷・栗代谷の二ヶ所百姓山立木を信濃屋庄三郎へ売却すると届け出。
	九月十四日	・中泉役所、江戸表へ材木送り出しについては適正価格で積み出すようにと通達を出す。
	十一月	・藤川・桑野山・田代村等も島田陣屋入用金を徴収される。
一八五七 安政 四	五月	・大井川大出水、五和地区破堤。
	五月二三日	・**安政駿河地震**（マグニチュード六・一〜四）。田中城が所々破損、藤枝・駿府で強く揺れ、相良《さがら》で人家倒れる。島田宿では即死者八人。
	八月十七日	・**嘉永茶一件**、江戸勘定所において茶の生産者が、茶商人・茶問屋などを通さず、江戸への茶の直売りを要求したもの。生産者側の要求が認められた。
		・この年、伊久美村在郷商人の西野平四郎・西野平次郎・西野民蔵らは、江戸神田白銀町で製茶店を開き、ここを拠点に武州八王子や上総・下総方面まで販路拡張に努めた。
		・安政三年秋、谷口《やぐち》村内提灯崩《ちょうちんくず》し村方の者共へ売地につき、安政四年南原・色尾《いろお》・青柳・岡田・初倉の五ヵ村奉行所へ訴訟。八月示談成立。
一八五八 安政 五	三月二八日	・神座「慶雲寺」炎上。
		・府中紺屋町陣屋代官、山内甚五左衛門董正が島田宿支配（手代 木村幸一郎・近藤重三郎）
	三月	・千頭村、信濃屋へ売却した百姓山九ヵ所の山木伐出の届書を中泉代官所へ提出する。
	六月十一日	・**大井川大洪水**。夜八ツ（午前二時）時分より大雨降り出し、翌十二日暮七ッ（午後四時）時分まで少しもやむことなく、大井川満水にて所々谷川切り込み、宿内一丁目橋（代官橋?）上皆床

〜十二日	上浸水、三丁目より下は申すに及ばず。川原新田八重枠《やえわく》神社付近より切り込み、家屋三軒及び善太夫島《ぜんだゆうじま》田地およそ三〇町歩流失。 ・五和村地先で破堤、田畑の一部流失。金谷《かなや》宿でも田畑五〇町歩を失い、中町でも家五軒流失。近在近村田地また人家等多く流失。 ・東光寺谷川が大氾濫し、田畑と川筋との区別無く濁水が一面に流れ、特に川筋の東光寺・阿知ヶ谷・岸の各村の田畑は大半荒廃に帰した。幸い昼間であったため、人畜に死傷はなかった。他にも伊太谷川・相賀《おおか》谷川などの里、出水で沿岸の耕地被害甚だし。 ・大津村、大津谷川が氾濫、落合・野田付近の耕地は荒廃し、尾川の法蔵寺が、この水害と同時に後山が崩壊して押し流される。修理のため金二〇四二両一分、永四〇八匁八分の区費を要した。 ・湯日《ゆい》谷川大洪水にて堤残らず押し切り。田は過半が川成、石や砂が流入。 ・飯淵《はぶち》村前三番下出《だ》しより四番出しで欠け崩れる。
六月十九日	・幕府、ハリスと**日米修好通商条約**と**貿易章程**に調印。
七月　八日	・宿内及び近村に**冷徹疫(ペスト)**流行、この病三日限りで相果て、島田宿内でも五〇〜六〇人死亡。この病全国的に蔓延したが、このとき江戸蘭医から伝達された予防法(「冷徹疫預除法」)は「水一杯、上の酢一さじ、砂糖一さじ、右よくかきあわせ毎朝一杯ずつのむべし」というものであった。
七月〜八月	・長崎に入港した米軍艦乗組員から発生した**コレラ**が、全国に蔓延した。交通の発達が流行を増幅させ、東海道筋でも多数の死者を出す。江戸市中で死者二三万〜二六万人。
十月二五日	・**家茂**《いえもち》十四代将軍となる。 ・この年、県下各地で風水害。

一八五九 安政 六	二月 四日	・崎平村百姓、隣地の立木伐採につき、本人及び五人組・親類等連名で詫証文を提出する。
		・大井神社境内南参道に、大井川惣川越連中が、参詣者用「平橋」を奉納。
		・大井川大出水、破堤。
		・この年、横浜が開港され、製茶一八一屯が初めて輸出された。駿府茶商人などが横浜に出店したが、伊久美村二俣の西野平四郎も横浜開港に際し、紀州の人彦五郎を通訳として緑茶の米国輸出を始めた。
一八六〇 万延 元	二月～五月	・右岸島村より金谷河原地先改修工事、工費一万三二〇〇両は高知藩主松平土佐守の御金御手伝い普請によって賄う。島田宿地先堤防修理、金二〇四二両一分、永四〇八文八分。
	五月十六日	・飯淵村三番出しより飯淵新田二番出しまで堤防約十七間破堤。田畑亡所、飯淵村流失家屋二戸、浸水家屋三八戸。
	五月二一日	・川尻《かわしり》村堤防嵩上《かさあげ》方嘆願。
	五月二三日	・**大井川大洪水**、神座地先に多大の水害。島田宿川原新田地先より堤防切れ、下流方面破堤された。川尻村大川成、人家十七軒流失。修理経費、金二〇四二両一分・永四〇八匁八分の区費を要した。大幡《おおはた》上の大日《だいにち》堤破れ、川尻・大幡両地区の田畑は大損害を受け、他村に移住する者もあった。
		・大井川出水六日間で川原新田外下流方面破堤、大幡村・川尻村の田畑荒廃する。
		・飯淵村《はぶちむら》三番出しより飯淵新田村二番出しまで堤防約十七間破堤、田畑亡所、飯淵村流失家屋二戸、浸水家屋三八戸。飯淵新田村流失家屋三戸、破壊家屋多数。
		・中島村・飯淵村・飯淵新田村・吉永村・同利右衛門分・高新田村の六ヵ村、急水留普請嘆願。
	六月二九日	・東海道・関東地方大暴風雨。

七月
・大井川河原にて大捕物があった。島田宿小塩半十郎真義が、水戸藩の命により同藩の兄弟剣客浪人を生け捕った。
・秋出水、島田宿より川原新田地先堤防数町流失、田畑に石砂入る。御請《おうけ》新田及び対岸の谷口一番出しより四番出しまで、七番出しより十一番出しまで破堤。大柳新田堤防押切り川下の村々大川成。堤の切れたところから源助村・上泉村・相川《あいかわ》村・飯淵村・高新田村に本瀬が押し通り、開墾地に押し入り田畑は荒れ地となる。崩壊家屋多く、船にて通行す。川尻村字万年屋敷《まんねんやしき》の於咲《おさき》稲荷社入水のため流失。急ぎ夫食《ふじき》(農民用米穀)を拝領。
・この年、駿州安倍郡富厚里村の農民、柳葉を原料とした偽茶が大量に市場に出回っていると駿府町奉行所に訴える。

一八六一　文久　元

二月二二日
・中泉役所、米穀高値につき、多人数にて米穀貯蔵所へ押し入り、安値払いを強要のことがないよう触状を出す。

五月
・初倉 敬満《きょうまん》神社の御墨地残らず変地する。
・中泉役所、御普請用竹を他所への売渡禁止につき、見附宿より犬間村まで廻状を廻す。

七月
・島田宿役人、大井川両岸の村々に対し、駿府町奉行所牢破り十四人の手配書を廻す。

七月二一日
・府中紺屋町陣屋代官、今川要作忠恕が島田宿支配(手代 下八太郎・八木新平)(～文久三年)。

八月
・栃山川堤防が、治兵衛長次右衛門請所字柳島で破堤、田畑一〇町余埋没、稲作皆無。

八月　五日
・大井川大洪水で大長村神座被害。

十月
・**皇女和宮降嫁**に備えて街道筋の大々的整備を行う。
・和宮降嫁について御用の諸掛が、昨年末以来続々と下向通過した。

十月二〇日
・和宮親子内親王京都出発。予定を変更し中山道を通って十一月十五日江戸着。
・この年、駿府浅間神社元神官　新宮(中村)高平著『**駿河志料**』発刊。

	十一月二二日	・中泉役所、酒造米の過造なきよう、見附宿より犬間村まで廻状を廻す。
一八六二 文久 二	三月十一日	・孝明天皇の妹、和宮が将軍家茂に降嫁。江戸城で挙式。
	七月	・**参勤交代制の緩和**(家族を国許へ帰す。三年に一度の参府など)。
		・東海道人馬賃銭および助郷人馬賃銭**五割増**になる。
		・正覚寺焼失。
		・八月にかけて**麻疹(はしか)**流行。
		・夏、大井川初倉村地先破堤で大川成となる。
		・この年、大井川満水、相川村地先破堤、田畑荒地になる。水下高新田村まで冠水、田畑荒れ潰家多数、船にて通行。
		・船木「医王寺」の本堂・庫裏《くり》等焼失。
		・この年の米価、金十両に対し米十三俵半。
一八六三 文久 三		・府中紺屋町陣屋代官、伊奈半左衛門忠行が島田宿支配(手代 山中武右衛門・村松孝三郎・川上半之助・宮本釦一郎)(～慶応元年)。
		・大井神社社殿改築(信州宮大工立川昌敬《たてかわまさたか》)。この年秋の祭礼は壮麗を極めた。
		・東海道人馬賃銭および助郷人馬賃銭、昨年の五割増に加えて**五割増**になる。
	二月二六日	・十四代将軍**家茂最初の上洛**のとき、奉行所から島田・金谷両宿に特に強い渡船実施の要請があったが、両宿は以前と同じく強く反対し、従来通り大井川を川越しした。川越人足三六人で蓮台を担ぎ、水切川越五〇人が付き添ったが、この選ばれた待川越には、はなだ色(淡藍色)の鉢巻と二重回し(下帯)が与えられた。総数は定川越し・助川越し合わせて二〇〇三人で行い、費用は、新調した蓮台の他、合わせて金一一七両二分余。このと

年	月日	事項
		き渡りきれないことを考え、焼津湊より船七、八艘用意したが不用に終わった。
	七月	・犬間・千頭・水川(中川根)等六ヵ村、再度中泉代官所から駿府代官所への支配替えの願書を差し出す。
	七月二四日～閏八月五日	・二度の**台風**により大井川出水、川原新田八《や》重《え》枠《わく》稲荷《いなり》神社付近より切り込み家屋四軒流失。源助村では五〇〇間堤大破。初倉の湯日《ゆい》川大水にて堤数カ所で押し切り川成となる。
		・信州松本在の**信濃屋野口庄三郎**という者、幕府の命を受け、大井川奥井川山・藤川山・千頭山およびそれらに接続する広域から、嘉永四年以来この年まで十三年間、毎年莫大な木材を伐り出した。これに対し島田・金谷の川方や宿役人から、川越場への筏流しやバラ流しの支障と、御用材の流下ということを盾にした信濃屋の傲慢なやり方に、沿岸住民からも猛然とした苦情が巻き起こり、向谷水神山鼻から下流へは流下することは出来なくなった。そこで仕方なく、向谷水門に流し込み、竜泉院川・伊太谷川・栃山川を経て焼津港・和田港へ出し、積み替えられて江戸送りとなった。しかしこの流路は水量が少なく、また沿岸住民からの苦情が多く、最終的には撤退した。
		・安政年中、島田町に加太蔵という放火狂がおり、頻発する放火に町民は極度に恐怖した。文久年間に至り、江戸の火消しを真似て**自警団**を作ることとなり、宿役人塚本孫蔵、地方役人桑原古作の肝煎りで、**職工火消組**という自警団が組織された。組員は大工・左官・鳶職などの篤志家で、被服も自費で調製した。
		・この年の米価は、金十両に対し米十一俵。
元治 元 一八六四	夏(閏五月)	・将軍家茂《いえもち》、三度目の上洛のとき、奉行所から再び渡船の要請があったが島田・金谷両宿はあくまで反対した。なお宿町並《まちなみ》の東西出入口に、初めて**市門**を建てた。

		十二月	・正覚寺、古家を求め、間口四間、奥行六間の本堂とした。 ・この年、大井川源助村地先、再び破堤。 ・(英米仏蘭連合艦隊の下関砲撃・長州征伐) 身成村は、「鉄砲・竹槍・強壮人書上帳」を提出、鉄砲所持者十八名・竹槍一一五人、計一三三人と報告。 ・千頭村川越頭・村役人等、千頭百姓山から尾張御用材の伐出時に、米その他諸物資の運搬をたとえ農繁時にあっても滞りなく運ぶ旨の念書を信濃屋庄三郎に差し出す。
一八六五	元治 二	二月	・桑野山・藤川等五ヵ村の農民多数、幕府の「長州征伐」資金として一一〇両余を上納す。
	慶応 元	五月 一日	・大井川大出水、五和村地先堤防決壊。上泉村・相川村・飯淵《はぶち》村の御普請所大破損。六ヵ村も同様。
		五月一六日	・(第二回長州征伐) 将軍御進発、身成村の助郷役は丸子《まりこ》宿勤務、その経費六二両余。
		六月十六日	・大風雨にて大井川、谷川ともに大出水。
		六月	・藤川村坂京組四郎兵衛ら五名、長州征伐費として三両を上納する。 ・府中紺屋町陣屋代官、中山誠一郎が島田宿支配(〜慶応三年)。島田出張陣屋は、四人の役人を常置して取り締まった。島田町宿役人は塚本孫蔵、地方《じかた》役人は桑原古作で、自宅で置塩孫太夫・森勘五郎両人が従事した。
		十月	・犬間・奥泉・堀之内等駿遠十一ヵ村の名主ら、助郷の免除を道中奉行に嘆願する。 ・行幸《ぎょうこう》御進発につき助郷増高願い出る。 ・この年、島田宿向榛原《むこうはいばら》十三ヵ村の年貢江戸廻米、焼津湊で津出し中三〇七石二斗類焼。 ・この年の米価は、金十両に対し五俵。

一八六六	**慶応　二**	
二月二七日		・郡中惣代塚本孫兵衛、金谷宿・上長尾村・千頭村の役人衆に対し兵賦該当者各一名を連れての出頭を布達する。
三月十九日		・島田役所、兵賦差出につき、罷り出る者を連れ八日に駿府紺屋町役所へ出頭するよう廻状を廻す。
四月　一日		・暁七ツ(四時)**金谷宿大火**。焼失家屋五一軒。
四月　一日		・**丙寅《ひのえとら》の大火(森屋火事)**夜四ッ時(二二時)、風甚だしく東西に吹き付け、四丁目南側森屋裏、老婆おてつの住居から出火。西は尾火によって南側三丁目新間六右衛門方に及び、北側は大久保新右衛門東貸家まで、東は宿外れ松並木に至るまで、両側を悉く焼失した。天王村(現　祇園町)六軒、問屋裏大厩《うまや》三軒、焼失戸数二七一戸に及び、島田宿空前の大火であった。鎮火したのは翌二日朝六ッ時(六時)。焼け跡では三丁目から七丁目の松並木が望めたという。被災者救済の主な義捐者は、森定吉米二〇〇俵・秋野平右衛門金三〇〇両・石間平左衛門・桜井久蔵より一〇〇両宛・房吉佐太郎より二五両宛出金。類焼人一軒金二両宛と米一俵宛を差し遣わす。
四月二八日		・静浜村では、正午(十二時)頃よりにわかに雷風雨あり礫石の如く稀なる**大霰《あられ》**降って、草木は倒れ伏し、大豆・麦ともに残らず失った。怪我人もでたが、夕七ツ(一六時)頃には収まった。
四月		・大井川川越賃**三割増**。賃銭は川会所の買上制度となり、歩合は川越人足五割五分、川会所四割五分となる。この頃無賃越の役人の往復が増加、また大名や諸藩士の往来が激しくなったのに、川越の収入は激減した。
五月　三日		・島田役所、管内の役所へ米商等への脅迫、及び無宿者取締につき廻状を廻す。
五月		・大雨降る中で、甚兵衛島(島田宿川原新田)で十三軒焼失(二番宿・十番宿・酒屋・民家五戸・札場・立

	合宿・仲間の宿・荷縄屋・三番宿)。
六月　七日	・将軍家茂は**第二次長州征伐(四境戦争)**を断行するも敗退した。高一〇〇〇石につき兵賦一人宛割り当てられ従軍、小倉口で闘う。
七月十三日	・初倉地先大井川堤防大破されて大川成。
	・不作のため米不足につき、**飴・餅の製造禁止**の触れ。
七月二〇日	・**将軍家茂死去**。
八月十五日	・金谷・地名《じな》・上長尾等の軍役者六人、長州征伐中嵐にあい金谷宿に留まる。
八月二五日	・島田役所金谷宿より犬間村まで、将軍家茂死去に際し普請・鳴り物行事等の停止を布達。
八月	・金谷河原町名主・組頭等、遠江大井川流域高熊村以北十三ヵ村に指定された助郷役を金九〇両で請負う文書を出す。
九月　二日	・**幕府・長州の停戦成立**。
九月　五日	・長州征伐軍の撤兵に際し、川根筋遠江側の下長尾村から千頭村までの六ヵ村に見附宿の助郷が命ぜられる。
九月	・島田役所、長州征伐軍引き揚げに関して高熊村より犬間村まで十三ヵ村に金谷河原町への当分助郷を命ずる。
一〇月　三日	・島田役所、村々に**軍費上納金**のうち三分を一〇日までに納入するよう通達する。
十一月　七日	・稲作が病虫害のため不作となり、百姓が減租を懇願するも受け入れられず、まさに一揆が起ころうとしていた。当宿地内百姓がおよそ一千人ほど、早朝より大井神社境内へ立て籠もり、当年の年貢引の願い立てを、組々の世話人へ申立て、書面をもって百姓代に願い出た。地方御用へ一同出会い、これを理解したので、百姓は夜半までに引き取った。
十二月　五日	・初倉地先大井川堤防大破され大川成。
十二月　七日	・**慶喜**《よしのぶ》、十五代将軍となる。

西暦・年号	月日	事項
		・この年**物価高騰**。米価は、金十両につき約二俵九分。酒代は毎月値上げし、五月には一升五百文。幕府への入用金三割増が触れられた。酒造三分の二を減じ、三分の一とするよう触れ出された。質屋の利子が定められ触れ出された。
		・この年、各地で農村の手不足のため、軍夫役忌避、農兵反対等の一揆起こる。
一八六七 慶応 三	一月 五日	・島田役所、孝明《こうめい》天皇の死亡につき、普請・鳴り物行事を停止するよう金谷宿から犬間村まで廻状を廻す。
	一月二三日	・駿府紺屋町役場、硝石製造に関する廻状を犬間村から水川村まで遠江側六ヵ村に廻す。
	三月十三日	・江戸城で西郷隆盛と勝海舟の会談、将軍徳川慶喜の恭順、江戸城総攻撃中止。
	五月二四日	・徳川宗家を引き継いだ**徳川家達**《いえさと》は、駿河国府中藩主として領地高七〇万石が与えられた。
	九月 八日	・島田宿川原新田地先破堤され、民家四戸流失し、田畑川成。
	九月十二〜十七日頃	・七月下旬、三河国東海道熱田宿・御油宿辺りから始まった**御札降り・ええじゃないか騒動**は、尾張・三河・遠江の各地に拡大した。天照皇大神宮・春日大社・豊川稲荷・秋葉神社などの神札が舞い落ち、これを「お下《さ》がり（御札降り）」と称し、縁起として「ええじゃないか」と絶叫して乱舞する騒動が始まった。八月上旬には遠江国新居宿、八月中旬には気賀村・見付宿・掛川宿・井伊谷村へ、八月下旬には遠江有玉村・久居村・西藤平村へ、九月上旬には遠江国横須賀宿・大嶺村へ、九月中旬には遠江国金谷宿・駿河国島田宿・藤枝宿へ、九月下旬には駿河府中へ、十月中旬には駿河国江尻宿・岩淵宿・柚木村・比奈村・大宮宿・吉原宿・三島宿へと東海道を東進した。また伊豆国でも、十月下旬妻良村・下田村で発生した。多くの民衆が神札の降った家に押しかけ、家主は酒食の饗宴をし、蒔銭・蒔餅など多大の散財をして、舞台・地踊り・裸参りなど、どんちゃん騒ぎで祝った。以後東海道筋、甲信越へと拡大していった。

九月十二日	・金谷宿では、最初の「御札降り」が酒屋に降り、宿内で舞台を引き出し地踊りが始まり、氏神や秋葉神社へ参詣した。
九月十三日	・金谷宿助郷会所村田屋に「御札降り」があり、助郷惣代より舞台へ御神酒、惣代若者一同には酒の大樽がふるまわれ、御札降りのあった家々では蒔銭・蒔餅を行った。民衆は、女が男装、男は女装し箱提灯を持ち、奉公人が羽織・袴を着るなど、男女、身分を逆にした衣装で「世直し数え歌」を歌いながら踊るという、狂乱状態が昼夜の別なく続いた。御札の降った家は、有力な商人・農民・村役人等出費が困難でない家に限られ、意図的な行為であったことがうかがわれた。
九月	・神座・相賀・伊太村に**農兵**取り立ての廻状。
一〇月一〇日	・金谷宿の男達は、鉢巻きに晒しを腹に巻き、下帯には腰蓑姿で、小池秋葉神社をはじめとする神社仏閣に参詣した。島田宿内の記録は残されていないが、大井川を渡って金谷宿洞善院《とうぜんいん》へ裸参りしている。金谷宿では十一月二五日まで延べ三五日間も続いた。藤枝宿では九月九日に始まり、十月十九日に沈静化している。
一〇月十四日	・将軍徳川慶喜、**大政奉還**勅許を朝廷に奏請。翌日勅許。**江戸幕府の滅亡**。
十一月　三日	・島田役所、旅人が大井川の川越しに当たって沿岸の村人との交渉での**桶越え**がなきよう通達をする。
十一月　七日	・島田宿内の百姓約一千人、大井神社境内に集合し、当年の年貢米減租につき、地主への願出を協議。
	・幕府への入用金三割増の触れ。
	・府中紺屋町陣屋代官、田上寛蔵恭譲が島田宿支配（手代　山田浜平・宮本釦一郎・杉浦良之助・針谷豊之進）（～明治元年）。
	・幕末の島田町高二、九七〇石八斗五升余。

十一月	・大井川川越賃金改正され、川札単価はにわかに暴騰し、一挙に三倍余となった。すなわち川札一枚につき二八四文から二九〇文までとした。この最後の川越賃金高札が掲示された。しかし川越人足の実収入は、従来二割とされた刎銭、加刎が約四割五分とされて差し引かれた。
十一月　三日	・大井川**廻り越しの禁止**が島田役所から触れられる。
十二月　九日	・朝廷、**王政復古の大号令**を宣言。駿河・遠江両国の県令に、田上寛蔵が任命された。
	・薩摩・長州・土佐の三藩が、交通の要衝を固めたため、早追(早駕籠)以外島田・金谷間の通行人なし。
十二月二五日	・**孝明天皇崩御**。普請・鳴り物は翌年正月九日まで停止。
十二月二九日	・紺屋町役所、賊徒徘徊につき、用心し取り締まりをするよう、藤川村源左衛門組から梅地村まで廻状を廻す。
	・この年の米価、金十両につき約二俵八分(**文久二年からわずか四年で四・八倍**)。酒代小売七二〇文。
	・この年から翌年にかけ神座村・相賀村・伊太村など掛川領八ヵ村へ**農兵の募集**。
	・この年、島田町向谷《むくや》~横井にかけての大井川堤防の大改修が行われた。
	・この年、長梅雨と台風により**大凶作**。

1-1　安政元(1854)年2月10日、ペリー２度目の来航、横浜上陸の図 ㉞

1-2　「十四代家茂公御進発之図」慶応元(1865)年第二次長州征伐進発、慶応2年戦闘開始するも敗退 ㉛

1-3･4　慶応元(1865)年、第２回長州征伐(大井川・金谷の図)(末広53次) ⑯

1-5 「伊勢参宮大井川之図・豊原国周」おかげまいりとええじゃないか ㊿

二　明治維新…政治・経済・社会の大変革

・架橋渡船通船の認可・大井川の川越し廃止　・川越し人足の救済・牧之原の開墾

年号	月日	ことがら
一八六八 慶応　四	一月　三日	・**鳥羽・伏見の合戦・戊辰《ぼしん》戦争**始まる。旧幕府軍が薩長藩兵に敗退。**討幕の号令。**
	一月十三日	・横井の普門庵炎上。
	一月二一日	・島田宿戸口調査、戸数一四八七戸、人口八六九二人。
	二月十六日	・駿府代官田上寛蔵は、新政府に恭順。幕府直轄領は天朝直轄領となる。
	二月	・平田篤胤《あつたね》の系統を引く神官は、勤皇隊として「遠州報国隊」「駿州赤心隊」「豆州伊吹隊」を結成し討幕運動に参加した。
		・駿河の神主を中心に**駿州赤心隊**（一一〇名）が結成される。上川根田代村の神谷若狭幸恵、赤心隊「府辺組」に加入する。神主による勤皇討幕の宣教扇動活動が川根筋で活発であったことが窺われる。翌月に発せられた「神仏判然令」と相まって「廃仏毀釈運動」が起こり、上川根地域での寺院数は、江戸時代には十三、大正期には徳林寺（田代）・京昌寺（坂京）・梅雲寺（梅地）の三寺院となり、現在は全て廃寺。葬祭は神葬祭のみ。
	二月二〇日	・勅使など多数島田宿を通過。
	二月二四日	・官軍方の薩摩・長州・佐土原・大村など凡そ一〇〇〇人が大井川を渡る。
	二月二五日	・官軍方の肥後・備前の軍勢渡る。服装は刀・鉄砲・大砲・馬印・御旗印・陣羽織・黒五郎服・羅紗《らしゃ》の筒袖を着ていた。

二月二六日	・紀州・尾州の数千人が下る。
二月二七日	・勅使総督柳沢小将・橋元侍従他が、わずかな時間で大井川に**御用仮橋**（延長七九六間・幅員二間）を架け島田宿通過。
二月二八日	・神谷若狭を含む「駿州赤心隊」、先鋒総督の出迎えに安倍川へ出向く。
二月	・中泉代官大竹庫三郎・駿河府中代官田上寛蔵等、東征軍に勤皇を誓い、従来の支配地支配を命じられる。
三月　三日	・日月旗・錦御旗《にしきのみはた》を掲げた東征大総督**有栖川《ありすがわ》宮**に率いられた官軍が、大井川にわずかな時間で架けた**最初の仮橋**によって渡河した。仮橋は二番出《だし》の前に架け、六番堤上から二番へ道筋をつけて、総督・大名方はその仮橋を渡り、前後の人数や荷物類は歩行《かち》越しで渡った。多数の西国大名に率いられた軍勢で、大太鼓・小太鼓・横笛を奏しながらの御行列で大変な賑わいであった。この仮橋による官軍の渡渉は、「権現《ごんげん》様以来の御法度《ごはっと》」という護符も効かなくなり、島田・金谷宿の人々、とりわけ川越関係人たちに大きな精神的打撃を与えた。五日駿府入り。
三月十二日	・幕府代官は、天朝代官として従前通り支配。
三月十四日	・**五箇条の誓文**（明治新政府の基本方針）を宣布。
三月十五日	・**五榜《ごぼう》の掲示**（太政官から民衆に向けて出された布告の五枚の立札）。
三月十七日	・全国神社の別当や社僧に復職（還俗）を命ぜられる。
三月二八日	・**神仏判然令**（神仏分離令、本地垂迹説《ほんじすいじゃくせつ》により神仏混淆《しんぶつこんこう》していることを禁じる）（以後**廃仏毀釈運動**起こる）。権現《ごんげん》・牛頭天王《ごずてんのう》や仏語を以て神号としている社名の変更を求め、仏像をご神体としている神社は改宗させられた。千葉山智満寺の日吉《ひよし》神社は大津・大長両村の郷社に、東光寺の日吉《ひよし》神社は東光寺村村社に定められた。天王村（祇園町）の天王社（現須田神社）の本尊牛頭天王は須佐之男命《すさのおのみこと》に、庚申《こうしん》堂本尊青面金剛童子《しょうめんこんごうどうじ》を猿田彦大神《さるたひこおおかみ》に改められた。

三月	・正徳元年幕府によって立てられた高札廃止、新たに太政官《だじょうかん》の定《さだめ》、覚《おぼえ》の五札立つ。
四月　七日	・倒幕軍の後詰、島田宿通過。譜代大名・外様大名とその家族が国元へ帰るため、上りの通行のみ大賑わいとなった下りは早追《はやおい》(早駕籠)ばかりであった。
四月　九日	・代官は**県令**と改称された。
四月十一日	・討幕軍江戸入城。徳川慶喜は水戸に退去。
四月十三日	・夜五ツ半(二一時)、四丁目、五丁目の境から出火。北側東は加と屋、西は金仏屋まで、家数八～九軒焼失。宿内大泊り中で大混乱。
四月二四日	・大井川の出水で、岩倉具視《いわくらともみ》勅使一行は鎌塚村より大井川を渡る。
閏四月二九日	・八幡大菩薩《はちまんだいぼさつ》号は「八幡大神《はちまんのおおかみ》」に改称。
	・**慶喜《よしのぶ》隠居**に伴い、大総督府は、御三卿の一つ、田安慶頼家の第三子**田安亀之助**(五歳)を徳川宗家の相続人とし、**家達《いえさと》**と改名す。
閏四月二八日～五月二八日	・この日から五月二八日まで二八日間、長雨にて大井川川留め(**最長川留め記録**)。官軍は榛原郡川崎港から船で沼津港へ回る。
五月十五日	・**大井川洪水**で、源助新田・上泉村善左衛門新田地先で破堤、川沿いの田畑は河原と成る。
五月十五日	・討幕軍、上野で「彰義隊」を討つ。「太政官札」を発行。
五月二四日	・駿河一円と遠江・陸奥両国内において、駿河府中城主**徳川家達**(のち静岡藩主)に七〇万石下《か》賜《し》される。
五月二六日	・川留めで金谷宿に逗留していた一部の藩兵が一斉に渡行。
六月　五日	・倒幕軍約一〇〇〇人大井川へ**仮橋**を架けて渡り、江戸へ向かう。
六月二二日	・県令田上寛蔵《たのうえかんぞう》、大井川を越えて島田に泊まる。
六月	・置塩綯斎《おしおとうさい》**『島田駅志』**発刊。島田宿の行政区は要約すると次の如し、【小邑】南裏《みなみうら》・大川端《おおかわばた》・白髪村《しらがむら》・原坪《ばらつぼ》・沖新屋《おきしんや》の五邑は駅南に在り。

北裏《きたうら》・源正《げんしょう》（玄性）・寺西《てらにし》・大津小路《おおつこうじ》・新田町《しんでんちょう》・天王村《てんのうむら》・谷川《やがわ》・菰川《こもがわ》・中溝《なかみぞ》・三《み》ツ合《あい》・向谷《むくや》の十一邑は駅北に在り。

甚兵衛島《じんべえじま》・三軒家《さんげんや》・二軒屋《にけんや》の三邑は駅西、官道の際に在り。

御仮屋《おかりや》・四軒屋《よんけんや》の二邑は駅東、官道の際に在り。

【五ヵ島】（それぞれ百戸に満たず。甚兵衛島・御仮屋村には各々伍長一名を置くが他は欠く）
向島《むかいしま》は一六八戸。河原口《かわらぐち》（現向谷元町《むくやもとまち》）は一〇〇戸。稲荷島《いなりじま》は五八戸。
元島田《もとしまだ》は七〇戸。下島《しもじま》は六〇戸で伍長を置くが他は欠く。

七月　二日	・駿府城、新政府から徳川家に引き渡される。
七月　四日	・宿方《しゅくかた》・地方《じかた》・川方《かわかた》の三役印鑑持参で駿府城へ出向。
七月十五日	・**大井川大洪水**。一週間川留めとなる。
七月十七日	・新政府、江戸を**東京**と改称。
七月二三日	・徳川慶喜、水戸から駿府に移封し、清水湊に上陸して宝台院に入る。
七月頃	・五月から夏にかけて米価を始め青物の記録的高値が続く。
八月十一日	・討幕の官軍、島田宿へ百余名分宿。
八月十五日	・徳川家達が駿府城入りする。領地七〇万石の内訳を改め、遠江国・三河国の御料に差替え、**駿府藩**（のち静岡藩）が誕生する。
八月十九日	・徳川家精鋭隊一〇〇人、駿府へ入る。以後旧幕臣の駿府移住続く。
八月二〇日	・田中城、本多家から徳川家に引き渡れる。
八月二七日	・**明治天皇**、京都御所紫宸殿《ししんでん》にて**即位式**挙げる。
九月　二日	・地方《じかた》筆頭役人神山三郎左衛門、島田役所へ着任。
	・幕末の大津村戸数、野田一〇〇戸、落合六〇戸、大草四六戸、尾川三七戸、千葉五一戸。
九月	・榛原郡与五郎新田の庄屋二名が「村差出帳」を差し出し、維新直前の農村の様子が細か

く記されている。当時の家数八九軒、人数四六〇人、村高三九一石。伊勢長島の城主増山対馬守へ差し出した。

西暦・和暦	月日	事項
一八六八 明治 元	**九月 八日**	・**明治と改元**。**一世一元の制**定める。 島田宿川原新田地先破堤され、民家四戸流失し、田畑川成。 ・**駿府藩学問所**を沼津に開設。駿府四ツ足門内御定番屋敷(現追手町)に**府中学問所**(のち静岡学問所・明治五年廃校)を開設。
	九月十四日	・天皇御東幸に先だって、宿割や道路・橋の普請のため、五辻弾正大弼と戸田大和守が島田宿を訪れ、宿内の橋は全て架け替えられ、大井川の架橋を命じた。また当日の往還へは大井川の砂が敷かれた。大井川の**二回目の仮橋**の規模は、長さ本瀬二四間(約四四m)、枝瀬二七間(約四九m)、幅二間二尺(約四・三m)、敷く松板一尺幅、厚さ一寸五分、ふせ竹八～九寸を使い、両側に手摺り竹、寄せ木四寸角をしゅろ縄で結ぶ頑丈な橋を架けた。
	九月二〇日	・天皇、京都出発。一〇月十三日東京着。
	九月二五日	・新政府、「東海道助郷組み替え」を実施する。
	九月二九日	・慶喜護衛のための精鋭隊、**新番組**と改称。
	十月 一日	・公家の付き添い女中が架橋を通行した。
	十月 四日	・**明治天皇御東幸**、一行総勢約四〇〇〇人。宿泊された掛川宿沢野弥三郎本陣を卯の刻(午前六時明六ツ)出発、日坂《にっさか》宿片岡金左衛門本陣で御小休、小夜《さよ》の中山《なかやま》を越え、小泉忠左衛門方で小憩、金谷坂(菊坂の誤り)を上り、金谷宿富士見台(金子台)で野点《のだて》を行った。午の刻(正午)、天皇は金谷宿本陣佐塚佐次右衛門方で昼食少憩し、三種の神器は御輿にて本陣山田三右衛門宅で休む。この御東幸に際し、宿内七〇歳以上の老人に金二〇〇疋(二〇〇〇文)、八〇歳以上に金三〇〇疋(三〇〇〇文)がご褒美として下された。大井川に架けられた仮板橋(二回目の

	仮橋架橋）を、本流と枝瀬に架けて渡り、駿河国に入った。未の刻（十四時）島田宿に入り、上本陣村松九郎治宅で小憩。さらに三軒家岡崎屋太郎八宅で少憩ののち、申の刻（十六時）に藤枝宿本陣村松伊右衛門宅を行在所《あんざいしょ》とし、内侍所《ないしどころ》（神鏡八咫鏡）は本陣隣玄関に奉安した。この日の行程は七里。人足は増助郷により七万名、最寄りの村々から差し出すよう命じられる。
十月　五日	・付添女中・松山藩鉄砲隊通行。天皇御東幸につき、向榛原《むこうはいばら》村々の村役人は日坂《にっさか》宿・金谷宿に詰める。
十月　六日	・因州・備前藩兵等約七〇〇名が通行。
十月　七日	・長州・因州・芸州藩兵が通行。
十月十二日	・学問所を駿府城横内門内の元勤番組頭屋敷に移転し、十五日より漢学を開講するとの布告。
十月十三日	・天皇、東京着。江戸城を皇居とし、**東京城**と改称。
十一月　一日	・この頃より、政府軍の各藩兵が、日々五〇〇～六〇〇名ほどが東海道を帰陣し始め、宿は賑わった。
十一月　七日	・東京営繕司役所より大井川の仮橋撤去の許可が島田役所に出され、島田・金谷宿は本瀬・枝瀬の仮橋を取り壊した。
十一月二三日	・向榛原村々を含む島田出張所支配の郷村は、駿府藩徳川亀之助領として引き渡された。
十一月	・伊太の文蔵、大井川を筏《いかだ》による産物輸送のこと、駿府徳川家に上申。
十二月　二日	・物情騒然、物価高騰などから近隣で凶悪犯罪頻発、町民に注意を厳達。島田役所から志太郡下の各村々や宿場に対し御触書《おふれがき》を廻した。「当節悪党共在々暴行農家へ押込、金銀強奪いたし難儀におよび候もの不少或に相聞候間……」。
十二月　七日	・再び天皇帰還のための島田・金谷宿に宿割、大井川架橋の要請あり、仮橋を設置。
十二月十一日	・十一日内儀女中、十二日長州軍、十三日綾小路・三条・冷泉・四条などの公家が御輿で仮橋を通行。一般通行人は従来通りの川越し。

年号	西暦	月日	事項
		十二月十三日	・御陣屋へ「治安取締屯所」を設置。 ・**天皇還幸**、府中行在所《あんざいしょ》(泊)、鞠子《まりこ》・岡部・藤枝(昼饌)・島田(小憩)・小夜の中山・日坂・掛川行在所(泊)この日の行程八里三〇町。天皇一行は十一日～十三日にかけて大井川を**三回目仮橋**(本瀬板橋、長さ二四間、幅二間二尺。枝瀬一ヶ所、長さ八間、幅二間五尺)で渡御《とぎょ》。終了後直ちに撤去した。一般の通行人は、相変わらず川越人足による川越制度が守られた。
		十二月二五日	・駿府藩、**勤番組**を置く。 ・この年の米価、金一〇両につき二俵六分六厘。一般の食事は麦飯・混ぜ飯が中心。 ・この年、大井川下流域で、長梅雨・台風により大凶作。 ・この年、六合村阿知ヶ谷広住久道・同孫市郎、谷稲葉村伊久美孫右衛門が神座《かんざ》の附寄州《つきよりす》(土の集まった所)の開墾を郡役所に願い出た。しかし既に、静岡藩士内田富淑に払い下げが決定していたので、村人と発起人が努力して示談にこぎ着け、翌年春漸く開墾に着手する事となった。これが**明治新田開墾**の起因となった。 ・鎌塚の村山久兵衛、「宇治茶の製法」を伝習する。 ・この年、野田村が徳川家達領になる。村高は七九四石余。 ・この年、島田宿戸数一四八七戸、人口八六九二人。 ・この年、明治一新により、諸制度が改められ、大井川水防用資材(木材・竹材・粗朶・古俵・古菰・縄など)の代金が政府より支払われるようになった。また水防作業に出役する際の人足賃金も支給されるようになった。 ・この年、川越人足一〇〇〇人余。
明治 二	一八六九	一月十三日	・勤番組と結合して、府中・掛川・田中・相良《さがら》の藩内など十一ヶ所に、**奉行所・添奉行**を置き、旧代官所に代わって地域行政を担当した。

一月十六日 ・紺屋町《こうやまち》元代官屋敷に**商法会所**が開設される。

一月 ・旧掛川藩から**棄損令**《きそんれい》出る（借金免除の命令）。

・河川等の工事で、御普請（幕府負担）となっていた所も**自普請**（地元負担）とする。

二月　一日 ・民選議員戸塚左近衛門《さこんえもん》（飛騨大野出身）、東海道筋を調査した結果、「大井川架橋の必要性」を説いた**大井川架橋の建議**を公議所へ提出した。これは建設資金を国債で賄うことや、その償還方法まで付考された具体的な建議案であった。

二月　五日 ・**水利路程掛**六人を任命し、富士川・安倍川・大井川・天竜川の四大河川見分につき通達。

二月 ・「駿府病院」、開業。

三月二二日 ・**天皇再東幸**（三月七日京都出発・三月二八日東京着）、この際にも大井川に**四回目の仮橋**架けられる。島田宿上本陣村松九郎治宅で小休憩。再東幸に備え、金谷宿伝馬所では、村高一〇〇石につき金一〇両ずつ納めるよう願い出る。それに対し、大代村《おおじろむら》では助郷の減免願を出した。このように街道筋の宿負担は多大であった。

・政府は各府県に対し、**小学校設立**を指示。

三月二三日 ・この春より、神座の、後に「明治新田」と呼ばれた新田開発の開墾に着手。翌年三月までには大沢前その他において田五〇六五坪を開拓し、同年八月までには字柳堤より堤防およそ三〇〇間を築成した。その工費八一両三分三朱余を要した。

五月　三日 ・静岡藩、端午《たんご》の大凧《おおだこ》および祝い事の煙火《はなび》を差し控えるよう通達する。

五月十四日 ・新政府民部官、東海道川留めの際の御用状逓送《ていそう》につき、間道通行を許可。

五月十八日 ・榎本武揚ら、五稜郭の戦で降伏（戊辰戦争終わる）し、帰陣する西国官軍で東海道は賑わった。

六月　八日 ・駿河藩は政府を憚《はばか》って、「府中」が「不忠」に通じるとして、靜・靜城・賤ヶ岡の三つの名のいずれかに改称したい旨、行政官に伺い、最終的に**静岡藩**に改称した。

六月十七日 ・諸藩主の**版籍奉還**を許し、各**藩知事**に任命す。旧静岡藩主徳川家達は、「静岡藩知事」に任命された。家禄は二万一〇二一石。

六月
・新番組の大草高重・森川金太郎両名が、牧之原を下見のため巡見。

七月十三日
・**大風雨**にて稲作・建物の被害甚大。下江留《しもえどめ》村人家破損、全壊二〇軒、半壊一〇軒。静浜村では全壊家屋二五軒、半壊家屋一〇軒。

七月二六日
・徳川公の命により、駿府久能山下根古屋《ねごや》で、東照宮警護にあった旗本の「新番組」は、**開墾方**に編成され、金谷原《かなやばら》の開墾が命じられた。新番組のうち、幕臣**中條金之助景昭**を頭《かしら》、**大草多喜次郎高重**・**松岡萬**(静岡藩水利係)を頭並《かしらなみ》(副隊長)とする二五〇余名が帰農し、家族とともに牧之原の沢水加《さばか》・牛渕原《うしぶちばら》・大沢原《おおさわはら》・安田原《やすだばら》・湯日原《ゆいはら》・岡田原《おかだばら》・谷口原《やぐちばら》に入植し屋敷を建てた。開墾地一四二五町歩、開墾費一万二五〇五円を下渡された。なお初倉村への移住者は総計七四名。士族自身による開墾は困難を極め、多くの土地は、周辺村々の農民に小作させたり、売却されて開墾が進められたりしたのが実態であった。

七月二七日
・新番組が開墾御用のため、谷口村外五ヵ村での旅宿を割り付けられる。

七月
・政府百官名の改正に伴い、文字に差し障りのある家名・小字名の改正指令出る(百官名・丞・国名・允・太夫・進・輔・正・亮・右衛門・祐・左衛門・助・兵衛・介など)。

七月二八日
・池田長門守の大名行列が、蓮台越で渡る。代金二〇両一分二銭一一二文。

八月　十日
・因幡藩の大名行列が蓮台越、代金八四両一分二朱二二四文。川越の収入増に対し、川会所《かわかいしょ》の無力化によって、**川越しの自由化**が起こった。

八月二六日
・地方行政機構として、勤番組と分離し、「静岡藩奉行所」を廃止。島田代官所跡へ**県支庁**を設置、**一〇万石支配所**となる。志太・榛原・益津・城東《きとう》の各郡および佐野郡の一部を管轄、その後地方行政は、静岡・島田・掛川等七ヵ所に**郡政役所**が置かれ、島田代官所跡には、**静岡藩郡政役所が**置かれたが、翌年には**郡方役所**と改称された。

・牧之原に移住してきた二〇〇余戸の士族の往還のため、鎌塚や谷口に**御用橋**が架けられ、

渡船も設けられて、一般旅人も谷口村「御用橋」で廻り越しし、村の小前《こまえ》(小作人)が相当な賃銭をとった。上りは、牧之原から谷口村へ仮の往来が出来、下りは、上青島村三軒家並木・細島から谷口村・牧之原への往還となった。牧之原から谷口村までの仮の道筋に、茶屋・旅籠屋などが十二、三軒も建てられた。

・また岡田原・南原開拓士族が静岡へ連絡のため、大井川の中河村北河原新田・上泉村間に仮橋が架せられた。

九月　十日　・静岡商法会所を廃止し、代わりに**常平倉**《じょうへいぐら》を設置。

・島田郡政役所の役人が金谷宿陣屋跡に入る。郡政掛は今堀登代太郎。

十月　二日　・島田宿旅籠屋、同宿存続願書を島田郡政役所に提出。

十月　三日　・島田役所、管内村々へ**軍費上納金**三分を十日までに納入するよう通達する。

十月十六日　・静岡藩勤番の藤田登代太郎・蒲原宿問屋長兵衛の二人が連署し、当局宛に大井川の歩行越を直ちに廃止して、渡船または架橋するよう建言書を提出した。

・**皇后陛下の東京移住**に伴い、大井川に**五回目の仮橋**が架設された。大井川の六番出へ土橋一ヵ所、枝瀬三ヵ所、本瀬一ヵ所、都合五ヵ所の仮橋を架け渡ったが、翌日には直ちに解体され、資材を堤の一隅に建てた仮小屋に収納した。

十一月　四日　・田中の大手地先、元馳走《ちそう》部屋に静岡病院の「出張種痘所《しゅとうしょ》」が開設された。

十二月二〇日　・元彰義隊十八番隊長であった大谷内龍五郎、孝子のために岡田医王寺で自刃。

十二月二三日　・「組合商法規則制度」触れ出される。

十二月　・千頭村・藤川村等六ヵ村の村役人、金谷宿助郷勤方出金の儀につき免除願書を郡政役所に差し出す。

・この年、村上孫十郎、島田御役所より「三五ヵ村総代役」を仰せつけられた。

・この頃、**横浜貿易**が繁盛し、生茶葉・蚕・桑生産が高値であったため、茶師や高持は好景

		気であったが、他の商売は残らず**不景気**であった。 ・御普請所川方役人の制が廃され、**水利係**が置かれ、松岡萬《よろず》ら大井川巡視。
一八七〇 明治　三	一月　三日	・**大教宣布**の勅出る（天皇崇拝中心の神道教義布教を目指して始まった国民教化運動）（明治五年廃止）。
	正月中旬	・この頃より翌年に架けて**物価高騰**（一両につき玄米一斗二升）。太政官発行の金札が不評で、諸藩も新貨幣を鋳造するも、悪貨のため流通せず。幕府時代に発行された一般通用の正札は、金満家が貯め込み、隠匿されて小銭が払底した。そこで各宿村では、各宿村限りの兌換券《だかんけん》として**米札・宿札・村札**を発行した。島田宿では、島田宿限りの**島田通用百文**の木銭（八角の木札）を発行した。春頃より豊作に恵まれ、物価も安定し、また新政府発行の正札が流通するようになり、米札は引き揚げられた。 ・年始め、島田宿平松円吉・安藤長左エ門、および金谷宿永井文五郎の三人は、大井川上流川根地方と下流の島田・金谷両宿との間に、物資搬入・山村産物の搬出のため、**高瀬舟**の上下運航する**通船**許可を郡政役所に願い出た。
	二月十二日	・青部・田代・岸村等十一ヵ村、不作につき困窮、「助郷役」免除を丸子宿「駅逓役所」に願い出る。
	二月二八日	・島田郡役所を**島田郡方役所**と改めた。
	二月	・**中小学校規則**を制定（男女八歳で入学させ、句読・習字・算術・語学・地理学の普通学を授けることにしたが、発布したものの実施されず中止された）。
	二月	・「川根地域十三ヵ村名主」が大井川通船の許可を願い出る。
	三月　三日	・島田宿地先大井川堤防の全面的改修工事に着手。
	三月	・大井川上流の志太郡下十三ヵ村と榛原郡下十二ヵ村より、静岡藩製塩方役所に「**大井川通船に関する願書**」が提出された。山間の村の便利のため、島田宿向谷村と金谷宿横岡村か

ら、桑野山村までの十四里間に、運送手段として「川舟輸送」の許可を求めたものである。しかし島田宿・金谷宿の川越関係者・百姓代・組頭は早速集会を開くが**通船反対**で評議が一致。「古来より御制禁と川越人足の難渋」を理由に「通船事業反対の請願」を出した。

三月二三日　・大井川沿岸東西二六ヵ村三役連印で水利郡政役所に対し、従来の水防に対する一方ならぬ努力に対する御礼として、桑原穂三郎の空き別荘を「水利役所」として寄付を申し出た。

四月十三日　・静岡知藩事**徳川家達**(八歳)が、領内西部の巡検に出発。目的は「牧之原開墾方」や、同じ新番組別班の遠州山名郡見附湊村の「製塩方」の激励であった。当初帰路は東海道の川越場で渡川の予定が、急遽掛川宿で宿泊となり、谷口原の開墾地訪問ののち、大井川を谷口村前にて、金谷川越衆により「歩行越《かちごし》」で渡渉。**大井川通船認可**と金千両の謝礼金を下された。大井川堤防視察の後、「島田郡方役所」へ立ち寄り帰藩。

四月二一日　・遠州中泉役所物産掛より島田郡方役所へ「大井川・天竜川通船」の通告文書が通達され、通船には、「目印幟《めじるしのぼり》」を立てるよう付達もあった。文書は島田・金谷宿と島・牛尾・横岡・竹下等の村々へ回送された。

四月二三日　・島田宿・金谷宿の宿役人・川役人達は連名で、**大井川通船差止の嘆願書**を、島田郡方役所に提出。理由は通船が川越し業務の支障となること、通船のため川瀬筋の掘り下げとなれば灌漑用水取り入れにも障害となること、通船が繁盛すれば宿内の人々の生活困窮をもたらすというものであった。

四月二四日　・島田宿の宿役人代表が、静岡藩製塩方役所で松岡萬に面会し、通船の日延べを嘆願した。

四月二八日　・静岡藩庁の評議で、**大井川の通船**が決定。静岡藩水利方松岡萬が向谷に「通船役所」を設置し、川根方面山村への通船を命じた。

四月　・静岡藩は、金谷原(牧ノ原)に開墾を出願しない極貧の者に救助金を下付。

五月　二日　・島田郡方役所は、島田宿平松円吉・安藤長左エ門、金谷宿の永井文五郎ら三氏に、左岸は伊太村、右岸は横岡村を下流の限界とする、大井川上流への**高瀬舟航行を許可**し、早速天竜川東岸野部村神田の造船業、竹内粂吉に七艘の高瀬舟を注文した。五和村横岡に事務所を設置。大長村伊太字上山に船着場を設け、伊太村の山岸文蔵が運送店を開業。これ以後、川越場以外ではお咎《とが》めなしとして、各所に高瀬舟などを集め、有料の渡船を始めた。

五月　三日　・島田川庄屋、通船整備に伴う川越人足の騒動を憂慮し、島田郡方役所に伺う。

五月　五日　・中泉物産方の指示により、物産方手付宇藤半兵衛と今村喜左衛門孝本（水戸脱藩浪士、武田耕雲斎の役に参加、偽名 溝口新平、大長村相賀に居住）は、大井川の通船業を目論み、天竜川で川船三艘を買い求め、遠州掛塚湊より海寄りを廻航し、夜の闇に紛れ、島田・金谷宿川越人足八〇〇余が通船阻止で、河原に待機している中、川尻から曳航して伊太村大鳥《おおとり》地先まで遡上した。その後、横岡村万《よろず》屋《や》義平宅に**通船会所**を設置（伊太村より上流は領主が異なった）。のち神座村北川藤兵衛方に移して船を十三艘に増やし、船頭五〇余人を支配して、神座から上流への「通船航行許可」を得て、上流沿岸の抜里・下泉・水川村の人達と提携して、物産の運搬に多大の便益を与えるため通船を開始した。

・この溝口新平の通船航行に対抗して、川根の商人十二人が団結して二五俵積の船三艘を天竜川から買い受け、島田方は「売船丸」、金谷方は仲田源蔵等による「地方丸」・「仲田丸」二艘の運行を行った。四番・五番船は、相賀村渡口《どぐち》天野浅吉によって航行を開始した。

五月　八日　・島田・金谷両宿は「大井川通船差止」の嘆願書を取り下げた。

五月二〇日　・金谷側の川庄屋四名と川庄屋兼取締役五名、島田側は川庄屋二名と川庄屋兼取締役三名の連署で、川越人足を救済するため、大井川下流（谷口村～細島村）の「廻り越し」厳重取締りを島田役人から藩庁へ願い出たが、これが最後の願い出となった。

・宮小路で貸荷事業が営業開始。

五月二三日　・島田郡方役所は、改めて穢多《えた》小頭《こがしら》を「乞食非人《こじきひにん》取扱方」に任じ、管轄地内の非人取り締

	まりを強化する旨、宿村に廻状。
五月	・民部省より静岡藩に対し「大井川・安倍川川船並びに橋設置方」の省達があり、「大井川の渡渉は今後渡船・架橋等便宜の方法によるべし」と示達された(**渡渉制度の廃止**)。
七月	・郡政掛が今堀に替わり、男谷勝三郎が就任。廃藩置県まで、金谷地方は島田郡方役所の支配下であった。
七月	・静岡・浜松・沼津・田中・小島・掛川・新居《あらい》・横須賀・相良《さがら》・中泉など主要地域に**小学校**設置し、学校掛向山黄村・河田熙・西周が統括する旨が布告された。
七月十九日	・この日以来の暴風雨による洪水で**大井川堤防決壊**。九月までに三度の被害にて、六合地区の荒地五分通り川成。堤防決壊の長さ一、六九六間、家屋被害は全壊六六軒・半壊一七七軒・流失六六軒。大井川下流右岸でも大被害を被ったが、これを機に産業の転機を図り、飯塚孫次郎を中心に**養蚕業**の導入を図った。
七月二七日	・静岡藩、七月の暴風雨による四大河川の堤防被害につき、政府に七万両の拝借を願い出る。
	・静岡藩方政役所より、「大井川・安倍川渡船通船差許に付達」が出された(郡方役所へ届ければ自由な渡船営業を認める)。
七月	・**新紙幣**発行。しかし紙幣乱発、歳入不足で兌換《だかん》不可となる。
七月二五日	・静岡藩、年貢取立ての細則を定め、併せて庄屋・年寄等の名称を廃止し**名主・組頭**に統一。
八月　八日	・中泉物産方御用船掛り、大井川運輸のための「拝借船」貸与につき希望者を募集する。
八月	・静岡郡政役所、横浜へ粗悪茶輸出を禁止。
九月　八日	・**暴風雨**、農作物の被害大。
九月十九日	・政府、**平民の苗字使用許可**。
九月二〇日	・川越人足は川越役人を信頼せず、金谷方川越から全権を委託された金谷宿惣代**仲田源蔵**が、困窮する川越人足救済のため「川越人足に渡船御用命ぜられ度旨」の嘆願書を、島田郡方

役所に提出した。具体的には、払い下げられた持淵山御林跡開墾地を、窮民に譲替して欲しいこと、渡船および通船の一切を彼らに任命されること。しかしまもなく却下。

九月二八日　・最後の大名大井川川越(賃銭一人当たり四〇〇文)。

九月　・懸案の**大井川渡船造立見込書**(渡船事業の計画書)が、島田郡政役所から両宿に示された。内容は「平太船二隻(両宿各一隻)、船頭八人外手代六人、高瀬舟二隻、船頭四人外手代二人、川役人は両宿より各二人」。渡船時間は、朝六時より夕六時。渡船方法は、島田側船が下り、金谷側船が上りの旅人を乗船させた。

・六合地内栃山の家並で大火、貫目《かんめ》茶屋(貫目改所)を中心として十四戸焼失。

十月　・民部省達をもって**本陣・脇本陣を廃止**。通常旅舎でも「玄関」「上段の間」が許された。

十月　・島田郡方役所は、丸尾文六らに川越人足の「牧之原開墾世話役」への就任を要請。

十月　・**大井川通船・筏流しが解禁**。川根方面への高瀬舟の通船が可能になった。川根へは接岨湖峡下の口・梅地まで曳舟で一週間程掛かったという。

十月　・藩庁掛を「庶務掛」、郡政掛を「郡方掛」、市政掛を「町方掛」と改称。

十一月二八日　・島田郡方役所、元穢多・非人の住居・反別等の取り調べを通達。

十二月　五日　・静岡県、管内の大井川・安倍川・興津川等の渡船・架橋等整備の方法を定める。

十二月十八日　・島田郡方役所より大井川の**渡船役**に、島田方から八木久右ヱ門、金谷方から仲田源蔵が任命された。

十二月二二日　・静岡藩水利掛松岡萬《よろず》に命じられ、金谷方川越一同惣代、仲田源蔵が実態調査を行った結果、川越人足の生活状態を「上印」(生計困難でない者・十二軒五二名)・「中印」(貧窮なるも余業ある者・一四〇軒六二四人)・「下印」(貧窮で余業のない者・一八〇軒・六九一人)の三段階に分け島田役所に差し出した。総計三三二軒・一三六七名の川越人足が失業。金谷方人足は萩間村の一角および日坂村御林への入植、あるいは船夫に転業させた。島田方人足も船夫に転業させ、

年	月日	事項
		または東光寺村の御林の開墾にあてた。また川役人は、岸村の岸山を下げ渡され開墾した。
	十二月二四日	・屯所の「目明かし」を「捕亡吏《ほぼうり》」と改めた。
	十二月二八日	・公用の「継飛脚」「町飛脚」を改め、東海道各駅の問屋場跡に**書状集函・郵便切手売捌所**ができ、書状の集配も画期的便宜がもたらされた。
		・この年の春から豊作に恵まれ、物価も安定、新政府の正札が流通するようになる。
		・この年、上村(扇町)の大久保三作(仕立屋)・菱谷恵吉(経師屋)の両氏が「肝煎り」となり、生活困窮に陥った川越人足の救済のため、**消升組火消**と称する火消組を組織した。
		・この年、鶏卵大の**雹**《ひょう》がふり、此に打たれて死ぬ野鳥も多く、農作物の被害大。
		・牧之原に、さらに五〇戸入植する。
一八七一 明治　四	正月	・新造船四隻が大井川の島田・金谷間**最初の渡船**として運営された。
	三月　一日	・書状集函・郵便切手売捌所は、**島田郵便局御用取扱所**と改称し、問屋場跡にて郵便業務開始。東京・大阪間毎日一回(三日間の行程)信書逓送開設。初代局長新間武八。
	三月　四日	・失職した大井川川越人足一七五人の開墾地配分の請書が提出される。
	三月二一日	・島田郡方役所、「大井川筋の通船・筏下差許に付規則」を示し、船筏共に渡船・歩行者に対して過失の無いようにすること、また谷口村・相川村の架橋・渡船を認め、両所以外の船・橋の往来を制限するなどの規則を通達。
	三月三一日	・**川越制度の廃止・川会所廃止。**川会所は船方役人に引き渡された。
	四月　一日	・島田・金谷間渡船賃が許可され、夏場は渡船で、冬場は瀬々に仮橋で渡した。乗合一人一二四文・但し口取共乗馬一疋三七二文・長持駕籠一挺五〇〇文・引戸駕籠三七二文・垂山駕籠一挺二四八文・両掛分持共一荷一八四文・大長持一棹六二四文・長持一棹三七二文。
	四月　二日	・川越人足への失業転職資金として、下級一人十両、中・上級一人七両宛を十回に分け支給

（七五〇両 但し金谷方日坂御林跡振当分 七五人分、一〇〇〇両 但し金谷方東西萩間村振当分一〇〇人分、九九〇両 但し島田方振当分 九九人分）。

・大井川川越失業者五六三家族へ、六合村東光寺の御林山林を下付して、救済のため開墾させ、島田町伝馬屋敷・川役人の者には、六合岸の山を払い下げた。

四月　四日　・政府、**戸籍法（壬申《じんしん》戸籍）制定**（翌年二月一日実施）。

四月　七日　・**大井川川越場での正式の渡船はじまる。** 渡船の運営は半民半官方法で、維持運営は藩庁の「目論見書」により、最初の監督として、島田宿八木久右ヱ門・金谷宿仲田源蔵が任命された。船夫も富士川・天竜川で修練した者を雇い入れ、賃金は川越より安くなった。

四月十五日　・民部省、大井川の渡船の賃銭を示し、五月一日に施行することを布告。

四月二八日　・金谷町仲田源蔵等、「大井川渡船船方手代」を命ぜられる。

五月　一日　・大井川渡船賃銭が、太政官により「一人百二四文」と定められ、駅逓司から施行を布告。

・**大井川の通船官許**、船一艘当たり年額三三銭の「運上（税金）」を郡方へ納付して航行開始。舟の大きさは、長さ四間・五間・六間の三種類で、川船人夫も積載荷物に応じ二人・三人・四人曳きが行われた。中泉役所の管轄下で、船は三隻から十三隻に増やし、船頭も五〇余人を雇用して、川根筋の村々の物産運搬が本格化した。しかし、同年の内に物産方が廃止され、会所も閉鎖、通船も地元に払い下げられた。通船事業は、下流は島田宿横井から上流の千頭まで。上りの積荷は、主に生活物資の米・醤油・味噌・大豆・酒類・魚・日常雑貨で、下りは山間部産物の茶・椎茸・楮《こうぞ》・三椏《みつまた》・薪炭・木材・杉皮・竹・綿であった。

五月　七日　・川根商人十二人の代表平松円蔵は「売船丸」の新航許可がでたので、この月から神座の溝口に対抗して運転を開始した。

五月　十日　・**新貨幣条例**が公布され、呼称が一両を一円とし、**円・銭・厘の一〇進法**に改正された。

五月十四日　・「郷村定則（太政官布告）」公布。**一村一社制。** 郷村の付属下に村社を置く、大小神社氏子取締

規則を定める。出生の際には戸長に届け、神社に参詣することを義務づけした。但し明治六年廃止。

六月　八日　・大井川川越人足の一部が、池新田村(浜岡町)・川崎町(榛原町)・萩間村(相良町)に入植。

・栃山川の栃山橋から和田港へ**十石積みの通船**営業開始。

六月　・島田方川越人足、東光寺村・伊太村などで開墾に着手。

七月　・六合村細島八幡神社、郷社に列せられる。

七月十四日　・**廃藩置県**の詔。静岡藩は**静岡県**・堀江藩は堀江県となる。島田は**静岡県**の管轄となり、島田町柳町郡方役所跡へ県支庁を設置されたが同年中に廃止された。

八月　九日　・政府、**散髪・廃刀の自由**を認める。

八月二八日　・穢多・非人の称を廃止。

十月二八日　・「府県官制」を定め、府知事・県知事を設置する。

十一月　二日　・県知事を**県令**と改称する。

十一月十五日　・静岡県が**静岡県**(駿河国)と**浜松県**(遠江国)に分割され、堀江藩は浜松県に編入された。向榛原(旧大井川町地域)の村々は、浜松県の管轄となる。

・大久保一翁静岡県参事に就任。国内の府県は三府七二県になる。各県には政府任命の地方長が赴任、**県令**《れい》または**権令**《ごんのれい》と称された。

・この年、横井と地獄沢の間に渡船開始。牧之原の開拓士族は、原坪《ばらつぼ》(現南町)から新小路《しんこうじ》(現新町通)を通って、島田宿町並に出て買物をした。伊太笹ヶ久保にあった高瀬舟の船着場は、横井まで延長され、流木の集散地となった。

・この年、伊久美の西野平四郎は、近江より製茶技師を招き、益津郡大村新田に二つの伝習所を開設。従来の「宇治式製茶法」に代わり**江州式製茶法**を静岡県最初の伝習を行った。

・この年、尾川村の曹洞宗天徳寺末の向富寺が法蔵寺に合併。

西暦・和暦	月日	事項
一八七二 明治 五	一月 十日	・陸運会社を設置して**問屋場を廃止**。「一切相対以て人馬の逓伝をなすこと」となり、従って東海道各駅の**伝馬所・助郷制度廃止**。明治二年から明治四年まで最後の島田宿問屋職は塚本孫造。農民はようやく助郷役から解放された。
	一月二六日	・静岡県、「島田郡方役所出張所」の廃止を通達。
	一月十五日	・**行政区画改正**。駿河国を八一区に分け、島田宿は「八一区」。野田・落合・尾川・千葉、伊太、相賀・神座・鵜網・伊久美は「六一区」。阿知ヶ谷・岸・東光寺・大草・庄九郎新田・御請新田・道悦島は「八〇区」、細島は「七八区」となった。
	二月	・島田大井神社、**郷社**に列せられる。社格昇進の報告神事が行われた。
	二月 一日	・**壬申**《じんしん》**戸籍**の実施（江戸時代からの身分の差別的記載があり、昭和四三年以来、法的には公表・閲覧禁止の措置が執られている）。
	三月十四日	・神祇《じんぎ》省を廃止、**教部省**を設置。ここで神道・仏教の教義、社寺の廃止、神官・僧侶の任命・昇叙など事務一切を司った。
	三月二七日	・農家の「不正製茶」を禁止した。
	四月 九日	・庄屋・名主・年寄の制度廃止、**戸長制**となる（〜明治二二年）。島田宿戸長杉浦竜八郎、副戸長秋野平八・塚本孫蔵・桑原穂三郎。
	四月	・島田宿の「貸座敷業」（女郎屋、公娼が妓楼《ぎろう》の座敷を借りて営業）が営業開始。中宿の二丁目に一軒、三・四丁目北側三軒、南側に二軒。
	四月	・静岡県庁は、大井川賃銭を「銭・厘」に改正した。
	五月	・結髪所を**撤髪所**《さんぱつじょ》と改称、当時島田宿内に四軒。
		・大井川堤防の堤防敷地や付属地、旧地への桑・茶樹植え付けを禁止した。
	六月 三日	・**茶製造人組合**結成、会員二〇名。

六月二二日　・下旬から**ウンカ**大発生、被害甚大。

七月　四日　・土地所有権確立のため、全国一律に**地券（壬申地券）**を交付された（明治七年二月にかけて）。

七月　・伊太村の入会秣場《いりあいまぐさば》の内、大沢山の二一町歩余りが、川越人足九九人分の開墾地となる。

八月　三日　・太政官《だじょうかん》布告により**国民皆学**を主旨とする学制頒布。フランスをモデルに四民平等・男女共同・国民皆学をうたう**義務教育**の教育制度が、画一的秩序的となる。なお学費は受益者負担。全国を八大学区に分け、各区に大学校一校を置く。一大学区を三二中学区に分け、一中学区に中学一校、二一〇の小学区に小学校を設置。修業年限は四ヵ年、入学年齢は下等小学校（六歳～九歳）・上等小学校（一〇歳～十三歳）。

八月二五日　・学制発布にともない、静岡学問所と各所の藩立小学校廃止。

九月十五日　・生活困窮者の多かった島田宿下島・下平・元島田三ヶ組小前（小作人・貧農民）が白岩寺裏山、秣《まぐさ》刈場（栃山御立林）の開墾許可方願い出、その後順次開拓され、茶園が造成された。

　・**修験道《しゅげんどう》の禁止**（天台宗本山派・真言宗当山派のいずれかに帰入させる）。

九月　・静岡県は、村方三役の庄屋・名主・年寄などを廃止、管内の八一区を廃止して、一郡一区の七大区四一小区制が敷かれた。各区に**戸長・副戸長**を設置。六〇区（身成・笹間渡、戸長勝山吉太郎）、六一区（野田・落合・尾川・伊太・千葉・相賀・神座・鵜網・伊久美）、七八区（細島、戸長 小澤三四郎）、八〇区（阿知ヶ谷・岸・東光寺・大草・庄九郎新田・御請・道悦島、戸長広住孫右衛門）、八一区（島田宿、戸長 杉浦龍太郎、但し急死のため副戸長秋野平八に替わる）。

十月　・井口《いぐち》村・南原《みなみはら》村・岡田村・大柳新田・上河原新田・北河原新田・谷口《やぐち》村・初倉《はずくら》村・色《いろ》尾《お》村・沼伏《ぬまぶせ》村・上湯日《かみゆい》村・下湯日《しもゆい》村の十二村が合併して、**浜松県第三大区第一三小区組合村**とした。向榛原《むこうはいばら》村々は第三大区第一一・一二区に属す。

十月十二日　・静岡県、宿駅出入口での人馬・人力車から刎銭《はねせん》を取ることを禁じる。

十月　・無住無檀家の寺院廃止。

・一郡一区の戸長を**区長**、副戸長を**副区長**に改称。

十一月

・寺子屋のあった初倉村大柳**海蔵庵**へ、初めて小学校開設。六月に廃校。

十一月　九日

・太陰暦を廃止し、**太陽暦（グレゴリオ暦）**採用の勅書を発布。

十一月二八日

・**全国徴兵**の勅書・太政官告諭を発する。

十二月　三日

・この日（旧暦十二月三日）を、**明治六年一月一日とする**（昼夜十二時間を二四時間とする。旧暦閏年であったため公務員の一ヶ月分給料支払われず国費の節約となる）。

・この年から東海道の各宿に**人力車**が流行する。

・この年、宮小路《みやこうじ》（現　大井町）在住の人が、木材運搬の円滑迅速を図るため「木材積載専用」の丈夫な**荷車**を考案し、二台を製作し、これを一日五銭で賃貸しした。荷車の車輪は木製で直径三尺、幅一寸五分。これを借りて「木材運搬業」を始めた者もいた。島田・焼津間往復が一日の仕事で料金は三十銭、車賃料を差引き二五銭という当時の労働者賃金としては最高だつた。

・神座ののちの**明治新田**の開拓では、築堤と、度重なる大井川出水による流失の繰り返しに、一旦中止していたが、この年より「捨役《すてやく》」と称して、毎月毎戸一人ずつ無賃にて芯枠埋没の人夫を出勤させた。当時の神座村戸数六七戸。

・初倉村・吉田村境で、大洪水で大井川本流が東より西に直角に流れを変え、堤防に当たるところで決壊し、田畑は一瞬にして砂礫の河原となる。

・この年、犬間相養寺において読み・書き・そろばんの塾が開かれる。

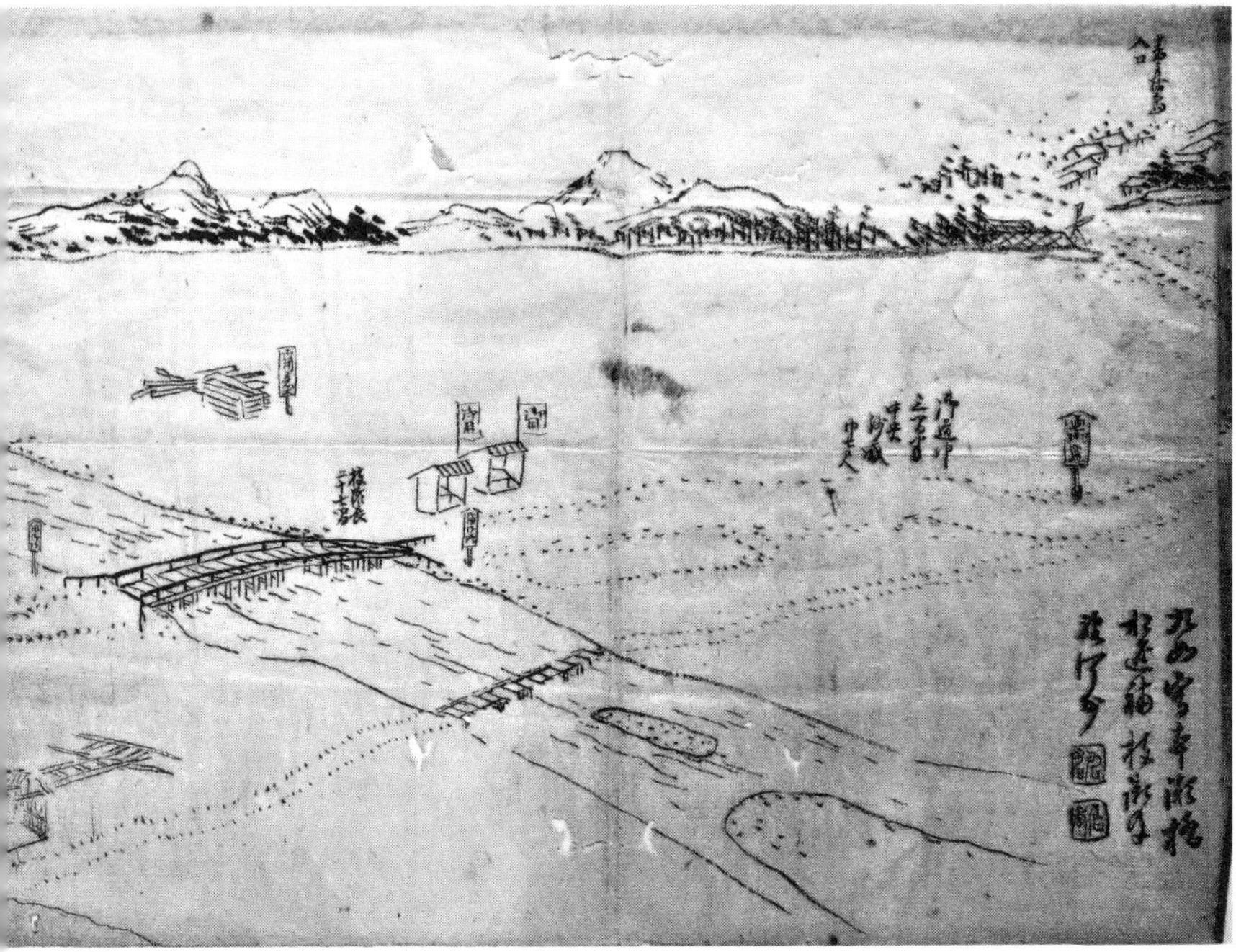

2-1-2　明治元年・明治天皇御東幸のための仮橋 (53)

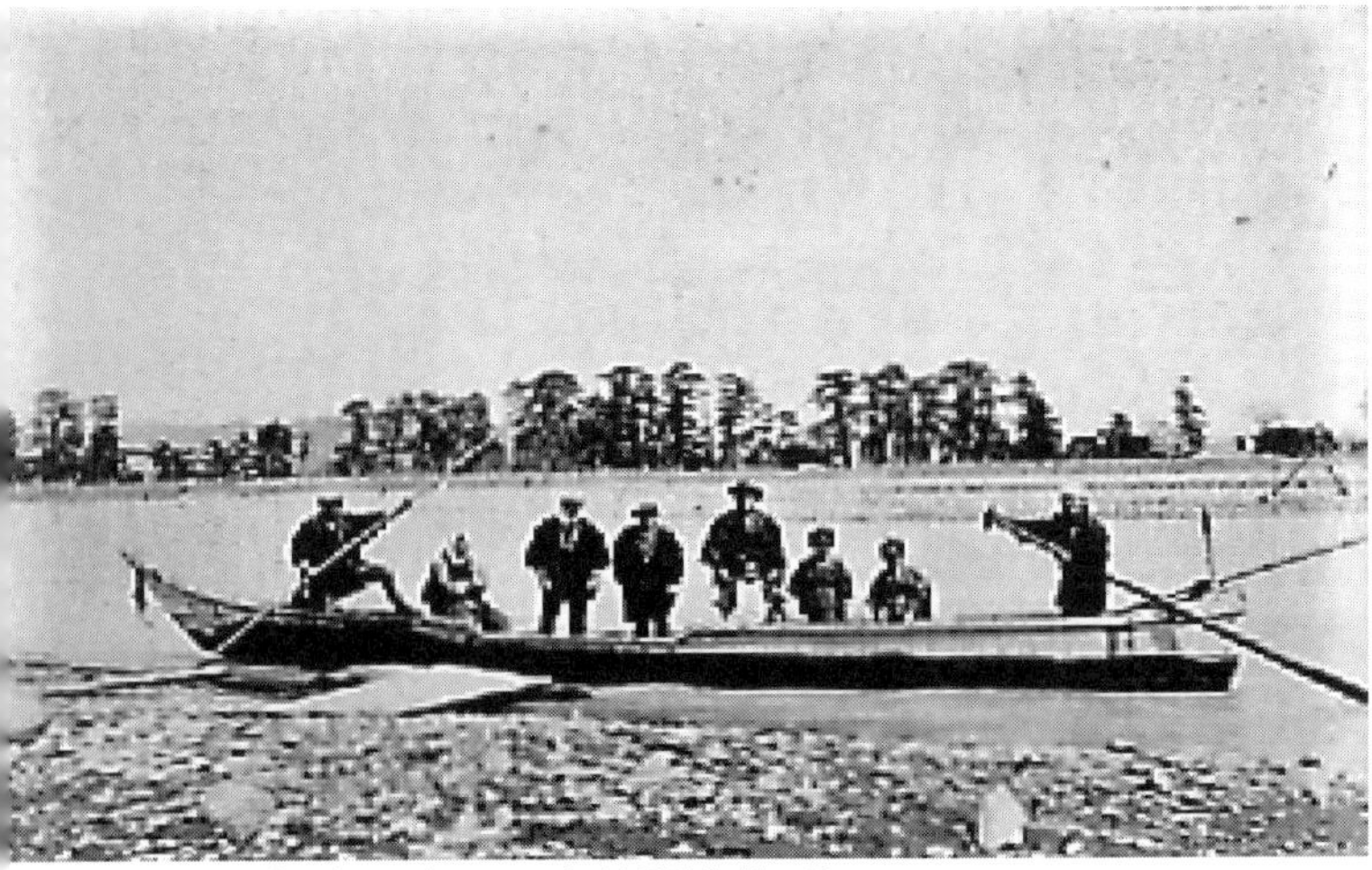

2-2 明治4年・島田・金谷間渡船 (53)

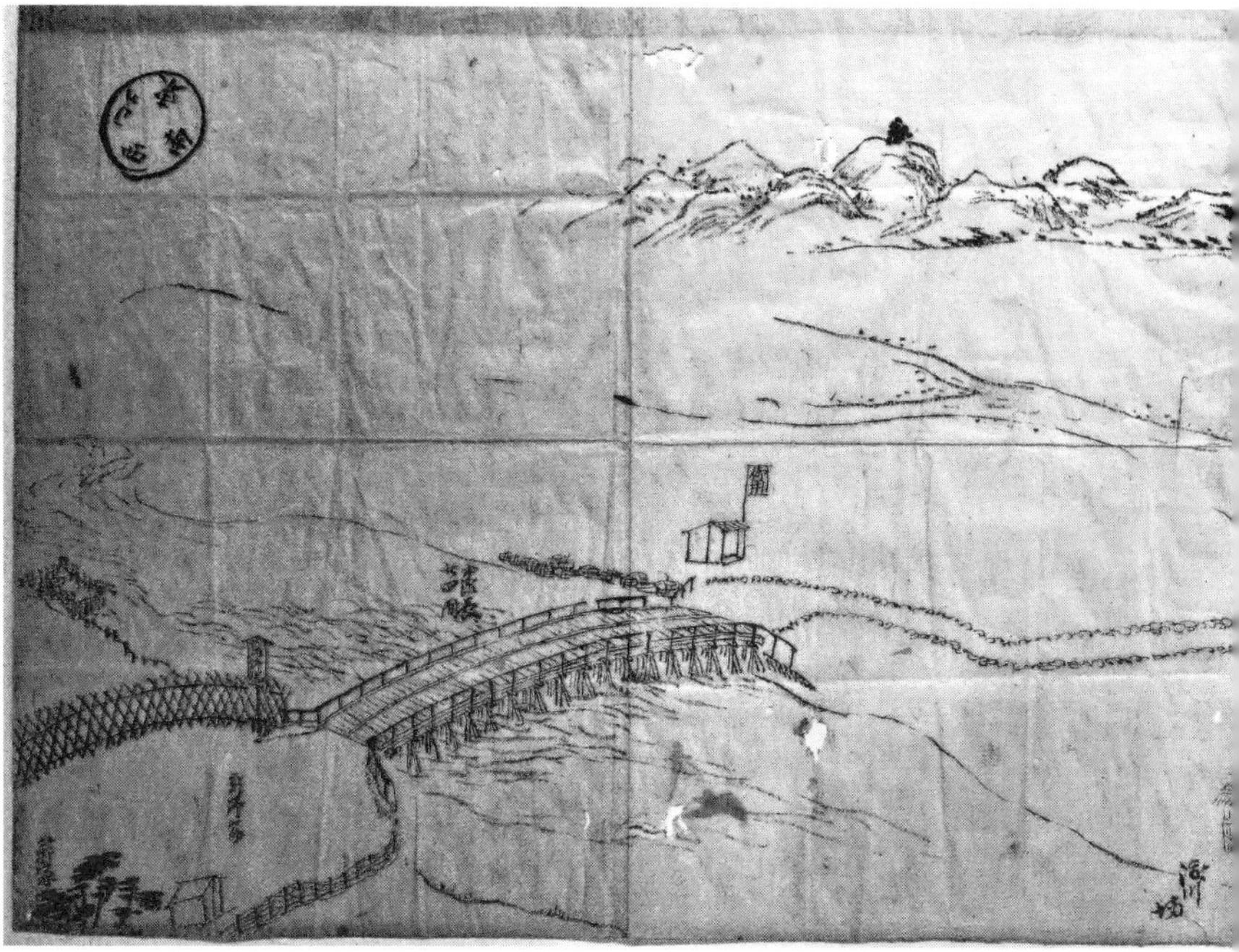

2-1-1 明治元年・明治天皇御東幸のための仮橋 (53)

2-3　明治3年・島田向谷から川根方面への帆掛け通船 ㊾

2-4　明治2年金谷開墾方頭
中條景昭 (52)

2-5　明治2年金谷開墾方頭並
大草多喜次郎高重 (52)

2-6　「牧之原東照宮」御神体
家康像(木造)(元江戸城内鎮座) (52)

2-7　明治3年大井川川越人足金谷方
代表・仲田源蔵(明治4年川越人足と
共に牛渕原の開墾に着手) (52)

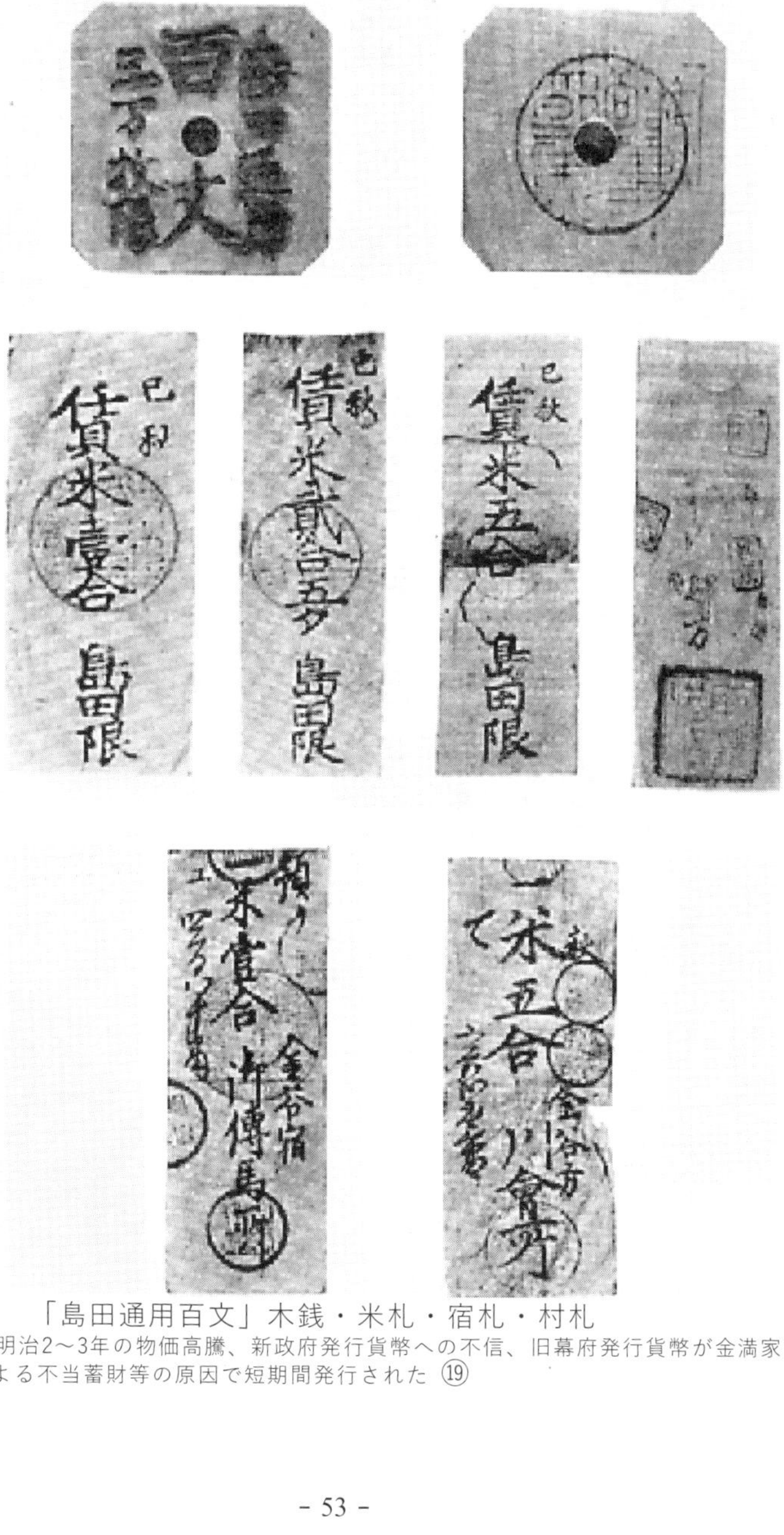

2-8　「島田通用百文」木銭・米札・宿札・村札

明治2〜3年の物価高騰、新政府発行貨幣への不信、旧幕府発行貨幣が金満家による不当蓄財等の原因で短期間発行された ⑲

三　学制・行政区画の制定・・・インフラ整備・大井川の架橋

・徴兵制　・小学校開設　・中山新道　・島田紡績所
・消防組　・郵便局　・病院　・銀行　・茶業組合
・蓬莱橋　・大井川橋　・東海道鉄道大井川鉄橋　・栃山川の十石船

年号	月日	ことがら
一八七三 明治　六	一月一〇日	・**徴兵令及び付録制定。** 国民皆兵制をめざす東京鎮台《ちんだい》は、管下の府県に対して、一五〇〇石につき一人の割合で、二〇歳の者を徴兵する旨通達。静岡県は二五万石で一六六人余。島田町では杉田木造氏が東京鎮台に入営。その後毎年二名～四名の入営者あり。この段階の徴兵令は、戸主・嗣子・独子・独孫など家庭事情によって幅広く免役を認めていた。
	二月　二日	・**学区**を確定。県下を三中学区に、さらに五一四小学区を設定した。
	二月二七日	・初の**徴兵検査施行。** 満二〇歳の青年男子に、三年間徴兵の義務を課す。但し次の条件の者は免除された。①身長五尺一寸（一五四・五㎝）未満の者、②官吏・官公立学校生徒、③戸主・嫡子《ちゃくし》・洋行者、④代人料二七〇円納入者。一一一人採用。
		・浜松県、堤防取締規則を制定する。
	三月十二日	・静岡県第六大区扱所（志太・榛原両郡を管轄）から、三月二〇日藤枝洞雲寺で三回目の徴兵検査を実施すると通知あり。
	三月	・細島《ほそじま》・道悦島《どうえつじま》・御請新田《おうけしんでん》・岸《きし》の四カ村が連合し、道悦島村字宮前六三八番地に**誠貫舎**を設立（主舎は塚本熊蔵、教員三名、生徒数一二〇名）、細島村は、全仲寺内に**誠貫舎分校**を設

けた(翌年廃寺)。

・阿知《あち》ヶ谷《がや》村・東光寺《とうこうじ》村の二ヵ村は分離して、阿知ヶ谷村天神山下六一九番地の廃寺となっていた慶雲寺跡を借用して**栄昌舎**(主舎は広住久道で教員三名、生徒は男子三〇名・女子十九名の合計四九名、授業料月三銭)を設立した。

四月 一日　・全国の飛脚業者の信書送達を停止。**郵便事業**を政府の事業とし、**葉書**を発行、郵便料金を統一した。葉書一銭、封書二銭。当時の郵便物送達は逓送《ていそう》と称し、大きなズックの行嚢《こうのう》(郵袋)に入れ、逓送夫が担いで次の宿まで送り届け往復した。

・島田宿内で**人力車**の営業開始。

五月二四日　・内務省達で**大区・小区制度**実施。静岡県には、七大区・四五小区を設けた。大小区には正副区長、各町村には正副戸長を置く。志太郡を第六大区十二小区、益津《ましづ》郡を第七区三小区とした。島田宿は第六大区第一〇小区(小区長 天野久平)。第三小区(伊久美村)・第九小区(道悦島・岸・阿知ヶ谷・細島・東光寺)・第十一小区(相賀《おおか》・神座《かんざ》・伊太《いた》・鵜網《うあみ》・落合・大草・野田・尾川《おがわ》・千葉《ちば》山《さん》。事務所は野田村鵜田寺境内に設置)・第十二小区(身成《みなり》)・浜松県第三大区二三小区(井口《いぐち》・南《みなみ》原《はら》・岡田・大柳《おおやなぎ》新田・上河原新田《かみかわらしんでん》・北河原新田《きたかわらしんでん》・谷口《やぐち》・初倉《はづくら》・色尾《いろお》・沼伏《ぬまぶせ》・上湯日《かみゆい》・下湯日《しもゆい》・六合村《ろくごうむら》御請新田《おうけしんでん》)。第六・七大区の役所は、益津郡田中一五五番地好間邸内に設置、初代区長には滝川元起が新任された。

六月 八日　・石高《こくだか》の称を廃し、**反別《たんべつ》**(段別)とする。田畑を一反毎に区別し、これを単位に課税した。

六月一〇日　・初倉村坂本種月院へ**初倉学校**設置。その分校を湯日村養勝寺、南原村養徳寺、大柳海蔵寺に設置。

六月　・大津村では、落合・尾川・大草・千葉山の四ヵ村を設置区域として、落合河原田一五〇番地の民家を借用して**一貫社**創設、清水綱義(旧幕士)が教導に当たった。千葉山には分校が設けられた。

	・大長村神座に**応開舎**開校（主舎柴田平五郎、職員二名、男子児童五二名・女子児童二二名の計七四名）。
	・島田宿戸数一六三八戸、在方《ざいかた》の向谷《むくや》七九戸、下島《しもじま》六〇余戸、元島田四〇数戸、次いで向島《むかいじま》・中溝《なかみぞ》・中河原・川原新田。
	・中条景昭以下の**新番組**によって開墾・播種された谷口原開墾地で、二番茶時に初めて茶を摘み、主君徳川公に献上。
	・捕亡吏を**邏卒**《らそつ》と改称。
七月二八日	・**地租改正条例**を制定・布告。米納が**金納**に変わり**地券**発行（「壬申《じんしん》地券」という）。地券には、土地の所在・その種類と面積・持主・地価・地租を明記。税率は、地価の一〇〇分の一とし、豊凶により増減はしない。納税者は、土地経営者から所有者に改める。この公布により反別収穫査定を開始したが、これに不服を申し立て抵抗する県民が「民会設立」を要求した。金納になったことにより、それを捻出する農村では自作農と小作農の**格差が拡大。**
七月	・湯日村の養勝寺等を借り受け、**初倉学校湯日分校**が開校。明治八年**湯日校**と改称し、翌年一月、少林寺を借り受けて移転。
八月二七日	・静岡県、大蔵省に井川村産出の砂金の買い上げ願いを提出する。
八月	・六合村細島・御請新田は、全仲寺分校を独立し、細島字宮上七八六番地の郷蔵の建物を増築して**拡道舎**（主舎は小島平吉、教員三名・生徒数一五六名・授業料三銭）を開校した。
九月　六日	・島田宿では、柳町の郡政役所跡（旧陣屋跡、和風平屋造りの借家）を仮校舎として**島田郷学校**創立。公立小学校として、専ら読書・習字・算数の三科を教授。担当教員は浦野鋭翁、その後、浦野鋭翁辞して折原義質に代わる（最初の入学児童数、男子一五三名・女子八六名・計二三九名。舎主は天野久平、担当教導　浦野鋭翁外二名。授業料月二銭五厘）。
一〇月	・榛原郡榛原町に「郵便取扱所」開設。
十一月　一日	・浜松県令から小川村向坂弥平次・金谷宿仲田源蔵に、毎年十一月一日より翌年三月三一日

の冬の渇水期、**大井川への仮架橋が許可**される（仮橋賃銭は一人八厘・車一銭五厘・牛馬一頭一銭六厘他）。これで渡船は中止となった。但し流水のみ架橋、河原は徒歩。川会所跡を事務所として準備。

・初倉学校大柳（海蔵寺）分校と南原（養徳寺）分校を廃止、井口村大徳寺へ**井口分校**を設置。

・竹下村常安寺に**竹下学校**開設。二四小区（金谷宿）に**金谷小学校**開設。

十二月十二日

十二月二十七日

・島田宿寺西（のちの幸町）の鍛冶屋「釘長《くぎちょう》」から出火。寺西・柳町・大津小路の大部分に至る一二五戸を全焼。「職工消火組」は役に立たなかった。この火災は、鍛冶屋のフイゴの残り火の不始末で**釘長火事**と称した。この日は西からの強風と寒気で、消火の水もみるみるうちに凍りつくほどの寒さであった。

・この年の全国の小学児童就学率は二八・一％、静岡県では三五・七％、当地域では三〇％前後であった。

・この年、島田宿内戸数一六三八戸・向谷七九戸・下島六〇余戸・元島田四〇余戸。

・この年、伊久美村二俣の福井久左衛門が、横浜と茶の取引を盛んに行った。

一八七四 明治 七

一月

・六合地区では、御請新田・細島・道悦島・岸・阿知ヶ谷・東光寺の六ヵ村連合で、道悦島**誠貫舎**・細島**拡道舎**・阿知ヶ谷**栄昌舎**の三学舎を統合。**誠貫舎**を本校、他の二校を分校とした。

二月

・千頭《せんず》・奥泉・長島村等に小学校が**長尾学校**（中川根）の支校として開校する。

三月

・若者仲間のため「夜学」が千頭村で開かれる。

三月

・野田村一ヵ村を設置区域とし、東野田の龍雲寺を借用して**成徳舎**創立・開校（主舎は駒形兵助、教員一名、児童は男子五〇名・女子十七名合計六七名、授業料一ヶ月三銭）。

三月上旬	・若者組合を改め、**千頭消防組**を結成する。
	・金谷宿に**人力車**開業、但し下りのみ。
四月　六日	・**島田金谷間の大井川に一般通行の最初の夏期仮板橋竣工。**
四月十七日	・島田郷学校を**郷学舎**と改称(児童数男子一五三名・女子八四名合計二三七名)。川会所跡へ**聖川舎**開校(主舎は島田郷学舎と同じ天野久平、職員三名・入学児童男子一一〇名・女子二四名・合計一三四名)。
	・林入寺(天王村)に**林幽舎**開校(職員三名・男子一四五名・女子九二名・合計二三七名)。
四月二〇日	・相賀村では、洞源寺本堂に、仮設の公立学校を創設し**第二八番小学校成育舎**とした。
四月二八日	・伊太村では、慶福寺本堂に仮教室を置き**第八八番小学校堅成学舎**とした。翌年に**第三一番小学校**となった。
四月	・上川根の化成院廃寺に**藤川学校**(開校直後に**徳山舎**と改称)が創立される。上岸・田代・桑野山・青部各村に藤川学校の支校ができる。
四月	・伊太に**堅成舎**(主者は北川惣一、教職員二名・児童男子二二一名・女子一二九名・合計三五〇名)、相賀に**成育舎**、神座に**応開舎**(神座村九二番地に校舎新築、学齢児童は一二五人であったが就学児童五八人)、伊久美小川に**楽山舎**を開校(主舎は石神弥治作、教職員二名・児童男子一四二名・女子五六名・合計一九八名)。
六月	・崎平村福泉寺で小学校が**長尾学校支校**として開校する。
六月	・**豪雨**のため大井川氾濫、神座村被害。下流の相川村・西島村地内(後の大井川町)延長六五間破堤、西島村の田畑三分の二流失、稲作皆無、住宅も多数流失した。
六月一〇日	・大雷雨、旗指《はっさし》で屋外にいた者一名感電して即死。
七月	・のちの「明治新田」神座寄州の開墾に、島田宿の**八木泰吉・増野弥三七**が資金を出し、参画して開墾が進められた。従来の神座村村民が、毎月捨役《すてやく》として毎日無賃で堤防工事作業に当たっていた方法を改め、村を四組に分け、各組二分五厘ずつ、八木・増野両人が五分ずつの歩合に分け、これを堤防開墾費とした。また御普請役《ごふしんやく》(今の土木部長)内田富淑を加え

字孫目下に会所を設立して出張を願った。

・静岡県、従来の正副戸長を廃止、**公選**による正副区長・正副戸長を置く。

八月十八日

・向坂彌平次・仲田源蔵は、島田町桜井叡一・桜井邦蔵・鈴木久一郎らの出資協力を得て、大井川の測量を終え、架橋の設計書を添えて「**大井川本橋架橋許可方申請書**」を浜松県庁林厚徳あてに上申した（橋長六九六間、幅員二間、馬除四尺二寸・長二間を一〇〇間毎に一ヵ所設ける）。

八月十九日

・大津村**一貫舎**が落合河原田一五一番地に校舎新築。総坪四八坪の内三八坪が二階建て、教員数二名、生徒男子六一名、女子二四名計八五名。

九月

・島田宿八木泰吉、静岡県参事から「蚕種製造人世話役」を任命された。

一〇月　二日

・この年冬、六合の街道筋煎餅屋より出火、大火となる。民家七戸焼失。

・この年、**石油ランプ**急速に普及、行灯《あんどん》衰える。**乗合馬車・人力車・牛肉屋**出現。

・この年の暮れ、川越家業からの転業もままならず、失業した人々の救済と防火を主眼視して、大久保三作・菱谷恵吉・河原崎政吉の三人が発起人として人々に呼びかけ、島田宿へ私設**消舛組**《けしますぐみ》火消が結成された。資金の大部分は、町内有力者の寄付金によるもので、組員に法被《はっぴ》（裾には枡形を、背には〇消を表示）を給与。また上村（扇町）に、島田宿最初の木製「火の見櫓《やぐら》」を建てた。当時の消防具は鳶《とび》・指叉《さすまた》・水汲籠《みずくみかご》で、消火法は破壊法を採用。

・この年以後、島田宿から榛原郡湯日村地内の山林、原野を開墾し、**茶の栽培**を始める者増加。

・この年、向榛原上泉村の山下幸五郎初めて**梨**苗数十本を導入。

・この年、川尻村小山の半田平七は、地元に根付いてきた養蚕・製糸業の取引が、敏速な郵便によることを知り**小山郵便取扱所**を開設、翌年一月十三日**小山郵便局**と改称。その後自らも「養蚕伝習所」を開き、明治二〇年には**大純社製糸工場**を開設。

一八七五 明治 八	
一月	・島田宿五丁目問屋場《といやば》跡の「郵便取扱所」が、三丁目二八三番地へ新築移転し、その後、官制の改革により**島田郵便局**と改称。この夏**郵便馬車**が初めて藤枝から来る。
二月　五日	・千葉山日吉神社が、大津・大長の「郷社」に列せられた。道悦島八幡神社、岸浅間神社が「村社」となる。
二月二二日	・各地の「民権政社」が結集して大阪で大会が開かれ、**愛国社**を結成。
二月	・伊太村八幡神社が「村社」に列せられる。元八幡天王は維新の際、**須賀神社**と改称された。
三月　七日	・向榛原**上泉学校**は洋風三階建校舎を新築する。
三月　七日	・邏卒が**巡査**と改称された。
	・島田宿柳町「島田郷学舎」西から出火し、校舎を全焼。学校は十二日まで臨時休校とし、その後隣接の快林寺本堂を教場とした。
二月十三日	・平民も必ず「姓」を称し、不詳の者は新たにつけるよう布告。
四月	・初倉村種月院の初倉学校は**坂本学校**となり、教員(五名前後・生徒は坂本・上河原・大柳を含めて一〇〇名余。井口村大徳寺に**船木学校**が置かれ、教員数は四〜九名、生徒数は一一九〜一八六名。湯日養勝寺の初倉学校湯日分校は**湯日学校**と改称。
六月十六日	・向榛原宗高村の池谷政一郎自宅に「郵便事務取扱所」を開く。
六月	・**藤枝警察署島田分署**が、三丁目北側(上本陣村松九郎次の隣接地)に設置された。
九月二六日	・牧之原開墾方では、生活困窮のあげく悪事を働く者も出現した。帰農武士の救済策の一つとして、中條、大草の発案により、家禄奉還金の一〇円余を資金として、**荷美館**《こうびかん》を谷口原に設け、現金を貸付け、あるいは有利な産業に融資するなど、利殖を目的とした一種の銀行業務を始めた。しかし素人商法のため、貸付金の焦付きや、事務方扱者の遣い込みなどもあって失敗し、明治十一年解散するとともに、多くの士族が牧之原を離れた。
九月二七日	・榛原郡金谷河原町仲田源蔵・志太郡小川村向坂弥平次の連名で「**大井川架橋願**」が浜松県

林厚徳あて提出された。

一〇月一〇日 ・**大井川大洪水**、開墾し始めた神座村で壊滅的な被害。

一〇月十五日 ・**大井神社大祭**が、**新暦**十月十三日・十四日・十五日の三日間に改正され執り行われた。

十二月十七日 ・静岡県県令大迫貞道・浜松県県令林厚徳から許可申請中の「大井川本橋架設」が、内務卿大久保利通から許可された。向坂彌次死去のため、替わって鈴木久一郎と提携した。許可と同時に着工。翌年三月三日に開通。

・この年、榛原郡の組合村を解体して、上河原新田・北河原新田は合併して**中河村**となる。

・野田村の「神明宮」は、元落合村のものであったが、宝永年中に野田村に属し、この年、野田村「村社」となる。

・この年、相良《さがら》街道(俗称田沼街道)の大井川渡渉場に仮橋を築く。

・この年、茶の製造が「免許制」となる。

一八七六 明治 九

一月十三日 ・**大井川仮橋架橋**が内務省から正式に許可された。

二月 ・県会議員選挙で、細島の町井平四郎が当選。

三月　三日 ・島田金谷間の**大井川仮橋架橋**完成開通。長さ一三〇間・幅九尺、わずか半月間で完成した。しかしその後なんども仮橋は流失している(この日から二九日間での交通量は歩行者一万九三八六人、人力車五九九輛・分持一二〇〇荷・本馬三〇二駄・牛三四四頭・空馬一一八頭・小駕籠二六挺・差物一一六棹・俵物一七〇俵・駄荷小車一二二輛・空馬一一一輛)(渡り賃、歩行者一人八厘・人力車一銭六厘・分持一銭・本馬四銭・牛一銭六厘・空馬一銭六厘・小駕籠一銭六厘・差物二銭四厘・俵物一銭・駄荷車四銭・空車八厘)。

・大津村落合で火災発生、民家五戸全焼。

三月二〇日 ・浜松県は、大井川下流域の近世開発村々の内、親村から分村したり、飛び地であった小村を親村への合併、編入を行った。向榛原上泉村では、善左衛門新田・吉永村利左衛門分・

・高新田村を合併。

三月二八日　・**廃刀令**公布（軍人・警察官・官吏制服着用等を除き帯刀禁止）。

四月　一日　・島田宿内区名改称、上村（玄性）は**扇町**、寺西は**幸町**、白髪村は**高砂（区）**と改称。

・榛原郡の組合村を解体。上湯日村と下湯日村が合併して**湯日村**に、初倉村・谷口村・沼伏村・色尾村が合併して**坂本村**に、井口村・南原村・岡田村が合併して**船木村**に改称。大柳新田はそのまま。庄九郎新田は岸村に合併。

四月十八日　・大迫県令の下に行政区域が変革され、足柄県廃止、伊豆一円が静岡県直轄となる。

五月　・浜松県は、耕地・宅地の地租改正事業終了。

六月　・大津村野田の「成徳舎」が、西野田一一九四番地へ新築。総坪数四〇坪、内二五坪が二階建て。

七月二〇日　・教部省から、全国の神官並びに官国弊社神官に対し、次のような達書が出された。「神社の神輿渡御の際、甲冑《かっちゅう》・礼服を着用し帯刀してきた者は、供奉中に限り帯刀を許すが、その都度関係官庁に届けること」。

八月二一日　・浜松県を廃止、**静岡県**に統合。御請新田を志太郡へ編入。初倉の属する浜松県第三大区は静岡県一〇大区となる。

九月十二～十九日　・県下は大雨、**大井川洪水**で堤防決壊し、神座開墾地、向谷、川原新田地先から下島の堤防が被害。完成したばかりの「大井川仮橋」も二〇〇間前後が自然流失した。

・栃山川流域が水害を被る。

・吉田村八幡島新田地先が破堤、八幡神社神職宅流失、田畑被害。栃山川も氾濫し沿川各村の被害多大。

九月十九日　・遠州第三大区二一・二二小区を榛原郡から志太郡へ移す。

十二月　一日　・「県会議事堂」が完成。

十二月二四日
・**第一回県民会**開院式が行われた。

十二月二四日
・八木舜、県会議員に当選。

十二月
・**地租改正**の結果、島田宿反別五八五町三反一畝二一歩となる。
・この年、従来輸入に頼っていた摺附木《すりつけぎ》（マッチ）が国産化されるようになり、東京本所柳原町に「新燧社《しんすいしゃ》」が創設されて、国内で大量生産が始まった。さらに資材である沢胡桃《さわくるみ》・白桧《しらべ》・白樺《しらかんば》の産地に近い静岡に、**静岡新燧社（虎マッチ）**が設立されたが、島田の業者がその間に入り、川根方面から豊富な原材料を三尺の丸太材にして、船積あるいは筏の上荷として、伊太笹ヶ久保または横井地先に荷揚げされ、陸路を静岡に運ばれた。その後、翌明治一〇年九月には、清国上海《シャンハイ》にも輸出するまでになり、原材料業者も、生産工場とともに**大盛況**となった。それにより、島田町内の木材業者はほとんど摺附木《すりつけぎ》の材料を兼業とし、大井川上流より沢胡桃《さわくるみ》・白桧《しらべ》を切り出した。

一八七七　明治一〇

二月十五日
・**西南戦争**勃発。戦死者志太郡下で十六名、内島田一・六合二・初倉一・中川根村二。九月二四日終結。この戦争は、明治五年発布された「徴兵令」後、最初の参戦であった。

三月
・御請新田（浜松県第三大区第二小区）を、静岡県第十大区に変更。
・聖川舎（河原町）・林幽舎（祇園区）を廃止し、郷学舎に併合して**島田学校**と改称（児童数は男子二一一名・女子八三名　の計二九四名）。
・六合阿知ヶ谷村の「栄昌舎」は**東阿学校**と改称。

四月二七日
・もと江戸城紅葉山に鎮座されていた、東照宮の御神体である「家康像」が、明治元年の江戸城引き渡し後、上野寛永寺・田沼邸・久能山を経て、谷口原の中条氏の屋敷西側に遷座。付近を**権現原**と呼称するようになる。現在は大草氏屋敷内に安置されている。

五月　一日
・「第二回静岡県民会」初の議会を開く。

五月十五日	・谷口・御請新田間の大井川へ、地元民による民間経営の無許可仮橋、賃取橋**谷口橋**ができた。明治年間は「個人的賃取橋」であった。
六月十一日	・夕方から深夜に至るまで**暴風雨**となり、各河川で満水、大井川など落橋。
九月二七日	・夕方から深夜に至るまで**暴風雨**となる。家屋倒壊、農産物被害大。
九月	・藤川村「徳山舎」が**小長井学校**と改称する。
九月〜一〇月	・八月に上海から長崎、横浜に伝播した「コレラ」が全国に伝播したが、県下各地では、西南戦争帰還兵から**コレラ感染**。県予防徹底を通達。
一〇月	・**島田学校向谷出張所**を向谷に創設(向谷・稲荷町・甚兵衛島の児童を収容)。
十一月	・大富村治長請所の原川治兵衛・同村中根新田の増田与之助・和田村田尻の村上令一の有力者三氏は、共同出資して**拡栄社**を組織し、六合村御請新田地先の大井川堤防へ**新川水門**を新設。大洲村源助と六合村御請新田の境から一直線に、青島町久兵衛・市右衛門新田の南側を通り、大洲村忠兵衛新田・青島村下青島および高洲村兵太夫の三ヵ村に至る延長約一里の区間に、**新川の開削**を開始した。この川は、当初は灌漑用水、水害防止に資するという目的であったため、流域各村の農民も快く理解し協力した。しかし本来の目論見は、旧小河川「芝地川」を拡張し、大井川上流山地から伐採、筏で流下してきた木材を和田浜まで直接運び込み、石津浜へ工場を建てて、そこで製材した製品や、川根方面の林産物とともに、海路東京・横浜方面へ搬出するというものであった。
十一月二〇日	・第一回**内国勧業博覧会**において、前山の山本長右衛門が茶部門で**凰紋賞**を受賞する。
十二月十三日	・八木泰吉・内田富淑が、神座の「新田開墾願い」を再度提出し、許可された。
十二月二五日	・県内、激しい**大暴風雨**に見舞われ、家屋、農産物に多大の被害。
	・この年、島田・金谷間の「大井川仮橋」は、増水のため四回も流失している。
	・この年、県内の**コレラ**死亡者四三人。

一八七八 明治十一

二月 六日 ・区長・戸長を公選とし、県会・大区会議員を選出して村々の運営に当たらせ、高まる**自由民権運動**に対する緩和策とした。

・森定四郎、県会議員に当選。

三月 ・牧之原・谷口原開墾の「新番組」代表の**中条景昭**は、茶園造成のため開墾に従事する旧幕臣二〇〇余名の生活困窮のため、静岡県令大迫貞清に対し、茶畑を抵当に、翌年明治十二年以降五ヵ年返納の積立をもって四万円の拝借金を願い出た。県令大迫は、翌三月、これを内務卿大久保利通に上達し、指示を仰いだ。内務卿は、中条景昭の名文による願書と県令からの上申書に深く心を打たれ、願い出の半額金二万円を貸し下げることに決定した。その条件として、明治十二年から向こう五ヵ年無利子で据え置き、明治十七年から年利四分を付して向こう五ヵ年の年賦で返済せよ、というものであった。景昭は、この貸し下げ金の半分の一万円は公債証書を買って後日に備え、残り一万円を茶園の培養費として、新番組の全戸に分配した。

七月二二日 ・架橋発起人の向坂弥平次・仲田源蔵に、新たに鈴木久一郎・桜井邦蔵を加えた結社人の連名で、島田金谷間「大井川架橋費金御貸下及び官林御拂下願」を静岡県令に提出。これは費用概算二万円のうち、官費一万円の無利息一〇ヶ年割返済による貸付と、官有林の千葉山・家山天王の森・高尾山の木材を代価をもって払い下げを求めるものであったが受理されず。改めて「大井川本瀬仮架橋弐百間新築願」を県令に提出。

七月 ・神座の「応開舎」は神座一、五七六番地に移転。その後、明治十九年、三学区併合につき**相賀学校神座分教室**となった。

・相賀村の「第二八番小学校成育舎」は、教室を増設し、この年**相賀学校**と改称した。

七月二二日 ・**郡区町村編成法・府県会規則・地方税規則**（地租税法改正）の地方新三法が制定。これにより煩雑な大小区制を廃止し、**県・郡・町村**という一貫した地方行政区分が確立し、町村会議・区会議の開設が認可された。これに合わせて、課税の公正を期するため、一斉に町村内の実測を行った。

・伊太・相賀・神座・鵜網の四ヵ村は連合して、戸長役場を相賀に置き**相賀村外三ヵ村戸長役場**と称した。

八月　一日
・「国立銀行条例」が改正（正貨準備を緩和）。これを機に榛南地方の有志が集まり「国立銀行」を創立した。名称は**静岡県三五国立銀行**（資本金七万円、本店は静岡市本通二丁目）。これは牧之原の開拓と茶業の進展を予想して創立された。

八月　四日
・明治八年三月に全焼した「島田学校」を、柳町へ復興新校舎落成、開校式を挙行。和風瓦葺き平屋造、敷地四六九坪、校舎二四四坪、一〇教室。当日は大迫県令・蜂屋少属等臨場。書画展覧会も併開した。

八月二十六日
・牧之原開墾方の「荷美館《こうびかん》」が運営不能となり解散。

八月二十六日
・大井川本橋、全幅員七二〇間（一三〇〇m）の内、中央の本瀬二〇〇間（三六〇m）の工事許可を受け着工。翌十二年四月中央の二〇〇間の**木橋竣工**。

八月
・県下各地、虫害で田畑被害。

一〇月　四日
・県令大迫貞清からの達書（学事広報）が、第六大区十小区（志太郡島田宿）事務所を通じて各戸に配布された。その主旨は、「神社祭典の際、学令児童に、俳優に紛らわしい振る舞いや歌舞をさせ、古い時代の衣装を着せ祭りに参加させるなどは醜い行為であり、父母は恥じるべきである」というものであった。しかし懇談の結果、伝統と土地柄ということで、例外としてこの年の大井神社大祭は従来通り行われた。だが二日目の十四日午後からの雨で、「神輿渡御」は五日目の十七日に漸く行われた。

一〇月　八日
・横井原坪地先と湯日村地獄沢間の大井川へ、「**農業一途使用仮橋架橋願書**」（のちの蓬莱橋）を静岡県令に提出。開墾人総代清水永藏・置塩孫太夫・森勘五郎・鈴木金作ら四三名によって提出されたが、その目的は、農業用で開墾者は無料、他の通行人は有料であった。十二月五日許可された。

一〇月　・向谷に**島田学校向谷出張所**が開設した。

一〇月　・大井川島田・金谷間への**全面本橋架設**のため、向坂彌平治・仲田源蔵・鈴木久一郎・桑原穂三郎・桜井邦蔵らは、予算金二万円のうち半分の一万円は、向坂が一五〇〇円・鈴木が三五〇〇円・桜井が二五〇〇円・桑原が一五〇〇円・仲田が一〇〇〇円を出資した。残りの不足分一万円の貸与と、橋資材となる木材を、官林である大津村千葉山・下川根村家山天王森・坂部村高尾山の三ヵ所から、合計一万六二一〇本の杉材払い下げを願うための願書を、静岡県令大迫貞清宛に提出した。またこれには、橋銭は一人に付き一銭七厘あて、その他はこれに準ずることとし、二〇〇分の一の絵図と二〇分の一のひな形を揃え、県庁に提出した。

十一月　二日　・明治天皇、北陸・東海御巡行（一〇月三一日～十一月八日）を終え、東京への還幸の途中、島田町大津小路秋野平八邸で御小憩・御昼餐を召され、**行在所**《あんざいしょ》とされた（当時すでに三本陣は没落し、宿内随一の邸宅であった秋野邸が行在所に定められた）。供奉《ぐぶ》の諸員は千余名の多数であった。秋野家へは、金二五円の御手当と、金蒔絵で菊の御紋章が描かれた朱塗りの三組の木杯が下賜された。ちなみに、昼御膳の献立は、塩焼おきつ（鯛）・御汁端白（鴨汁）・シメジ茸・炙《あぶ》り上とび・松魚《かつお》に水菜・塩蒸し・きす懸け醤油・摺生姜・炙松茸の献立表が残されている。

十一月　四日　・明治天皇は、静岡市行在所に、牧之原開墾の中條金之助景昭・大草多喜次郎高重を拝謁仰せ付け、開墾の労を嘉賞され、金一千円を下賜された。

十一月　・奥泉の小学校、志太郡藤川村「川根学校支校」から独立して**奥泉学校**となる。

十二月　五日　・谷口原開墾人の島田宿清水永藏ら、横井原坪と湯日地獄沢間の**大井川農用仮橋**（のちの蓬萊橋）

年	月日	事項
		架設を静岡県から許可される。
	十二月二四日	・「大井川農用仮橋架橋結社」人総代(置塩《おしお》孫太夫・森勘五郎・鈴木金作)は「大井川仮橋架橋案」を新番組、中条景昭に示して承諾、許可された。
	十二月三一日	・この年の年末、六合村御請新田と大洲村源助境の芝地川を切り広げる「新川開鑿事業」は、青島村境まで進んだ。しかし事業は困難を極めた。
		・**金谷大火**。午後二時三〇分、金谷町上本町から出火、二五二軒焼失。
		・牧之原開墾の士族は困窮を極め、年末には残存家庭は二一五家族であった。
	十二月	・神社の統廃合により、岸村字宮の沢の大井大明神境内に、諏訪《すわ》大明神・浅間《せんげん》神社・山護神《さんごじ》社の四社が統合され、浅間社を主祭に、大井大明神を相殿として、岸村の鎮守、村社**浅間神社**として祭祀されることとなった。
		・この年、全国の人力車十一万三九二一台、荷車十一万五六八〇台。
一八七九 明治十二	一月十二日	・県内各地に民権思想を普及する「演説結社」が誕生した。静岡に、県下最初の演説結社・民権結社の**参同社**《さんどうしゃ》が、また浜松には**己卯会**《きぼうかい》が結成された。
	一月十三日	・原坪《ばらつぼ》・地獄沢間大井川の「農用架橋」竣工し、賃取橋**蓬莱橋**《ほうらいばし》と命名、渡船業者と協力して開橋した。しかし資金不足のため、流れへ杭を打ち丸太を渡して、その上に板を並べただけのものであった。(渡橋賃片道五厘)。
	二月二七日	・駿遠両国の境界を大井川中央と改正し、旧来の榛原郡の飛び地であった**向榛原**《むこうはいばら》全十三カ村(源助・上泉・相川・西島・中島・飯淵《はぶち》・吉永・上新田・下江留《しもえどめ》・宗高《むなだか》・上小杉・下小杉・藤守)が、駿河国志太郡の地籍へ編入された。このとき「善左衛門村分村紛糾一件」と記録された騒動があった。上泉村の二分割事案について、副戸長の一人碓井《うすい》が上村の村名に自分の姓を付けようとして不正に書類を偽装し、また受け付けた県職員が地元住民を無視して村名を付け

	たために紛糾した事件である。
三月十二日	・静岡県は**大小区制**を廃止して**郡制制定**を通達。「県・郡・町村」という一貫した地方行政区分を確立した。旧第六・七大区に替えて、**志太・益津二郡**ができた。各々郡役所設置。志太郡役所は二宿四町一三七ヵ村を、益津郡役所は三町三四ヵ村を管轄することとなる。
	・官選戸長制度となり、「戸長役場」を設置。
三月	・栃山土橋が板橋となった。
一月〜三月	・明和三(一七六六)年以来実現できなかった**地名《じな》村の墾田計画**が、明治一〇(一八七七)年椎野作之八・三倉仲四郎らが発起人となり再び出願、認可を得て、本年一月〜三月の八〇日間で字日《ひ》蔭山《かげやま》(仏の元)に用水隧道を掘り抜き村中に用水路を通し、およそ二〇町歩の墾田を成功させた。また水車の動力としても用いられた。隧道の長さ四七・三m、用水路全長四〇四七・五m。後に「東海紙料(株)」に譲渡され、地名発電所の用水とされたが、現在用水はほとんど埋め立てられ隧道口の一部だけがわずかに面影を残す。
四月十三日	・前年八月許可された「大井川本瀬仮架橋弐百間新築願」による工事は、本瀬に架かる中央の二百間(三六〇m)だけ完成。
五月　一日	・志太・益津郡長、「粗悪製茶禁止」を通達する。
五月一〇日	・三月に**第一回県会議員選挙**が行われ、この日、第一回「通常県会」が開催された。
六月　一日	・静岡両替町の民権結社「参同会」が『**函右日報**《かんうにっぽう》』を創刊。
七月〜九月	・静岡県下にも**コレラ大流行**。各地で消毒や、患者の避難病院への強制隔離などに反対する騒動**コレラ一揆**が起こった。県内**コレラ**死者八三九人。全国患者数一六万二六三七人・死者一〇万五七八六人。
八月二二日	・千葉山の開山杉などの老杉を、「霊木」として伐採を禁止保護することとなる。
九月二九日	・「学制」を廃止し**教育令**を公布。

年	月日	事項
	一〇月十三日	・大長《おおなが》成育舎は**相賀《おおか》学校**、応開舎は**神座《かんざ》学校**と改称された。
	一〇月二七日	・船木・大柳新田・中河・坂本・湯日の五ヶ村合併して**第七組合村**を結成。
	一〇月	・徴兵令改正。兵役年限七年から一〇年に、免役範囲縮小。
		・阿知ヶ谷村の西宮《にしのみや》を天神社に合祀し**天満天神社**と改称して、村の氏神とした。同時に村内各所の社祠を境内に末社として祀った。
	十一月　三日	・志太・益津郡内には演説結社**益志社《えきししゃ》**と**扶桑社《ふそうしゃ》**の二つが組織されていた。「益志社」は、志太郡若王子《にやくおうじ》の安野省三郎と志太郡善左衛門の碓井義方が中心となって、九月二五日に結成された演説結社。「扶桑社」は、志太郡土瑞《どずい》村の益田郁太郎が中心となって組織され、民権思想の拡張をめざし演説会を開いた。
	十一月二一日	・静岡に民権結社**静陵会《せいりょうかい》**が組織された。
	十一月二二日	・榛南地方の教師等が民権結社**共益社《きょうえきしゃ》**を結成。
	十一月	・「大井川架橋」西側の金谷方一四六間三尺(二六四・二六m)の増築に着工、翌十三年四月完工。
	十二月	・この年、県下に**マラリア**(別名オコリ・黒水病・三日熱マラリア・四日熱マラリア)流行、県下患者数二万五二〇五人。コレラ死者八三九人。
		・この年、稲作に**ウンカ**大発生、大洲地区に特に被害大。
		・この年、「治水に関わる費用支弁の法」が改正された。内容は、現場に出勤する高役人足に対しては、一人米一升七合を時価に換算して支給すること、治水工事の必需資材に関わる諸資材費は地方費とすること、扶持米《ふちまい》人足・賃米人足などは国費とする(但し明治十三年から は国費支弁は廃止され、明治十四年度から国費支弁の分は地方税から)。
明治十三 一八八〇	一月十三日	・**島田学校稲荷島《いなりじま》出張所**を設置(甚兵衛島・稲荷島の児童を収容)。
		・鈴木久一郎・桑原穂三郎(まもなく脱退)両名は、政府輸入の二千錘紡織機械の拝借方を内務

	卿宛に提出。「島田紡績工場」設立を企てる。
一月	・明治一〇年に創立された**拡栄社は**「通船」を起業し、道悦島村の新田川を用い、忠兵衛新田より栃山川を通り、木屋川から石津村和田港までの航路であった。
二月　七日	・志太・益津郡長、「官吏の政談演説会」を禁止。
二月	・藤枝の民権結社「扶桑会」は、大井川下流域東岸(上泉・藤守)に「起業課通船部」を設立することを決議し、五月一日通船事業を開業し開業式を行った。
三月二二〜二三日	・県内民権結社「扶桑社」「己卯社」「参同社」の三社社員四〇名が参集し、**国会開設請願**署名推進運動を協議した。賛同者二〇〇余名を得て署名運動を展開。十二月、県下で一万五七三五名の署名を集めた。
三月	・金谷町に**東遠社**が開業。本社は金谷河原町、支社は横浜に置かれ、再生輸出の依頼引受、横浜商館その他各商売売り込み等を営業内容とした。
四月　八日	・**区町村会法**が発布施行。「会議制度」を導入し、旧来の戸長等の旧名主的運営から脱却し、町議・区議会を町村運営の重要機関として公認するとともに統制を強化。
四月	・**刑法**・**治罪法**が公布実施され、町村内の治安取り締まりが厳重になった。
四月	・静岡の民権結社「静陵社」は、集会条例違反で解散した。 ・「金谷町茶商同盟会規約書」を締結、茶商も組織化された。
五月　三日	・内務卿御通行で「大井川橋」延長補強、金谷方から大井川本流へかけての本橋増築一四六間三尺(二六四・二六m)が落成。全長三四六間三尺(六二七・二五m)の木橋が仮設された。
五月三〇日	・金谷・日坂間の「東海道バイパス」**中山新道**が開通、落成式挙行。日本で二番目に造られた有料道路。
七月	・日光東照宮保存費を、牧之原の帰農武士へ寄附を呼びかけた。
八月十三日	・**島田紡績所**設立立地決定(後の東海パルプ横井工場の一角、江戸時代の郷蔵跡)。同時に用水取入口(監《けん》

年	月日	事項
		物川《もつがわ》取水門)からの水路の開鑿・工場敷地の整備完了。
		・午後五時頃から**暴風雨**となる。大水のため飯淵《はぶち》村草島の寄州東西南北共に約二〇〇間流失。
	八月十四日	・志太・益津郡役所、**虎列刺(コレラ)病者火葬場**の件を通達する。
	八月二五日	・伊太村の「第三一番小学校」は**伊太学校**と改称した。
		・午後五時ころから**暴風雨**となる。
	八月	・八月以降**改正地券**を交付。これにより土地所有者を公認し、土地に関わる租税額を明示。
		・日之出町で火災発生、被災者多数。
	一〇月十三日	・**大降雹**、榛原郡下に重さ一〇〇匁大の雹《ひょう》が降り、農作物の被害ばかりか人や犬などの死亡もあった。
	一〇月二六日	・「静陵会」再興演説会を開く。
	十一月　五日	・県下の有志により「**国会開設建白書**」を元老院議長に提出した。
	十二月二八日	・この年、伊久美の西野平四郎、**伊久美銀行**を開業。
		・この年、**マラリア**流行、県下の患者数九八二〇人、死者四七人。**天然痘**死者三一人。
		・この年、新政府は「伝染病予防心得書」を発し、コレラ・腸チフス・赤痢・発疹チフス・ジフテリア・天然痘(痘瘡)を**法定伝染病**に指定、届出・隔離地料・消毒を義務づけ。
一八八一 **明治十四**	一月	・落合村付近の小作人、「付加米廃止」を要求。
	二月	・志太郡青部《あおべ》・上岸《かみぎし》等十五カ村、「地租金年賦延期願」を県令に提出する。
	三月一〇日	・志太・榛原両郡の川根商人、組合**川根組**設置の盟約を締結する。
	四月　九日	・静浜街道大井川に架橋中の「国分《くにわき》橋」が流失。見回り中の社員河原崎勝蔵が流死した。
	四月	・鈴木久一郎が**島田紡績所**を設立、操業開始。政府から払い下げられた英国マンチェスター ・ヒキン会社製の紡績機は、三〇馬力水力タービンで、二〇〇〇錘をもつ高性能なもの。

四月

それに付属する機械類を含めて、払い下げ代金は二万二五三六円。資本金七万五〇〇〇円、従業員は女子一一一名、男子三三名の計一四四名。工場の建築様式は、島田近辺では最初の西洋風建物であった。機械類は、東京深川倉庫から焼津港まで海路運搬し、一部は分解したり、特注の荷車を利用したりして陸路島田まで運んだ。

・三人結社の**拡栄舎**が計画し工事を進めてきた、芝地川を切り広げる**新川開鑿工事**が完成。志太郡大洲村源助と六合村御請新田の境界、谷口橋下流に「新川水門」を設け、経路は、一直線に、青島村久兵衛市右衛門新田と大洲村忠兵衛新田間に延長一里余の区間であった。元来大井川上流で伐採流下してくる木材や、山村で生産される製茶・薪炭・椎茸・雑穀などは、島田町向谷地先まで「バラ狩り」や「船積み」で運搬されてきた。そしてそこから龍泉院川・伊太谷川など狭い河川を経由し、さらに水量の不安定な栃山川を「十石船」で、あるいは「手車」で陸路を和田港・焼津港まで運び、積替え、京浜地区へ海路回漕していた。その木材を、和田港付近まで直線的に流下させ、そこで製品化し、消費地へ送り出すのが目的であった。この「新川」は沿岸農民への灌漑用、あるいは産業上に与える効果が大きかったため、この功績により、拡栄舎は政府から「川根山井川地区の山林の一部」を無償下付された。しかし工事は思いのほか難儀し、総工費二〇万円という、当時としては稀な巨額に上り、巨額の負債を負った。しかしその後、海軍での「建艦計画」を知り、井川山から樫《かし》・欅《けやき》の良質材を伐採し、「木製軍艦」製造の用材として売り込み一儲けを企んだ。その売り込みは成功したため、用材を搬出し横須賀の海軍基地に苦労して送った。しかし、検査受け渡しの寸前に、海軍は「木造艦」から「鉄製艦」に計画変更し、木材の納入を拒否されてしまった。拡榮舎は再起不能となり自然消滅した。倒産整理に当たり、所有していた「井川山林」は、その後数人の手に渡ったが、実質的には明治二二年、正式には明治二八年七月**大倉組**の**大倉喜八郎**が金三万五〇〇〇円という当時としては破格の安価で買い受け、**東海紙料会社**、後の東海パルプ(株)井川山林の一部となった。

五月　一日
・扶桑社通船部による**田中川運河**開業式。

五月二五日
・教育令に基づき学区を制定。六合地区細島・御請新田の「拡道舎」は**第三四学区**、道悦島・岸の「誠貫舎」は**第三五学区**、東光寺・阿知ヶ谷の「東阿学校」は**第三六学区**となった。なお「誠貫舎」は、道悦島村八幡神社の持つ官有地の払い下げを受け、一八〇三番地に校舎・教員住宅を新築した。島田町は**三七学区**、大津地区の落合・大草・尾川・千葉は**三八学区**、野田は**三九学区**、伊太は**四〇学区**、相賀《おおか》は**四一学区**、神座《かんざ》・鵜網《うあみ》は**四二学区**、伊久美は**五一学区**となった。

七月十九日
・**大雨**で大井川出水、島田田畑冠水。

八月　一日
・**伊久美物産会社**設立免許。従来、伊久美から産出される幾多の林産物は、京浜地方から外国まで広く販売され、需要が多かったが、何れも人の肩に頼って峠越えをしなければならなかった。そのため、数量が少なく、高価格となった。そこで、個々に取引するよりもまとめて取引することとし、有力者が中心となって会社を設立、事務所を小川に設けた。

八月　一日
・イギリス外交官**アーネスト・サトウ**、榛原川《はいばらがわ》を**桶舟**《おけぶね》で渡り、本川根地域藤川村小井平へ向かう。中川根地域では、江戸時代から明治の中頃まで桶越しが行われていた。「桶舟」の積載量は、平水時(水深五尺以下)乗員六人まで、荷物は九八貫(三六七・五kg)以下。運賃は乗客一人・荷物ともに一銭二厘。桶越し場所は、旧徳山村堀之内と旧中川根村藤川間。

八月二六日
・『東京横浜毎日新聞』が、政府は、北海道の開拓使官有物を御用商人に無利息・安価で払い下げようとしたことを暴露。これをきっかけに、全国の「自由民権論者」が激しく政府を非難。静岡県でも『函右新聞』『静岡新聞』などを中心に**国会開設・自由民権**を求めた。

九月十四日
・深夜から明け方にかけて暴風雨と雷鳴。

一〇月十一日
・御前会議で、立憲政体に関する方針、官有物払下げ中止、大隈重信の免官を決める。

年	月日	事項
	一〇月十二日	・明治二三年に**国会開設**の勅諭出る（「明治十四年の政変」）。**国会開設建言**（県下有志一万九〇八九人）を発表。
	一〇月十五日	・大井神社大祭日が、急遽十月十五・十六・十七日に変更。
	一〇月十七日	・江戸時代は、問屋場《といやば》で行われていた大井神社神輿渡御《みこしとぎょ》の**昼饌祭**《ちゅうせんさい》は、明治五年以後、五丁目「定《じょう》飛脚《ひきゃく》取扱所・野田屋」飯田大八宅前で行われていたが、この年、祭典中飯田家に「戸長役場出張所」を置くこととなり、大祭の「昼饌祭」は御縁故の杉村嘉十郎家（現嘉十薬局）で執り行われた。
	一〇月十八日	・島田町内に火災数カ所発生。
	十一月	・仲田源蔵・鈴木久一郎が共同で、暮れの水枯れ時に、**大井川本橋架設工事**に着工した。
	十二月十・十一日	・県会議員や県内有力者が集会し**静岡改進党**を結成。常議員に志太地区広住久道を選出。
		・この年、県下の**マラリア**患者一万二一八九人、死者二八人。
		・この年、大井川橋架橋用の資材払い下げについて、家山村天王の森・菊川村官有地の本数四九九本の伐採が認められた。
		・榛原郡川崎町に、金銭貸付を主な内容とする民間会社**豊融社・盟生社**が生まれたが、翌年三月両者は**静波銀行・細江銀行**と改称された。
		・同じ頃、相良の**交融社**は**相良銀行**と改称した。
		・この年、**日英水電(株)**は、電灯五万灯、十九年には約一〇万灯となり、東海地方で屈指の事業者となった。
明治十五 一八八二	一月～二月	・県内に**岳南自由党**を結成。志太・益津郡下党員数一〇〇余名。
	二月　八日	・桜井叡一・鈴木久一郎・向坂彌平治・仲田源蔵らは連署して県令に対し、島田金谷間大井川へ、全架橋のうち残る中心部東側、島田方三七三間三尺の増設を申請した。

三月　三日	・**静浜街道**の開設。明治に入り荷車・人力車の普及から、榛原郡静浜町から有渡郡石部《せきべ》村間の海岸線沿いに(大井川に架ける国分橋《くにわきばし》工事を除いて)新道が開設された。なお栃山川には新道橋(長さ五〇間・幅員一間)、瀬戸川には那閇崎橋《なとさきばし》(長さ八〇間・幅員一間)が架けられた。
三月	・広住久道・天野廉が県会議員当選。
三月十七日	・陽春には珍しい**大暴風雨**。
四月	・「相賀小学校」は、相賀村杉沢の洞源寺所有地に新校舎を建設。翌年、生徒増加で増築。
六月三〇日	・「岳南自由党」は、「集会条例改正」により解散宣言。
六月～夏	・県下で**コレラ**蔓延。
七月十二日	・尾川村と野田村間の畑「秣場《まぐさば》山紛争」解決、二〇日に契約書を取り交わした。
八月　五日	・**暴風雨**、県内各河川満水。
八月二六日	・大井川架橋結社社人桜井叡一・鈴木久一郎・向坂彌平治・仲田源蔵の四名が、再び「大井川全架橋増築願」を静岡県令大迫貞清宛に提出。同時に出された「全架増築仕様並入費積」では、全長三四七間の総費用を一万七一五円二八銭五厘とし、また通行料の改正願を提出している。九月四日に認可、十一月に島田側の架橋に着手した。
九月　一日	・島田金谷間に架けた大井川木橋を**大井川橋**と正式に命名。
九月	・**島田紡績所**の工場落成。
一〇月　一日	・大井川**大洪水**、金谷町被害大。
十一月十八日	・神事祭典において、学齢児童の歌舞を禁止する。
十一月	・野田・落合・尾川・大草の「四ヶ村連合村会」結成。会議は年一回、臨時会一回ほどで開場は智徳寺を借用した。当時の議事は、予算案審議と入会山《いりあいやま》取り締まり・約定等関係のみ。
	・この年より、郵便局で為替《かわせ》および貯金事務を取り扱う。

・この年、大富村の原川治兵衛が、源助と御請の境を流れる芝地川を拡張して**新川**を開いた。細島字大久保に造られた用水取入口の水門を「源助水門」または「起業水門」といった。
・静岡県は、この年**流材取締規則**を制定し、県下各河川の運材の取り締まりを行った。
・「三重県茶業教師」が静岡県御用係、のち県茶業組合連合会議所属となり、施肥・刈込・敷草等を奨励して茶樹の成育を指導し、その後の本県茶業の発展に大きく寄与した。
・この年、県下の**コレラ**死者一八七〇人。**ジフテリア**死者一九二人。

一八八三 **明治十六**

一月二四日 ・野田・落合・大草の三ヵ村は、管理規則を制定、連合会を結成して、共有林を管理。
二月 ・野田の「成徳舎」と落合の「一貫舎」を統合し**野田学校**と改称。
三月 四日 ・**伊久美物産会社**営業開始。
三月十五日 ・扇町へ、島田町内最初の寄席劇場**末広座**《すえひろざ》が竣工開場。板葺平屋建。木戸銭一人三銭、発起人鈴木久一郎・和田幸次郎。
四月二九日 ・島田金谷間**大井川橋**(木橋)**全架橋工事**が五年目にして完成、祝賀会挙行。会場は大井川橋の真下で挙行。橋の延長七二〇間、幅員一間半、一〇〇間ごとに馬除の待避所を設けた。橋脚・橋板ともに桧材を用い、総工費一万四七一五円二八銭五厘。橋銭値上げ、歩行者一人・人力車一両一銭二厘、牛馬一頭三銭六厘、他。しかし測量を誤り、中央部が二間ほどずれて食い違ったため、一ヵ所を曲げて接続するという不体裁な形となった。
五月 ・天野廉、県会議員当選。
六月 一日 ・県令命令で各村々の**村誌**を編さんする。
七月 九日 ・郵便脚夫と逓送人は、「蓬莱橋」無料となる。
八月二五日 ・「島田紡績所」で初めて紡績機装置設置に着手。

八月三一日
・**島田病院**設立を期に、島田町の池田彦四郎ら一九七名と榛原郡湯日村山村久作ら八八名は、県令大迫貞清宛に、**農業並びに非常使用仮橋架設願**を提出した。これは、横井一番出下《だし》(二番出上の中間)と湯日村鎌塚ウシロ山下間の大井川へ、農業用と救急非常用のため「仮橋架橋」の許可を願い出たもので、明治十七年一月十九日に許可された。

八月三一日
・前記「仮橋架設願」が提出された同日、すでに架橋を許可され運営している「蓬萊橋」運営関係者から、新しい仮橋はわずか八〇〇m足らずの近距離で、維持管理で共倒れになる恐れあり、と県令に訴え出た。

八月三一日
・鈴木久一郎の「島田紡績所」の動力となる「陀螺《だら》水車」が横須賀海軍造船所で完成。この「陀螺水車」はイギリスのフォールニーロン式で大きさは径六尺六分九厘、力量は三〇馬力のタービンで、十機二〇〇〇錘を持つ高性能の紡績機であった。これを買い入れ、横井で開設した。

九月十二日
・島田町外十八カ村・金谷町外一町七カ村の協議の上、**公立島田病院**(内科)を本通四丁目北側(元西岡病院跡、現帯通り北側)に設置、診療を開始した。この病院設置は、町内における「漢方医術」から「西洋医術」への転換をなしたものであった。初代院長は、伊沢簡策(約二年八カ月勤務の後、明治十九年三月二日退職)。その後高橋忠徳が嗣ぐが、自治制度の改革で運営が厳しくなり、一年で解散した。その後明治十九年に、**私立島田病院**として高橋が単独で経営開業することとなる。

九月十四日
・明治二年七月、牧之原開墾を命じられ帰農した旧幕臣の二五〇名余りは、厳しい開墾作業や生活苦に耐えられず、毎年のように中途脱落し、この日までに全部で一一九名となった。

十一月二七日
・野田の龍雲寺炎上。
・「蓬萊橋」関係者は、静岡市近藤勇右衛門を代理人として委嘱し、県令宛に嘆願書を提出。

十一月二八日
・鈴木久一郎創業の**島田紡績所**は装置の設置終了。試運転の後十二月操業開始。動力は大井川の水力を利用、取水口は横井一番出の旧監物川《けんもつがわ》水門とし、横井九番出の水門を余剰の水の廃棄水口とした。工事着工から四ヵ年の間に、銀紙相場の高騰などによる諸物価の値上がりの影響を受け、工事従事者の労賃一日一人金一円に達し、結果的に最初の予算額の倍額に及んだ。

・藤川村坂京《さかきよう》組、「識字調査」報告を提出する。

十二月　九日　・大津の大草抱石付近から出火し、星山まで山林約三〇町歩余りの**大山火事**発生。

十二月　・神座**明治新田**開墾の、明治十六年から明治二六年の一〇ヶ年の成績は、堤防九〇〇間を延長、田反別二〇町六反六畝二七歩、芝地十八町五反五畝一〇歩となる。増野彌三七は、この開墾地のうち、大井神社に四六一坪、学校に三六八坪、慶雲寺に四七〇坪を寄付し、今なおこの地を**弥左衛門田**と称している。

・この年末、米価は十四年当時の半額に落ち込み、農民は窮迫、自作農から小作農へ転落する者が急増して貧農と地主の格差が拡大し、**地主制**が定着した。

一八八四　明治十七

一月十七日　・尾川村尾川山から出火し、通称アラレジまで山林五〇町歩を焼く**大山火事**発生。原因は通行人の煙草の捨て殻。

二月十四日　・志太・益津郡役所、各戸長宛に徴兵忌避防止を内達。

二月十五日　・初倉村色尾に遊水路完成。

二月　・中川根村家山市場に**大火災**あり、市場の大半(市場四一軒、二〇〇棟)を焼失した。

三月　三日　・「千頭学校」新築・開校式を挙行。

三月　四日　・学齢未満の幼児の小学校入学を禁じ、幼稚園の設立を勧奨。

三月十五日　・「蓬莱橋」の全架橋人四二名総代鈴木吉太郎ら六名は、県令奈良原繁宛に「架橋総替之儀ニ付願書」を提出した。

三月十五日	・「地租改正条例」など廃止、**地租条例制定**（地価固定・地租低減公約撤廃・付加税制限撤廃）。
四月	・**区町村会法の改正**（区戸長・県令の権限強化）で従来の戸長制廃止。道悦島・細島・御請新田・岸・阿知ヶ谷・東光寺の六ヵ村が連合して**官選戸長**一名を任命。
五月	・**下川根茶業組合**の創立。志太・榛原両川根地域を含む茶業組合で、家山村・身成村以北の二七ヵ村を区域とし、下長尾村に組合を、下泉村に出張所を設置した。
	・「大津五ヶ村役場」を落合に設置。
	・谷口新番組の一人、内田忠正が製茶仲買の営業を始める。
六月　四日	・**島田紡績所**落成式を行った。
六月三〇日	・連合町村役場（戸長役場）の位置と管轄町村区域を制定。島田町は柳町の旧御陣屋跡（郡役所跡）。道悦島・細島・御請新田・岸・阿知ヶ谷・東光寺は道悦島の煎餅屋《せんべいや》（東海道筋南側）。伊太・相賀・神座・鵜網は相賀村の瑞雲寺本堂。落合・野田・尾川・大草・千葉は落合村の智徳寺本堂。伊久美・身成・笹間渡《ささまど》は滝沢。初倉・坂本・船木・湯日・大柳・中河は坂本。
七月　一日	・「区町村会法の改正」で町村会の議定範囲は町村費のみ、「戸長は民選から官選」に、議案の発案・提案権は戸長のみ。戸長の下に用掛・筆生という属吏を置いた。議会が設けられ、旧村地域から二名ずつ議員を選出（この頃、戸長官選に反感強まる）。
七月十九日	・**大暴風雨**により大井川大洪水、島田地先一帯被害甚大。
	・野田・落合・尾川・大草・千葉山の五ヵ村は連合して「連合村議会」を設けた。
七月二四日	・相賀村昌光寺が本堂再建したが、落慶式の直後出火し全焼。昌光寺は向谷の篤信家鈴木善八氏が再び再建したが、無地禄であったため、昌光寺の場所に瑞雲寺本堂を移転し併合して昌光寺は廃寺とした。
七月	・吉田村住吉で、明治十六年三月、塩と魚の卸売りを主とする株式会社「住吉魚塩社」が設立されたが、この年資本金を一〇万円に増資して**住吉銀行**と改称し、吉田村吉田に本店を、

			後に支店を川尻《かわしり》に置いた。
		八月	・伊太・相賀・神座・鵜網「四ヶ村連合組合戸長役場」を創設、相賀西ノ田瑞雲寺で事務を取り扱った。翌明治十八年三月新築した。 ・**大暴風雨**。神座から下流の大井川堤防が各所で決壊、稲作の被害大、志太・益津両郡内の全壊家屋一三三七戸・半壊家屋一六一二戸・死者五名・負傷者十七名・田畑被害三分。 ・「野田学校千葉分校」は、創業時に智満寺を借用していたが、中谷一九〇番地に校舎新築。
		九月 一日	・大井川橋架橋の功労者向坂弥平次氏が歿し、大井川橋維持運営に支障をきたして、島田町の出資者は脱退したため、金谷の仲田源蔵が中心となって運営した。
		九月十五日	・全県下で台風による**大暴風雨**、潮風によって稲作の被害大きく、死傷者、倒壊家屋あり、飢饉となる。志太・益津郡下で全壊家屋一三三四軒・半壊家屋一六一三軒・負傷者十七人。大津地区被害なし。
		九月	・崎平・奥泉・大間に「郵便投函所」を設置する。
		一〇月 一日	・東京・神戸間への「東海道鉄道敷設」のための測量開始。 ・県下に四三〇カ所の「郵便箱」を設置、各局に「配達員」を置き毎日配達をした。**伊久美郵便取扱所**を二俣《ふたまた》に設置。集配区域は伊久美・笹間・瀬戸谷。
		十二月	・天野廉・広住久道「県会議員」当選。 ・「中川根村立家山小学校」に初等・中等・高等小学校の課程を置いた。 ・この年、下江留《しもえどめ》村大畑弥次兵衛自宅に私塾「**為山義塾**」を開く。
明治十八	一八八五	二月 一日	・「千頭村組戸長役場」新築、開庁式を上げる。
		三月	・相賀村瑞雲寺を借り、「四カ村連合戸長役場」は、道路端へ木造・杉葉葺・平屋建の庁舎を建設移転する。

- 三月 五日 ・島田の**墓地埋葬取締規則**が発布。「共同墓地」を奨励、「火葬場」の設置が始められた。
- ・大草坤ノ沢《こんのさわ》奥から出火、五〇余町歩を焼失。
- 三月二二日 ・**大雨**で大井川の堤防損壊。
- 四月二一日 ・「入会山《いりあいやま》・秣 山《まぐさやま》問題」で野田・落合・尾川・大草四ヶ村と島田町間で契約書を交わした。
- 五月 九日 ・**金谷茶業組合**が設立。製品の品質維持と業者の統制を目的とした。
- 五月 ・**川根茶業組合**が設立。茶の生産額の増加に伴い、粗製濫造の弊害が生じてきたため、栽培・製造・荷造り・販売・貯蔵の改良を図った。
- 六月 三日 ・**暴風雨**、田畑に被害、「大井川橋」落ちる。
- 八月 ・梅地村民二四名、梅地村疲弊につき「学校休校願書」を志太・益津郡長に提出する。
- 一〇月十六日 ・伊久美郵便取扱所が**郵便局**となり貯金事務開始。初代局長に西野立吉を任命。
- ・大柳・中河両村は、船木学校から分離し、**章成学校**となる。
- 十一月 ・「蓬莱橋」は、借金返済のため渡橋賃徴収を「請負制」とし、毎年六〇円ずつを返済した。
- ・坂本村外四ヵ村で、「勧業委員会」を設け委員を選出。
- 十二月 ・六合地区で地籍の全面的調査。面積七九六町八反十一歩(明治二二年鉄道敷設で六町三二歩減ず)。
- ・この年、銀紙相場の反動から**綿糸暴落**(原糸十六番手のものが一三〇円から七五円に暴落)、「島田紡績所」苦境。鈴木久一郎は、使用人から一工員として働き、品質向上に努力した。
- ・この年、三河の高浜方面の瓦師たちが、一旦志太の瀬戸に移住した後、より良質の粘土を求めて伊太へ再移住し、**瓦業**を広めた(神谷・安間・福田・油井の各氏であった)。
- ・この年、**天然痘**(別名痘瘡・疱瘡・いもがさ・もがさ)流行。県下患者数五六四人、死亡者一一九人。
- ・この年、静岡県は**養蚕組合**を組織し、無計画生産の抑制を図った。この頃榛原郡下では、大日・八幡島・川尻を中心に**郡下一の養蚕地帯**となっていた。

一八八六　明治十九

一月　・八木昇、「県会議員」当選。

・東海道線の敷設路線が、焼津・静波・相良《さがら》・大阪村（大須賀町）を経て、浜松に通じる「海岸筋路線案」には榛南沿岸の漁民・農民および藤枝町民の強い「反対運動」があり、それに対して、焼津・島田・金谷を経る「東海道筋路線案」には、有力者の積極的請願などがあり決定。金谷の隧道や橋脚用のレンガは、金谷地内隧道西出口付近で生産し、線路敷の土砂は付近の田畑を買い入れて掘り下げ採取した。その結果「島田・焼津は活況」を迎えた。

二月　・身成学校を**堀之内尋常小学校身成《みなり》分教室**と改称した。

三月　五日　・「湯日小学校」を現在地に建設。

三月三〇日　・「教育令改正」に伴い県内の学区制改正で、野田の「野田学校」と落合の「一貫舎」は合併して志太郡大十二学区**大津小学校**となった。校舎は野田学校建物を落合村字下河原丹所一七六番地に移築し、一貫舎の校舎はそのまま使用した。また「一貫舎千葉分校」が、四月一日から**大津小学校千葉分校**と改称。

三月　・「大間小学校」、**千頭学校分校**として創立。

四月　七日　・三月末日廃止された「公立島田病院」は、二代目院長となった高橋忠徳医師の**私立島田病院**として再発足し、開院式が行われた。これが島田町における西洋医学による「個人開業医」の第一号となった。

・相賀・伊太・神座の三学区を併合、**相賀尋常小学校**とし、伊太・神座村には分校を置いた。

・初倉地区の「章成学校」は、さらに「坂本学校」「船木学校」と合併し、種月院に**四民学校**が開校した。

四月　・**大井川沿岸木材組合**が創立認可された。資材購入価格の統一、木挽《こびき》職人の労働賃金等を協定し、お互いの福利増進を目的とした。組合員の加入範囲は、大井川左岸の志太郡島田町外十一ヵ村、右岸の榛原郡金谷町外六ヵ村計十九ヵ町村の木材業者であった。初代総頭（組

合長）伊藤享（伊太）、副総頭（副組合長）北川松平（向谷）（明治二三年に「大井川沿岸木材商組合」と改称）。

四月一〇日　・坂本村外四ヵ村で「勤労委員」を置いた。

四月一〇日　・**小学校令**発布。尋常小学校は「四年制」、「義務教育」。また高等科は「二年制」と区分。

四月　・「抜里《ぬくり》小学校」を廃止し家山小学校に合併した。また「塩本学校」は**家山小学校塩本分校**となり、「葛籠《つづら》学校」は**家山小学校葛籠分校**となる。

五月二五日　・「伊久美郵便局」が三等郵便局となった。初代局長西野立吉。

・宗高の郵便事務取扱所が三等郵便局**宗高《むなだか》郵便局**となった。

五月　・益津郡田中町に「高等小学校」を設置したため「為山義塾」閉鎖。

・**静浜街道**（通称　池谷街道）、榛原郡静浜町・有渡郡石部村間の大井川に架かる**国分《くにわき》橋**竣工（明治三〇年八月の大出水で全て流失、以後渡船・仮橋）。

六月　五日　・教育改革で**高等小学校**を設置することとなった。

六月十一日　・**干害**のため各地で雨乞いを行う。

・**静岡事件**発覚。自由民権運動左派で静岡中心の「旧岳南自由党員」、浜松中心の「遠陽自由党員」、それに愛知・岐阜の「旧自由党員」が加わって**政府転覆計画**を企て、軍資金調達のため強盗を働いた。さらに伊藤博文ら政府高官の暗殺計画に変更したが、二六人が強盗罪で有罪となった。これ以後「自由民権運動」の激化事件は終息した。

七月　六日　・藤川村外五ヵ村戸長、コレラ侵入の恐れありとして「火葬場」設置を促す通達を出す。

七月二〇日　・「府県官制改定」で、県令関口隆吉を本県初の**県知事**と改称。

七月　・藤守村田中相、私財を投じて私塾**駿南義塾**を設立。

七月　・千頭学校尋常小学校簡易科を設置し、**千頭尋常小学校**と改称。

八月二〇日　・島田町の小学校を、**尋常小学島田学校・同向谷分教場・同稲荷島分教場・同鶴ヶ谷分教場**と改称。大津村は、**大津小学校・同分校**、大長村は、**相賀尋常小学校・同伊太分教室、同**

	神座分教室とした。
八月二二日	・伊久美の兼田爲吉は、**駿河式製茶法**という独特の製茶法を案出し、色沢の良い香味のすこぶる芳醇な良茶を作るのに成功し、県知事から表彰された。
八月二三日	・六合地区では、拡道舎・誠貫舎・東阿学校の三校を合併し、誠貫舎を本校として「志太郡第十四学区道悦島学校」としたが、翌年四月**尋常小学校道悦島学校**と改称した。旧東阿学校を**第一分教室**、細島の拡道舎を**第二分教室**とした。
	・落合の民家から出火、地蔵堂など類焼。
九月十五日	・野田・落合・尾川・大草・千葉の五ヵ村が、合併願いを提出。
一〇月	・坂本村色尾に校舎を建て、**尋常小学四民学校**が開校。生徒数約四〇〇名。明治二二年に四年制の**初倉尋常小学校**と改められた。
	・天野廉、県会議員に当選するも辞職。森定四郎補欠当選。
一〇月	・「小長井学校」が**尋常小学藤川学校**と改称する。
十一月二六日	・「奥泉小学校」、「上川根村千頭尋常小学校」と合併し**奥泉分校**となる。
十一月	・付近一帯の茶園に「苦瓜虫」大発生。
	・この年、道悦島へ十二ヵ村受持の**巡査駐在所**を設置。
	・この年、「島田紡績所」は下半期頃から糸価が回復し、実利を上げることができたため、政府からの借入金を全額返納した。
	・この年、**天然痘**県下患者数二五四七人、死者五六二人。**コレラ**県下患者数七三七人、死者五三四人。
	・この年、六合地区の職業調査で回漕店二軒・小廻船持二一軒・飲食店三二軒・競技場二軒・旅籠二軒・質屋五軒・相撲六人・木挽《こびき》十二人・大工二〇人・鍛冶三人・筏乗り三人・投網一人となっていて、**十石船通運の活況**に伴い、栃山橋周辺は船運関係、木工関係中心に

		活況を呈していた。
		・この頃、本川根地域最初の鉄線吊橋、**大間橋**(寸又峡)が架かる。
一八八七 明治二〇	一月 九日	・五丁目(前郵便局跡)へ**島田銀行**創設。資本金一〇万円、建物は既設の住宅であった。頭取秋野橘太郎。
	一月三〇日	・千頭村等九ヵ村、学区内小学校の「簡易科」への更正願書を県知事に提出する。
	一月	・**笹間巡査駐在所**が開所した。
	二月十二日	・「大井川の堤防修理費」が、全て地方税の負担、水防費は関係町村の負担となった。
	二月	・金谷・堀之内(現菊川市)間の牧ノ原などの東海道鉄道の「トンネル工事」着工。
	三月 四日	・**伊久美銀行**創設。資本金三万六〇〇〇円、発起人西野平四郎・西野平次郎・西野立吉。
	三月十四日	・島田町内の街角五ヶ所へ民間人が許可を得て**共同便所**を設立。
		・米穀商規約を設け、島田町外五ヵ村で**島田米穀商組合**が結成された。
	三月十八日	・川崎町仁田の戸塚国次郎は、川崎町を中心に英語・漢文・数学を学びたい人を集め県の許可を得て**東遠義塾**と呼ぶ学校を創立。しかし翌年四月に「榛原高等小学校」が設立されたため十二月には廃校となった。
	四月 四日	・初倉坂本へ**巡査駐在所**設置。
	四月	・静岡・江尻間への**東海道線線路敷設開始**。島田町内も線路工事が開始され、盛土のため沿線の各所で土地を買い受け、そこを採土場として掘り下げ盛土とした。
		・金谷・五和《ごか》地方の有志は、金谷宿への「鉄道停車場設置」を請願した。
	四月二七日	・静岡・江尻間の線路敷設完成、機関車の試運転完了。
	五月	・家山に**巡査駐在所**が開所。
	五月	・田代・上岸両村連立の「振徳学校」を廃し、「藤川学校」に統合する。

	九月三〇日	・大津地区「尾川入会秣山《いりあいまぐさやま》の紛争」について、尾川村と島田町間で約定を取り交わす。
	十一月　五日	・藤枝長楽寺の天神山麓に、**増田五郎右衛門義人碑**の落成式が行われた。
	十一月十五日	・四丁目北側へ**藤枝警察署島田分署**の新庁舎が完成。
	十一月二四日	・東海道線鉄道の牧之原台地を貫通する**金谷隧道**が難工事の末、完成。
	十二月二八日	・稲荷島と向谷の小学校出張所を「分教場」に改め、さらに「鶴ヶ谷分教場」を置く。
	十二月	・天王村(祇園町)で味噌・醤油・茶・木材などを営業していた「辻長」こと山本長吉が、横浜で購入してきた**丸鋸**《まるのこ》を据え付け、人力による手回し動力で**製函業**を開始した。これが島田における丸鋸使用と製函業の始まりである。またその製品の大部分は、**栃山川の十石船**で和田港へ送り、焼津港で積み替えられて、海路京浜地方に送られた。
		・「笹間村農会」が設立。
		・この年、島田町六丁目に**伊澤病院**(内科)が設立された。院長伊澤簡策。
		・この年、島田町内で**キリスト教**の伝道が始められた。
		・この年、島田町戸数一八七七戸、人口八八五〇人。
		・この年、「井川山林」を手に入れた**大倉喜八郎**によって立木の伐採が始まった。
		・この年、川尻村の半田平七・下吉田村の大村六右衛門は、川尻村小山の辻に**大純社製糸工場**を設立。近隣の初倉・坂部・勝間田などの繭を集荷し生糸を生産した。この工場は常に女工一三〇人ほどが寄宿し、甲州から指導者を迎えて指導管理させた。明治末までに工場を中心に商店・旅宿・公立施設などが集中して「榛南地域の中心地」となった。
一八八八 **明治二一**	二月　六日	・**志太益津郡高等小学校**を、益津郡田中町三二六番地に設置する旨を申請、認可ののち開校準備に着手、同年四月二〇日「第一回入学式」を挙行。次いで六月七日、盛大な「開校祝賀会」を挙行した。

三月二四日	・県は、富士・安倍・大井・天竜の四大河川の流木材に対し**筏税の賦課**を決定、徴収所を定めて納税を促したが、材木業者は猛烈な反対運動を起こした。
三月	・「中央茶業組合規則」が公布され、静波・金谷・川根の茶業組合は廃止、新たに**榛原郡茶業組合**が設立された。そして翌年三月金谷町に組合事務所が置かれた。
四月　一日	・六合地区の「尋常小学校道悦島学校第一・第二分校」を閉鎖。
四月二五日	・**市制・町村制**公布。村々の合併が促進された。
六月一〇日	・**金谷銀行**開業。資本金五万円。取締役頭取村松作右衛門・支配人高木栄太郎。
七月　一日	・藤川村外五ヵ村戸長、梅地村児童の大間学校への入学を依頼する。
九月　七日	・東海道鉄道、「浜松・名古屋間開通」、浜松駅開業。
九月　一日	・道悦村外五ヵ村戸長から、県知事に対し、合併の願書が出された。
九月十五日	・島田町で私設**島田消防組**を結成。部隊数四組で一組五〇人、総員二〇〇人、組長は町の有力者を選任し、警察署長がこれを指揮。受付区域は、一番組(一丁目・二丁目・日之出上下・扇町)、二番組(三丁目・四丁目・五丁目・大津通・柳町・幸町・大川端)、三番組(六丁目・七丁目・新田・天王村・白髪村)、四番組(向島・河原町)。消防用具は雲龍水・手鳶《てとび》・長鳶《ながとび》・指叉《さすまた》・掛矢《かけや》・鋸《のこぎり》等を常備。消防法は注水法・破壊法を併用した。消防手には毎年印《しるし》袢纏《はんてん》を支給。消防経費は、区費を主とし町費を従とし、火災出動の慰労寄付金をもってこれに当てた。
九月一五日	・野田村・落合村・尾川村・大草村・千葉山の五ヵ村が合併して村名を**大津村**と称したい旨県知事に対し、五ヵ村惣代が連印して願書を出した。
十一月	・島田停車場と三丁目の間へ新道竣工、**停車場小路**と命名。路傍には枝垂れ柳と栴檀《せんだん》・銀杏《いちょう》が植樹された。
	・扇町康泰寺に置かれた「島田登記所」を、七丁目南裏へ新築移転し**静岡治安裁判所島田出張所**と改称。

・この年、家山小学校は**家山尋常小学校**と改称。
・この年、**天然痘**流行。県下患者数五二六人、死者一二八人。
・この年、大倉組は大洲村忠兵衛の八町歩にわたる広大な敷地に、火力を動力とする**大倉組製材所**を建設。これは大井川奥の大倉山材を木屋水門まで流下させ、明治十四年「拡榮舎」が開鑿した新川を利用して材木を工場に運び、製品は軌道で藤枝駅まで運んだ。しかし大量の挽屑《ひきくず》(オガクズ)を川に捨て、下流の農民から**公害**として苦情が出たため二年で廃業した。
・この年、島田町戸数一八〇五戸、人口九一六七人。

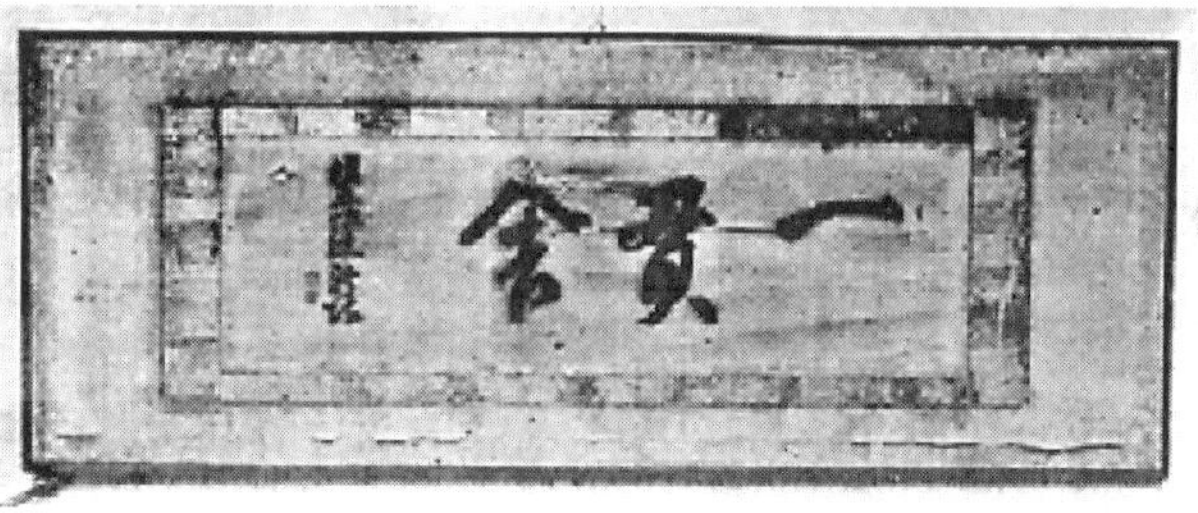

3-1 明治6年6月大津村落合に一貫舎創設 (61)

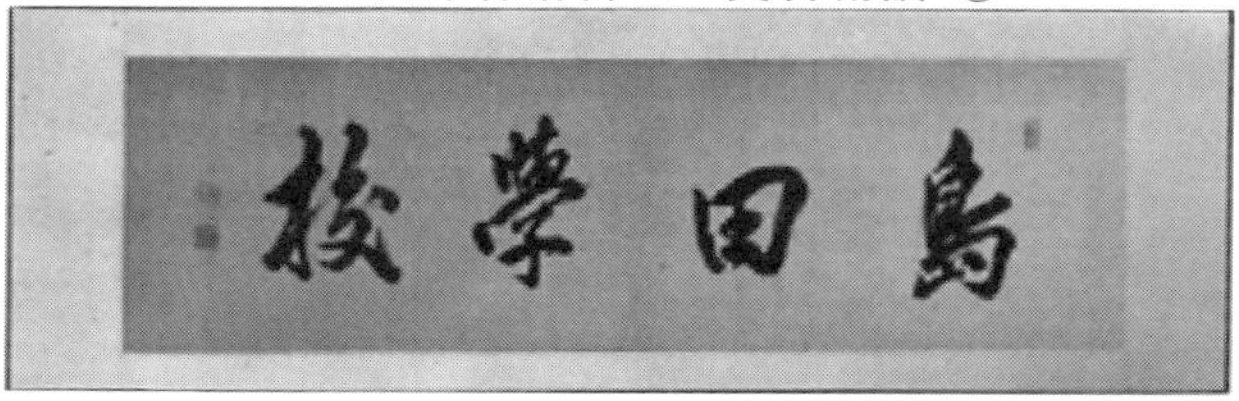

3-2 明治10年聖川舎・林幽舎を郷学舎に併合し島田学校と改称・徳川慶喜筆扁額 ⑲

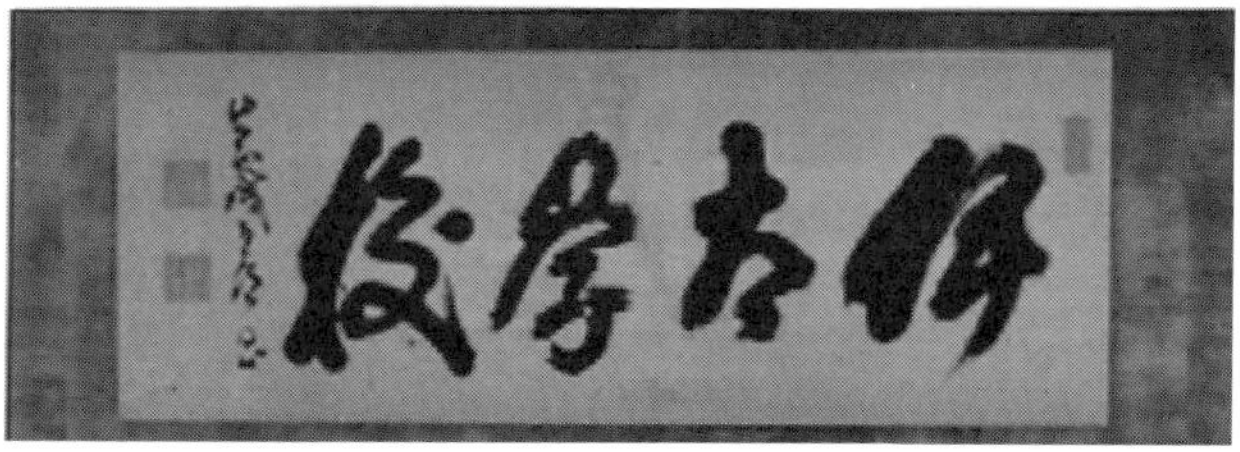

3-3 明治13年伊太村は「第31番小学校」を「伊太学校」と改称 山岡鉄舟筆扁額 ⑲

3-4 鈴木久一郎 明治14年「島田紡績所」創設 ㊲

3-5 伊沢簡策 明治16年創設「公立島田病院」初代院長 (58)

3-6 旧伊久美銀行(現二俣公民館)(54)

3-7 明治19年島田銀行創設 ㉘

3-8明治12年 蓬莱橋開橋(大正4年頃撮影)③

3-9 明治18年金谷茶業組合 ⑤

3-10 明治21年東海道鉄道鉄橋開通
明治35年流された鉄橋の上を渡る人々 ㉘
明治43 年東海道鉄道鉄橋複線化 ③

3-11　明治24年島田尋常小学校男子部(新町通) ㉘

3-12 明治末年島田尋常小学校女子部(柳町) ㉘

3-13　明治44年島田尋常高等小学校 高等科卒業生 ②

3-14　明治35年金谷尋常高等小学校 ㊻

四　大日本帝国憲法・市制・町村制施行・・・川狩りと通船

・東海道鉄道全線開通　・伝染病の流行　・茶業の発達
・島田軌道　・国富橋・谷口橋　・木材商組合と通船組合
・戦争と製材製函業の隆盛

年号	月日	ことがら
一八八九 明治二二	一月	・**東遠青年協会**が設立。会員は初倉《はずくら》・坂部《さかべ》・吉田《よしだ》・勝間田《かつまだ》・相良《さがら》におよび、地方の近代化に備え、老年・壮年・青年の意思疎通を図り、協力して社会改善を目指した。
	一月二二日	・**改正徴兵令**公布。戸主の徴兵猶予など廃止、「国民皆兵主義」を実現。
	二月　一日	・**東海道鉄道**(東京・静岡間)開通。
	二月十一日	・**大日本帝国憲法**発布。全国各地で祝賀会盛行。
	二月二六日	・各町村の区域、町村名、役場の所在地が定められた。 ・神座《かんざ》・神尾《かみお》間の大井川に、許可を得て賃取橋を架橋。 ・志太《しだ》・益津《ましづ》郡役所、柳瀬《やなせ》・崎平《さきだいら》間の渡し舟に関し「渡舟《とせん》の定《さだめ》」を掲示する。
	三月	・東海道鉄道**牧之原隧道**下り線開通。 ・榛原郡最初の電信事務を金谷局で開始した。
	四月　一日	・**市制・町村制**施行。島田宿は**島田町《しまだちょう》と改称。**町役場は柳町《やなぎまち》。初代町長八木昇。一丁目～七丁目・宮小路《みやこうじ》・扇町《おうぎまち》・幸町《さいわいまち》・日之出上《ひのでかみ》・日之出下《ひのでしも》・柳町・大川端《おおかわばた》・大津小路《おおつこうじ》 ・新田《しんでん》・祇園《ぎおん》・高砂《たかさご》・下島《しもじま》(鉄道以北は御仮屋に編入)・御仮屋《おかりや》・向島《むかいじま》・河原町《かわらまち》・稲荷島《いなりじま》・

向谷《むくや》・中溝《なかみぞ》・中河原《なかがわら》・元島田《もとしまだ》・鶴ケ谷《つるがや》の二八区を制定。

・阿知ケ谷《あちがや》村・道悦島《どうえつじま》村・岸《きし》村・細島《ほそじま》村・御請新田《おうけしんでん》・東光寺《とうこうじ》村が合併して**六合村**《ろくごう》となる。村役場は道悦島字煎餅屋《せんべいや》一五〇番地・村長は町井平四郎。戸数六三七戸、人口三二六五人。

・野田《のだ》村・落合《おちあい》村・尾川《おがわ》村・大草《おおくさ》村・千葉山《ちばさん》が合併して**大津村**《おおつ》成立。人口一八九二人、戸数三二七戸。役場は落合一七六番地・村長は長谷川惣四郎。

・伊久美《いくみ》村は身成《みなり》村・笹間渡《ささまど》村との三ヵ村が併合し、新しい**伊久身村**《いくみ》と改称された（「美」を身成の「身」に変えた）。村役場は犬間《いぬま》・村長は内田荘一郎。

・**相川村**《あいかわ》・**静浜村**《しずはま》・**吉永村**《よしなが》成立。旧村はその大字となる。

・家山《いえやま》村・抜里《ぬくり》村・葛籠《つづら》村は合併して**下川根村**《しもかわね》となり、笹間上《ささまかみ》村・笹間下《ささましも》村は**笹間村**《ささま》となる。

・中川根地域では、大井川東・西岸の各五ヵ村が合併、東岸に**徳山村**《とくやま》が、西岸には**中川根村**《なかかわね》が成立した。

・大井川西岸の崎平《さきだいら》・千頭《せんず》等の四ヵ村は**上川根村**《かみかわね》に、田代《たしろ》・藤川《ふじかわ》・桑野山《くわのやま》等の東岸六ヵ村は**東川根村**《ひがしかわね》となる。

四月十一日

・金谷《かなや》宿《しゅく》・金谷河原《かなやかわら》・牧之原《まきのはら》村・菊川《きくがわ》村・神谷城《かみやしろ》村が、合併して**金谷町**《かなやちょう》が成立。また横《よこ》岡《おか》村・志戸呂《しとろ》村・牛尾《うしお》村・竹下《たけした》村・番生寺《ばんしょうじ》村のかつての志戸呂五箇村《しとろごかむら》を中心に、横岡新田《おかしんでん》・島《しま》村・大代《おおじろ》村・神尾《かみお》村・福用《ふくよう》村・高熊《たかくま》村を加えた一一ヵ村が合併して**五和村**《ごか》が成立。

四月十六日

・東海道鉄道の**大崩**《おおくずれ》**トンネル開通。静岡・浜松間開通。**この祝いの臨時列車が静岡駅から大崩に向かったが、安倍川西端丸子新田《まりこしんでん》で事故が起き、試乗していた県知事関口隆吉氏は不慮の死を遂げた。

・島田町善太夫島《ぜんだゆうじま》西端から対岸持淵《もちぶち》へ、**大井川鉄橋**が架せられ、**東海道鉄道**(静岡・浜松間)**開通式**挙行。静岡県全域を東海道鉄道が走ることになった。**島田停車場**も開業。その位置は、現在の位置より南に設置する案と、白髪《しらが》村(現高砂町)に設置する案が対立したが、有力者の多数が支持する現在地に決まり、営業を開始した。

・金谷のトンネルに積まれたレンガは、トンネル西側に「製煉瓦場《せいれんがじょう》」を設けて地元で生産された。鉄橋の資材は、焼津港で荷揚げされ、特製の荷車や、一部は川船によって大井川を遡上し、現地に運んで組み立てられた。橋脚のピーヤ沈下には、潜水作業が行われた。

・鉄道の開通によって大きな打撃を受けたのは、有料であった「大井川橋」と、栃山川を和田港まで上下した「十石船」の船運であった。京浜地方との物資の流通は全て鉄道に代わり、川船は自滅した。

・島田停車場開通当初の年移出総量は、約二六〇〇トンで、静岡県内では沼津・江尻《えじり》(現清水)・浜松・御殿場に次いで第五位であった。取扱貨物は、日常生活必需品のほか大井川上流の木材・林山産物が多く、大部分は向谷《むくや》を経由して上下され、物資交流の中継地となっていた。しかしその後、島田駅周辺に新しい製材工業地帯が形成されてくる。

・**普門庵**《ふもんあん》が鉄道構内用地となったため、末寺の玄性庵《げんしようあん》(源昌河原・現扇町)を廃寺として、そこに移り、隣接して存在した**宗長庵**《そうちようあん》は廃寺とした。

・横井町**明輪寺**《みようりんじ》が、鉄道敷設用地となり現在地に移転した。

五月二〇日　・各町村で初代町村長の選挙実施。当選者は、八木舜(島田)・石田武雄(大長)・内田荘一郎(伊久身)・堀本顯一郎(初倉)・町井平四郎(六合)・長谷川惣四郎(大津)。

六月　・相賀《おおか》・伊太《いた》・神座《かんざ》・鵜網《うあみ》の四ヵ村が合併し**大長村**《おおなが》となる。村役場は相賀西ノ田で、**大長村役場**と改称された。村長は石田武雄、小学校は**大長尋常小学校**と改称された。

七月　一日　・**東海道鉄道全線**(新橋・神戸間)**開通**。

七月　・この頃、中川根地域に入っていた通船の数は、平均一ヵ月に四〇～五〇艘。

九月十一日　・**大暴風雨**で志太郡下の倒壊家屋八七戸、半壊家屋一〇八戸に及ぶ。

九月十三日　・**高等小学校分校**を、島田町・静浜村・小川《こがわ》村に設置の認可を得る。**島田分校**は、柳町快林寺本堂を借り受けて仮教場とし、十月二二日から授業開始(島田分校の通学区は島田町・六合村・大津村・大長村・伊久身村・徳山村・東川根村・青島村の内上青島・下青島・内瀬戸)。

十月二二日　・**志太・益津郡高等小学校静浜分校**開校。

十二月　五日　・**向谷《むくや》分教場**の新築。

十二月　・合併で六合村成立により、「道悦島尋常小学校」を**六合尋常小学校**と改称した。

・「初倉村尋常小学四民学校」が**初倉尋常小学校**と改称。「湯日小学校」も**湯日分校**と改称。

・相川《あいかわ》村相川西島境と吉田村大幡字寺島間の大井川へ、八木嘉一郎外六名が相談して株式組織をつくり、木造の斜《ななめ》橋(堤に直角でない橋)**不二見《ふじみ》橋**の架設工事に着工した。

・この年、米作稀な不作。

・この年、「町村制」施行後最初の戸口調査で、島田町の戸数一八三〇戸、人口九四〇七人。大長村の戸数四六三戸、人口一五三九人。

・交通機関の発達により、地方産業の発展は著しくなったが、特に**茶業の発達**は大きかった。榛原郡下、茶園面積は一〇四一町九反歩、当年の産額二万二二七〇貫、二万四七二四円に上った。一戸平均の茶園面積は一反六畝一〇歩、平均収穫は三四五貫九〇〇匁、三九円五銭九厘であった。茶業に従事する季節労働者の日当は、茶師《ちゃし》三〇銭・茶摘婦《ちゃつみおんな》一五銭と一般に比べ非常に高かった。当時の男子日雇労務者は、十二時間労働で二〇銭前後、大工《だいく》・左官《さかん》・石工《いしく》は三〇銭前後であった。

・この年、千頭山旧御立山一万二八〇〇町歩が御料地に編入された。

・この年、川根地方出の**黒文字油**生産二二〇缶、生産価格四四〇〇円。また楠木より**樟脳《しょうのう》**

をとるため仲買人が入り込み、金儲けする者が多くあった。白米一升九銭八厘であった。

・この年、**天然痘**の県下患者数五〇六人、死者一二八人。

・この年、日本最初の**経済恐慌**始まる。

・この年、河原町**関川庵**《せきせんあん》廃寺。

一八九〇 明治二三

一月一〇日 ・「尋常小学校島田学校」を**島田尋常小学校**と改称。「向谷分教場」「稲荷島《いなりじま》分教場」を併せて**第一分教場**、「鶴ヶ谷分教場」を**第二分教場**とした。

一月 ・東川根村梅地《うめじ》の住民十一名、県知事に**凶作**につき「食料給与願」を提出する。

二月 二日 ・大津村の五つの大字へ一名宛の、区長の前身である「常設委員」を置く。

二月 ・坂本村・大柳新田・船木村・中河村・湯日村の五ヵ村が合併して**初倉村**《はずくら》となる。初倉村役場は阪本一四四六番地に置かれた。役場の機構は、村長・助役・収入役の下に総務課・税務課・社会課・経済課・土木課に、出納室と教育委員会が置かれた。

四月十六日 ・稀な地震があったが被害は皆無。

四月二五日 ・大井川の相川村相川字西島境・吉田村大幡字寺島間へ、木造の斜め橋、**不二見橋**が竣工、開橋式を催した。長さ一二〇七m・幅三・六m・総費用五六四六円余・銭取橋で橋銭徴収入は「入札請負制」。斜め橋のため水当たりが強く、同年八月二一～二二日の大洪水で大半が転覆流失した。その後も出水の度に破損、流失を繰り返したが、「国富橋《くにとみばし》」完成まで辛うじて維持され続けた。

四月 ・**島田魚商人組**が、無用な競争を止めるため、島田町外三ヵ村で組合を結成した。

四月 ・六合村では第一回「村会議会」が行われ、議員一二名を選出し、**六合議会**が成立。

四月 ・「尋常小学藤川学校」が**東川根尋常小学校**と改称。

五月十六日 ・当初**金谷停車場**の昇降は、貨物に限られていたが、当日より旅客扱いを開始。当日の上下列車本数はそれぞれ二本で、日々の利用客は七〇～八〇人であった。

六月一〇日　・第一回**貴族院多額納税議員**選挙実施。貴族院議員は一県につき一名が、長者番付十五名（地租・所得両税を合わせて七〇〇円以上の納税者）の中から互選で選ばれた。島田町からは、秋野橘太郎（納税額九二七円・一三位）が互選資格者となった。選挙会は静岡県庁で行われ、当選は安倍郡の宮崎総吾。

六月　・「水利組合条例」が公布。しかし旧来の仕切りがあって、明治二九年横井の堤防決壊まで容易にはまとまらなかった。

七月　一日　・第一回**衆議院議員**選挙が行われた。有権者は、直接国税十五円以上、年齢満二五歳以上の男子とされた**制限選挙**。志太・益津両郡の議員定数は一名で有権者は一四九五名。

七月　・島田町へ**尚兵会**が結成された。

八月二一～二二日　・**大暴風雨**、大井川をはじめ県中部地方で農作物の被害甚大。大井川下流の斜橋「不二見橋」大半流失する。他にも各所で堤防決壊。

十月三〇日　・**教育ニ関スル勅語**発布（学校教育における皇道主義を強化）。

十月　・旧「大津小学校」を**大津村立尋常小学校**と改称。学区は一区（野田・落合・尾川・大草）、二区（千葉山）。

十一月二二日　・**島田紡績所**の創業者、鈴木久一郎は、県下の先端を切ってフォールニーロン式三〇馬力のタービンを設置して**水力発電**を興し、自家工場内や鈴木久一郎の住宅内外に白熱アーク灯を点灯した。

十一月二九日　・野田「龍雲寺」罹災後の本堂を復興落慶。

十一月　・「島田紡績所」では、スコットランドから新式精紡機一一八六錘を購入、新工場を増設し、生産も収益も倍加する活況をみせた。

・「静岡治安裁判所島田出張所」を**藤枝区裁判所島田出張所**と変更。

・この年、島田町における「キリスト教伝道」開始。
・島田町私設消防組は、二番組が率先して「新型手押しポンプ」（ドイツ型一号ポンプ）を購入したのを期に、四組とも新型ポンプに切り替えた。また各組とも、「纏《まとい》」や「高張り提灯」も新調し、組長も新しく選出された。消防法もこれによって「注水消防法」に進歩した。
・この年、「大井川沿岸木材組合」は**大井川沿岸木材商組合**と改称。製品規格の統一、販売路の共同拡大などを決定した。
・この年、**コレラ**流行、県下の患者数三九五人、死者二九九人。
・この年、島田町戸数一八五五戸、人口九三四三人。米価白米一俵二円九〇銭。

一八九一 **明治二四**

一月二五日
・『**静岡日報**』創刊。

二月
・茶業の先覚者伊久身村小川、**坂本藤吉**の頌徳碑が、静岡市浅間神社境内と、生地小川へ茶業関係者の発起で建立された。

三月 一日
・大井川沿岸の各所で、「通船」の営業が増加した。**大井川通船組合**設立が許可され、月末三〇日、大井川橋下の河原で盛大な「発会祝賀会」開催した。通船は、甲・乙の二種類に分け、家山に巡査を駐在させて、積載量などの検査をさせた。通船の区域は、上流梅地・長島を限界として、下流は川口に至る延長二一里であった。船着場は、各村毎にあり千頭・小長井・家山などは賑わって小さな町を形成していた。当時の島田の船着場は、木材と共に横井地先（現在の野球場を中心として、やや南西の地点）にあった。船の上流への曳航《えいこう》は、帆をかけたり、舳先《へさき》に付けた綱の輪を二、三人で曳き、梅地や長島へは早くて五、六日かかった。下航には、流れを利用して二日の日程であった。なお、これ以後木材業者である**井川川狩組合**が、木材流送と通船の事故に対する保護金として毎年平均六〇〇〇円を「通船組合」に支払った。

・この年の春、島田町横井から対岸の湯日間には、「農業専用」と「非常用兼農業用」という二つの仮橋が、近距離に架けられ、運営者が対立していたが和解し、一本化することとなった。池田彦四郎外一〇数人の資産を投じて、横井下より榛原郡谷口原《やぐちばら》下字地獄沢に、全橋架替え完成。全長五四〇間九尺、幅一間半の木橋、名付けて**蓬莱橋**《ほうらいばし》と言う。

・向谷の「大薮」が開発され、「川船運送社」ができた。

四月　一日　・**郡制施行開始**。笹間村・伊久身村は「志太郡役所」、下川根村は「榛原郡役所」の所管となる。

四月　・上川根の崎平・奥泉等の四分校が、千頭尋常小学校から独立する。

五月　・川根地方は、五月頃より**風水害・虫害**により作物皆無となり、一日二食の家もあり草木の芽を取って食べ、鍋・釜まで売ってやっと食べたという。

五月二五日　・静岡県は「伝染病予防心得書」により、県内に二四の**衛生組合**を設けた。

六月二五日　・弓道の名人、中河原の**岡本勘助**が七三歳で没した。墓地は野田の龍雲寺。

七月　一日　・**府県制**施行。

七月二九日　・本因坊秀和門下で、囲碁五段の**二宮秀快**（快蔵）六五歳で没す。墓地は島田町新田の空性寺。

七月二九日　・中川根地域で、最初の**渡船許可**が降りたのは、中川根村水川《みずかわ》の野口丈太郎が明治二四（一八九一）年六月五日付で提出した渡船願書に対してであった。渡船場所は、水川字堂音地・堀之内正島間で、乗客数・積載貨物量は平水時一〇人・一五〇貫まで、運賃は乗客一人当たり一銭二厘、馬一頭五銭、荷物は一〇貫目当たり五銭であった。

九月三〇日　・**暴風雨**、志太郡下の倒壊家屋六〇戸、半壊家屋二九戸、大破一〇戸。

十月二〇日　・『**静岡民友新聞**』が静岡市で創刊された。発行人兼印刷人松川宰吉、編集鶴田友二郎。

十月二八日　・午前六時二〇分から、約三分間**大激震**（濃尾大地震の余波マグニチュード八・〇）。島田町付近では壁に亀裂を生じ、田の中で耕作中の人が倒れるほどの大揺れであったが、人畜に被害は無し。

		内陸地震としては日本最大と言われる。上泉《かみいずみ》村で煉瓦煙突が倒壊、壁に亀裂、下江留《しもえどめ》村でも壁に亀裂。
	十一月二三日	・五丁目南裏鉄道沿いに、**島田尋常小学校新校舎**落成、「開校式」を挙行し、柳町の旧校舎から移転した（敷地一七六三坪、建坪六九〇坪、洋風瓦葺、二階建一棟、平屋建二棟、講堂（十間×十間）等。経費七五〇〇円）。校長は国井輝三郎、職員数十三人、学級数一〇学級、児童数八二二人。当日は、「教育展覧会」を開き非常な盛会であった。
	十一月二五日	・『**岳南日報**』創刊。
	十二月	・**東川根村農会**を組織する。
		・この年、「茶業組合連合会議所」設立。
		・この年、**腸チフス**発生蔓延、県下の患者一一二六人、死者二八五人。
		・この年、島田町戸数一八八〇戸、人口九七五九人。
一八九二 **明治二五**	一月十二日	・「大井川材木商組合」総会が島田町で開会。製材賃および運搬賃等更正の協議を行った。
	二月十五日	・第二回「衆議院議員」総選挙で、立憲改進党の六合村**広住久道**が、自由党の大洲村益田郁太郎を破り衆議院議員に当選。選挙運動は、人力車に小旗を立て列をなして行った。しかし官憲の選挙干渉で各地で争乱。全国で死者二五人、負傷者三八八人。
	三月二五日	・湯日の「初倉尋常小学校湯日分室」が独立して**初倉村立湯日尋常高等小学校**と改称。
	三月二五日	・八木昇、「県会議員」当選。
	四月十一日	・**六合村農会**設立許可。
	四月二五日	・「金谷尋常小学校」で、「五段教授法」による教案様式制定。
	四月二六日	・新**小学校令**により、「島田尋常小学校」が**高等部**を併置（尋常科四カ年・高等科四カ年）し、**島田尋常高等小学校**と改称（修身・読書・作文習字・美術・地理・歴史・理科・図画・唱歌・体操を修得）。

四月二七日

・二月中旬より、島田町内に**天然痘**（ホウソウ）**大流行**。四月下旬には全快したものの風評も広まって、島田へ訪れる人もなく、町内は閑散として商店も疲弊した。そこで各町協議の結果、景気回復と氏神への報恩のため、この日から三日間、大井神社の**臨時大祭**を執り行った。一丁目から五丁目と両脇町は、据え付けの「楽屋（屋台）」二台を飾り、踊りを披露し、六丁目は「鹿島踊り」、七丁目と両脇町は、大井神社境内で参詣者に御神酒《おみき》の振る舞いを行った。「御輿渡御《みこしとぎょ》」は行わなかったが、天候にも恵まれ、大賑わいとなり、不景気を一挙に挽回した。

・「六合尋常小学校」は、**六合村立尋常小学校**（正教員四名・準教員二名）と改称。

四月

・**大長村農会**創立。

・志太郡葉梨村の杉村太次が、志太郡笹間村間上地内に、約七〇〇町歩の**人工造林**を始めたのが「大規模造林」の最初である。

五月　一日

・「島田尋常高等小学校第一分教場」（向谷・稲荷島）が、分離独立して**島田尋常小学校**と改称した。「鶴ヶ谷第二分教場」は**鶴ヶ谷分教場**という名称で復活した。

五月十一日

・大津村を二学区に分け、「大津尋常小学校分校」を**千葉尋常小学校**と改称して独立。中谷一九五番地の旧千葉小学校建物を使用。

五月十八日

・**大長村立相賀尋常小学校**と改称し、伊太分教室・神座分教室を**伊太尋常小学校・神座尋常小学校**と改称、それぞれ独立。

・**伊久身村立第四尋常小学校**開校式。

五月二八日

・**榛原郡役所**、川崎町静波に開庁。

六月十六日

・「島田町郵便局」、三丁目から六丁目七六一番地へ移転し事務開始。三代目局長は天野久平。

七月　一日

・ギリギリまで設置の決まらなかった**金谷駅**も、敷地代「地元負担」とすることで改めて願書を提出。漸く設置が決定。鉄道開業の当日は、盛大な祝賀会が行われた。

七月　六日　・県下、「筏税廃止」の運動統一を図るため、大井川・天竜川両委員ら二俣町で会合。

・「天理教山名大教会益津支部教会島田出張所」が設置された。

・**金谷銀行**は、「堀之内支店」を開業したが、明治三六年七月二〇日に閉鎖した。

・大津村尾川に一町歩の「農業用水溜め池」が築造された。

・**大井川材木商同業者組合**の「発起人総代会」を島田町で開催。

七月三〇日　・「志太・益津郡高等小学校静浜分校」廃止。

八月　一日　・同所に、静浜村外三ヵ村学校組合立**静浜高等小学校**設立される。

八月　・「東川根尋常小学校」が**小長井尋常小学校**と改称。

九月二〇日　・千頭消防組、**千頭壮年義会**と改称。

九月　・**大津村立大津尋常小学校**を新設。総坪数二一一坪、学級数三学級。

十一月　三日　・**島田町農会**発足。

・「金谷銀行堀之内支店」開業。翌二六年四月六日、資本金を二万円増資。

十二月十七日　・**下川根村家山尋常小学校**の落成式。

十二月二三日　・**下川根村家山尋常高等小学校**の新築落成式。

十二月二四日　・**大火災**。夜半、六丁目南側畳屋増田歌吉方灰屋から出火、宿外れの四軒屋(七丁目東)まで延焼、出火原因は藁小屋の火の不始末、この地区受持の第三組は出火まもなく、消防ポンプ置場が火中となり、消防器具機械を持出す間もなく焼失した。焼失家屋百三四戸。町役場は「罹災《りさい》事務所」を設置。

・大草「天徳寺」の復興なり本堂落慶。

・この年、**天然痘**流行、県下の患者数五一一人、死者九〇人。**腸チフス**死者二五六人。

・この年、神座の新開墾地は、堤防一二〇〇間延長、田畑三五町歩に達した。

・この年、島田町戸数一九六〇戸、人口九八八八人。

一八九三　明治二六

一月十五日	・金谷の銀行は、**金谷共栄社**と称して金銭貸付・製茶荷為替の営業を開始した。同年六月四日資本金一万円で、「会社設立願書」を提出、認可された。明治三〇年八月、重ねて増資した上**金谷共栄銀行**と改称、大正九年には、総資本金一〇万円となった。
二月十七日	・六合栃山地区で、有志が寄付金を募集して機械器具を購入、私設**栃山消防組**を結成して、発会式を兼ね、「出初め式」開催。組頭は塚本熊次郎。
三月三一日	・「伊久身郵便局」廃局し、**身成郵便局**に統合。集配区域は、伊久身村と徳山村地名《じな》。
	・大津小路「長徳寺」炎上。
四月　九日	・大長村相賀の区有林から出火。字上山一帯に至るまで約六〇〇余町歩を焼く**大山火事**発生。
	・市町村立尋常小学校の**授業料無料化**。
四月	・「金門林業組」（金原明善の門下生ら）による、榛原郡下川根村家山河内霊見山などの**植林**が進められた。
六月　五日	・**志太・益津郡蚕糸業組合**を結成する。
六月二五日	・**大井製材所**（後に大井製材合資会社）の創設。島田町の八木昇・森十兵衛・増田昌三らは共同で、横井へ島田町内最初の**火力による蒸気機関**を動力とした製材工場を建設。丸鋸《まるのこ》二台、職工八人で操業開始。また島田町最初の「丸鋸目立工」と「蒸気汽罐士」を雇った。
七月	・七、八両月にわたり降雨なく、**旱魃**《かんばつ》四六日に及び、大井川および中小河川が空前の水涸れとなり、千葉山龍王段で雨乞いが行われた。雨乞いの祈祷はこれが最後だった。また尾川に一町歩の貯水池を設け、野田では薬師前まで樋を伏せた。
	・島田町で、「島田肥料会社」が設立された。資本金一万円。
八月	・**大長村農会**創立。
九月	・扇町「末広座」で、猛烈な反対を浴びながら、島田町最初の**キリスト教の伝道**が行われた。

・**大井川大洪水**、神座の堤防五〇〇数十間決壊し、新開地八町歩を流失。二〇町歩へ浸水して甚大の被害を受け、用水路も跡形無し。

・**報徳社**の「農業改良運動」が行政にも採用され、志太郡役所は『米作法講話録』という大部の書物を発行。これにより民間の農事改良運動が、半官半民の農事改良運動に展開した。

・志太・益津両郡製茶研究所の「緑茶製法」の協議会開催。

十月十五日

・島田大井神社大祭、氏子の浄財によって新調した神輿で渡御行列。

十月二三日

・八木泰吉・昇父子の努力で、神座の開墾地四〇町歩完成し、大柳で**開墾成功祝賀会**を挙行。余興として昼夜「煙火の打揚げ」と名優「板東又太郎一座」を三日間興行。時の神座戸数九六戸。明治七年〜二六年の二〇年間の堤防開墾費は一万四一七七円四厘六毛。

十一月

・五和村・初倉村・吉永村・島田町の四ヵ町村、大井川修築工費国庫支出方につき、衆議院議長に陳情書提出。

・この年、**榛原郡蚕糸業組合**を結成。蚕糸の奨励・検査・講習・技術の宅地指導に乗り出す。

・この年、上川根村、**製茶法伝習所**を開設。教師は戸塚豊蔵、生徒は十四人。明治四一年度には四五人となった。

・明治維新以降、青年層の風紀の退廃による弊害が目に余ったので、明治二五、二六年頃より榛南地方では、壮年層の指導により、青年層を自治的に訓練し、矯正を図るため地域毎に**青年会**を設立した。その後、青年会を統一し、部落集団から地区集団へと進展し、大正期には**青年団**と改称されるも、青年の自覚による自治的団体には成長しなかった。

・この年、**腸チフス**流行、県下患者数一五七〇人、死者三四七人、**天然痘**死者六二人、**ジフテリア**死者二七〇人。

・この年、島田町の戸数一九六〇戸、人口一万〇一三五人（初めて**一万人超え**）。六合村戸数六七九戸、人口三七一六人。大津村戸数三五三戸、人口一九六八人。大長村戸数四八一戸、人

年	月日	事項
一八九四 明治二七		口二七〇二人。
	二月	・勅令をもって**消防組規則**が制定公布され、各私設消防組は公設となった。**島田消防組**は、編成を改め、何番の名称を「第一部」から「第四部」の四部制で、各部定員六〇人。また組長を廃し、組頭《くみがしら》および各部に部長一人・小頭《こがしら》二名を置く。最初の役員は、組頭酒井友二郎・一部長松永義助・二部長秋野貫一郎・三部長八木興喜太郎・四部長酒井次郎三。
		・八木舁らが設立した横井の「大井製材所」が、町内最初の法人組織**大井製材合資会社**に改め、資本金五〇〇〇円、代表は八木舁。
		・「土木費及び市町村土木補助費支弁規則」が発布。**大井川が第一類河川**に編入され、治水事業の費用は、県当局の費用負担となった。
	三月　一日	・第三回「衆議院議員総選挙」が行われ、**広住久道**が再選された。
	四月十二日	・「日本メソヂスト教会島田講義所」で**森勇一**が、島田で最初の信徒として洗礼を受けた。
	四月十五日	・「大井川貨物運送営業取締規則」制定。
	五月一〇日	・島田町長は、八木舁(～五月七日)に替わって、「秋野萬次郎」当選。
	五月	・「伊沢医院」設立(内科・院長伊沢簡策・幹父子)。
	七月	・**島田煙草会社**設立、資本金一〇〇〇円。
	七月	・「上川根犬間青年義会」を結成する。
	八月　一日	・**日清戦争**勃発、宣戦の詔勅降下。木材が「戦時重要資材」となり、**木材業界が非常な活況**を呈した。島田(戦病死者五・戦功者一五)・六合(戦病死者四・戦功者七)・大津(戦功者四)・大長(戦功者四)・伊久身(戦病死者一・戦功者四)・初倉(戦病死者二・戦功者一六)・本川根地域(戦病死者〇)・中川根(従軍十九・駄馬十七頭)・徳山(従軍七)
	九月　一日	・第四回「衆議院議員総選挙」が行われ、「広住久道」が天野廉を破り再選された。

十月
・島田駅通りに「運送会社」出現、資本金七〇〇〇円。
・この年**腸チフス**流行、県下患者数一六七五人、死者二九六人。また**天然痘**も流行し、患者数六七二人、死者一九八人。
・この年の「県税営業台帳」によると、六合地区の職人調査で、木挽《こびき》六一人・大工《だいく》二八名・鍛冶《かじ》十一人・筏《いかだ》乗り四九人など木材・水運業が増加している。これは大井川の河川交通が発達し、向谷・龍泉院川・伊太谷川・栃山川・焼津港・東京へという木材の流通経路が発達した結果である。
・この年、島田町の戸数一九五〇戸、人口一万三六二人。
・この年、初倉村の戸数一〇三五戸、人口五七六七人。
・この年末の物価は、白米一升六銭七厘、建設職人日当二五銭〜三一銭。

一八九五 明治二八

一月　二日
・「大間区壮年整義会」を結成

一月二三日
・私設「栃山消防組」解散し、公設**六合消防組**結成。初代組頭 塚本至作。

一月
・栃山に**六合銀行**創立、営業開始、資本金六万円。
・「大津恤兵《じゅっぺい》会」結成（戦地の兵士を慰めるため物品・金銭を寄贈すること）。
・『**静岡新報**』創刊。

二月二四日
・季節外れの**暴風雨**（寒冷前線通過による突風）で、農作物、建築物に被害甚大。志太郡内の全壊家屋三四八戸、半壊家屋一二〇戸、大破八二戸に上った。特に志太郡吉永村・榛原郡吉田村沿海地域は最も猛烈を極め、船舶等概ね流失または破壊した。

二月二五日
・大草坤《こん》ノ沢《さわ》山から出火して、一〇数町歩の山林が焼失。

三月一〇日
・島田町と大津村間で「分割地所有権移転約定書」を取り交わした。

四月十七日
・**日清講和条約調印**。全体動員数二四万人（内 戦地勤務者十七万八〇〇〇人）、戦死者一万三〇〇〇

		人（内 九割が病死・戦闘死一五〇〇人以下）。志太郡動員兵数二四一名、戦死者五七名。そのうち、島田町戦死者十五名・六合村四名・初倉村二名・金谷町二名（従軍者二〇名）・五和村一名（従軍者十六名）・伊久身村一名。
	四月	・**六合村農会**設立認可。
	六月	・道悦島塚本至作が**塚本製糸所**を設立し、操業開始。工員女子三六人、男四人。
		・加藤友吉が、**水力による製材工場**を横井下原坪の大井川畔へ建設し、事業開始。しかし翌二九年九月一〇日の大井川洪水で横井堤防が決壊し、工場は流失した。
	七月十九日	・土地登記簿によれば、この日付で、倒産した「拡栄社」が政府から無償下付された「井川山林」の二八五町五畝六分外〇筆が、数人の手を経て、最終的に酒井忠惇男爵から、大倉組頭取**大倉喜八郎**へ三万五〇〇〇円という安値で譲渡されている。
	八月　一日	・「崎平正義会」を結成
	八月十四日	・午前三時、横井の「島田紡績所」が、工員の失火により工場を全焼。
		・大津村は、従来の入会山《いりあいやま》十分の二を島田町へ譲与し、種々の契約を絶つ。
		・この年、増井新平が発起人となり、六丁目へ劇場**増井亭**（後の実座）を建設して開場。
		・この年、**コレラ**流行、県下患者数四一一人、死者二八四人。また**腸チフス**流行、県下患者数一〇七三人、死者数二七二人。**赤痢**流行、県下患者数一一三一人、死者数三三二人。及び**ジフテリア**流行、県下患者数五八二人、死者三三二人。
		・この年、島田町の戸数一九六〇戸、人口一万五七六人。
明治二九 一八九六	一月十八日	・牧之原開墾頭**中條金之助**氏歿、享年七〇。阪本の種月院へ埋葬。
	一月	・北河豊次郎が、稲荷島地先大薮の先端へ、化学工場**北河製品所**を建設し事業開始。木精（メチールアルコール・宮内省御用品）・木醋酸《もくさくさん》・アセトン（陸海軍省御用品）・醋酸エーテル・樹脂油・

木製タール・クレオハート油・醋酸アンモニア・タール・ピッチ・有機酸エステル・酢酸銅などを生産した。

三月　・**六合村農会**創設。

四月　一日　・**郡制施行**。志太・益津二郡は、廃止統合して**志太郡**となる。郡役所は「志太郡役所」となり藤枝町に定められた。

・この年から、明治三三年の五ヵ年継続事業として、**大井川両岸の護岸工事**を実施した。区域は、左岸志太郡地内は島田町から吉永村飯淵《はぶち》まで、右岸榛原郡地内は、五和村から吉田町地内までで、工期は五つに分けて行われた。二九年度は、河口吉永村飯淵《はぶち》から相川《あいかわ》村西島・吉永村中島境界間の延長二九町四五間を施工した。工事は、堤防の下部を所定の位置まで石垣積みで固め、上部は芝張りとした。使用する岩石は、浜当目《はまとうめ》の虚空蔵山《こくぞうさん》西麓で採取したり、伊豆から焼津港に運搬されたりしたが、浜当目採石場から大井川堤防までは、大宮・静浜・吉永を経由する**軌道**を敷設し、また対岸榛原郡側へは、大洲村善左衛門から初倉村大柳間へ**ロープウエー**で運搬された。

・島田停車場・向谷《むくや》　鶯橋《うぐいすばし》間、島田駅・藤枝駅間往復に、大池春吉が**乗用馬車**の営業開始。乗車定員六人、片道賃金二銭五厘、馭者《ぎょしゃ》立花兵吉。バスよりも安く重宝された。

五月二十六日　・島田町一丁目で東海道から分岐し向谷を経由して、川根往還に通じる新道**県道向谷往還**（第二区地内）が開通。延長六〇〇間（一・一㎞）、幅員二間（三・六ｍ）、工費総額二一六四円六〇銭三厘、内一二六七円九二銭四厘は県費補助金。八九六円六七銭九厘は町負担。向谷・島田停車場間の物資の運搬は、人が肩で担ぐか背負い、または荷車に積むしか無かった。

七月十六日　・富士郡元吉原村間野秀俊・同郡須津村伊達文三・島田町有光万次郎・同町大河原徳太郎・大河原直次郎ら五名によって、向谷・島田停車場間の「馬車鉄道」敷設計画を県知事に出願したが、島田町議会は二日後、島田町営の同様事業計画があるとして不承認決議。

七月十八日	・島田町議会は、島田町営による**向谷・島田停車場間の軌道敷設**を決議。しかし、その後町事業としてでは無く、個人営業として再出願させ、同年十二月十五日認可を受け、直ちに建設工事に着工。
九月一〇日	・突然の**大豪雨**、農作物・建物など被害甚大。この水害では、大井川の水脈が向谷地先から堤防に添ったため、向谷二番出《だし》から下流八番出まで、全部が大なり小なり被害を被った。特に五番出が最も甚だしく、今年一月大藪を伐採して工場を建設した、「北川製品所」の「揚木所兼置場」は跡形もなく流失した。 ・善太夫島の「外囲堤」が流され、堤東端の入江に在った大井川を上下航する通船の発着場、二戸の廻船問屋、貯木場、島田初の火力製材工場である「大井製材合資会社」も壊滅的被害を受けた。これを機に、「通船発着場」「回船問屋」は向谷へ移転した。 ・またこの善太夫島の外囲堤は、東海道鉄道鉄橋の橋台となっていたため、鉄橋は大半が破損し廃棄となり、**島田・金谷間の交通は途絶**した。そのため再び船賃を払って「渡船」による渡渉に戻り、昭和三年四月「大井川鉄橋」が完成するまで続いた。 ・島田町横井地先の大井川堤防(旧東海パルプ横井工場東端付近から八〇余間)も決壊し、町内原坪・下島から六合村高島・御請新田などの稲田は三日間濁水中に没し、田畠およそ二町歩、および六丁目「大神宮神殿」を始め、「島田紡績所」や、創業間もない「加藤製材工場」の水路が埋没し、一棟流失(年内再建)など、家屋等被害甚大。 ・相川村相川地先、一番より十一番まで堤防決壊。 ・志太郡下の倒壊家屋七〇一戸、半壊家屋八〇五戸、大破家屋四六六三戸、死者九名。その他にも、「蓬莱橋」「谷口橋」「不二見橋」も流失し、駿遠を結ぶ交通は途絶してしまった。またこれを期に、**水防本部**を設け**水防組合**の組織に着手した。
十月	・下旬から年末にかけて、**大倉組**が初めて井川山林の**大量川狩**を行い、新川・栃山川へ流入

して、合流地点付近の大洲村に建設した「製材製函工場」地内へ狩り込んだ。

十月十五日　・この年の大井神社大祭は、洪水被害が大きかったため、各町協議で「渡御行列《とぎょぎょうれつ》」自粛。各町の「奉納踊り」は無く長唄のみ、「大名行列」は殿様なしでお渡りの供をすることが決まっていたが、前日となって、七丁目が取り決めを無視して殿様を出すこととなり、急遽他の町内も長唄のみで参加することとなった。長唄だけでは三日間では満足せず、さらに折開きの十六日午後一時から庚泰寺本堂を借りて、一流の芸人たちによる「大さらい」が四時間に亘って催された。

十月二〇日　・**静岡県材木商同業組合聯合会《れんごうかい》**が、遠江大井川沿岸、静岡・庵原・安倍の四組合によって組織され、この日県知事から認可された。その後三二年志太郡東部、三三年太田川の二組が加わる。

・新道**県道向谷往還**（第二区地内）が竣工。延長一〇〇三間八分五厘。幅員三間。工費総額二六七七円六一銭六厘。内一六四九円三六銭四厘は県費負担、一〇二八円四六銭六厘は町負担。

十一月二六日　・**大井川木材川狩取締規則**が県令で発布された。

・島田町町並の区長連が連署して町長に対し、「大井川築堤方法」に関し建議書を提出した。

十一月二六日　・神座・神尾間の大井川橋梁流落し、渡船に代わった。

十二月　一日　・第三師団（名古屋）第十七旅団**歩兵第三十四連隊**は、豊橋十八連隊内に新連隊司令部が置かれ、連隊本部と第一大隊が創設された。その後、連隊誘致のため無償で提供された静岡市の駿府城内の新築兵営に移転した。さらにその後、第二大隊、第三連隊も移転してきた。

・九月に流失した「加藤製材工場」は年末までに再起し、**丸カ原坪工場**と称した。

・この年、島田町外十二ヵ村**水防組合**が組織され、郡長が管理者、「水防委員」に川島伝平石間恒平・池田穂三郎、「水防頭」は塚本三太郎氏が嘱託された。

・「日清戦争」終戦の前年からこの年にかけて、島田町の戸数一九七五戸、人口一万二九六人と人口は前年より二八〇人減少しているのに対し、予算は逆に増加している。特に用水使用量は三倍近く増額された。

・この年、**ジフテリア**流行、県下の患者数七一九人、死者数二九六人。また**赤痢**流行、県下患者数二四九三人、死者数七〇三人。

一八九七 **明治三〇**

一月　四日　・市町村立小学校教員俸給の平均月額を定める（尋常小学校本科正教員は十六～十二円、高等小学校は二〇～十八円）。

一月　・向谷の大井川沿いに、平口与左衛門が資本金二〇〇〇円で、**島田木材合資会社**を設立。

・「西駿銀行」の前身、**西駿委託株式会社**設立。

二月十六日　・上川根地域千頭・田代間に、近隣住民の拠出金で鉄線橋**千代橋**《せんだい》架設工事竣工。

三月十一日　・大井川河川改修工事着工。

・島田町郵便局が電信を架設し、「電信事業」を開始。**島田郵便電信局**と改称して営業開始。

三月　・各町村で「町村医」を置くこととなった。島田町初代町医高橋忠徳。

・八木舜県「県会議員」に当選。

四月　一日　・**府県制**施行。

四月二〇日　・府県制施行後初の「県議選」。直接選挙制から**複選制**に転換。

四月二二日　・「六合村外四ヵ村用水組合」設立許可。

四月二六日　・「六合村・青島村用水組合」設立許可。

四月　・校舎が狭くなったため、柳町に**快林寺**《かいりんじ》**分教室**（明治三三年三月三一日廃止）、宮小路に**法憧寺**《ほうどうじ》**分教室**（明治三一年七月快林寺分教室と合併）、祇園**林幽寺**《りんにゅうじ》**分教室**の三ヶ所に分教場を設置。

五月　・大津村で「衛生組合」結成。

六月一〇日　・第三回「貴族院議員選挙」。選挙有権者である、十五人の高額納税者による互選の結果、富士郡平垣の松永安彦が、志太郡六合村の町井平郎を破り当選した。

六月十五日　・駒田好洋が、六丁目の劇場**増井亭**(のちの實座)で、島田町最初の**活動写真**興業を始めた。映写時間は数分で、木戸銭は五銭であったが大変な評判となった。

七月三〇日　・向谷水神山鼻へ**新水門**を築き運河を掘削して「用水路」を設けて、また大藪地内の竹木を伐採して**貯木池・貯木場**を設けて、通船・筏・木材を入津させて流送の安全・便益を計った。またその他の貨物を陸揚げした。その貸地料は、一年面積一歩(一間四方)につき一〇銭を徴収。

八月　・静浜街道「国分橋《くにわきばし》」流失、以後渡船に頼る。

九月九日　・深夜未曾有の**暴風雨**、志太郡下で倒壊家屋七〇一戸、半壊家屋八〇五戸、大破家屋四六六三戸、圧死者九人、負傷者二二人、農作物被害甚大。この未曾有の被害に、両陛下から救《きゅう》恤金《じゅっきん》四五〇〇円下賜される。

十月二六日　・郡役所の新庁舎が竣工。総工費は四三五六円九二銭七厘で、藤枝町が負担した。

十一月十四日　・**志太郡役所**を、西益津村田中から藤枝町字道城の新庁舎に移転し開庁式。事務を開始。

十一月二二日　・鈴木久一郎、上川根村奥泉で用地買収、**小山発電所**建設を計画。

・**大倉組山林部**が、青島村と大洲村忠兵衛との間に製材工場を建設し、この年二回に亘り大掛な「井川材川狩」を行った(川狩りとは、井川材が筏では接岨峡を通れないので、バラ流しし、数十人の人夫が岩から岩へ跳びながら流木を詰まらないように裁いた)。

十一月　・阪本の「熊野神社」炎上。

十一月　・中川根村久野脇《くのわき》・徳山村塩郷《しおごう》間での「渡船営業願書」が出された。

十二月十五日　・**島田軌道株式会社**組織設立の認可受ける。ただちに軌道敷設工事に着手した。計画は島田停車場と向谷間延長一哩《マイル》六四鎖《ヤード》(二・九㎞)。幅馬踏八尺(二m四〇㎝)、単線軌道で、途中に数カ所交差のための避難所が設けられ、停車場から向谷へは**人力**で、向谷から停車場へは

自然傾斜を利用して運搬する。しかし町営では許可されず「個人営業」とした。

十二月十七日
・文部省は、小学校においてなるべく**男女別学**にすることを訓令。
・この年、小笠郡掛川町山崎千三郎らにより、東川根村藤川の智者山に八〇〇町歩に及ぶ**植林**が一年間継続して行われた。
・この年、明治二一年に定められた県の「筏税《いかだぜい》」が廃止された。
・この年、島田町の戸数二〇一九戸、人口一万四六九人。
・この年、**伝染病予防心得法**公布。猩紅熱《しょうこうねつ》・ペストを「法定伝染病」に加えた。
・この年、県下の**赤痢**患者数二四九三人。**ジフテリア**患者数七六四人、死者数二七五人。

一八九八
明治三一

一月十二日
・大井川下流の「不二見橋」は、復旧に多額の費用が掛かるため、県の指導で「新橋架橋」の申請、許可され、同年工事着工。翌三二年四月竣工。**国富橋**《くにとみばし》と命名。

一月二八日
・**島田軌道株式会社**組織設立。取締役社長天野廉、取締役秋野橘太郎・桑原古作・酒井友次郎、監査役石間廣・森淑・八木舁。資本金二万五〇〇〇円、一株二五円。営業所は島田町一二五の二。営業目的は諸貨の運搬。
・秋野橘太郎、県会議員当選。
・**大井川筏乗営業取締規則**制定。筏乗りは警察から鑑札を受け取ること、筏乗り組人は筏一隻につき二人以上乗り込み、堤防・橋梁等を破損する恐れのある所や、通船・川狩りの妨害になる所への繋留《けいりゅう》を禁止した。

三月十五日
・第五回「衆議院議員総選挙」、阿知ヶ谷**広住久道**が、大富村増田与之助を大差で破り当選。

三月二二日
・**金谷商業銀行**が、資本金一万円の合資会社として設立。明治三三年五月株式会社となり、同年七月資本金一万円を増資。大正十一年には、総資本金一〇万円の株式会社となった。

三月
・平口与左衛門は、単独で**丸木製材工場**（丸ヨ製材工場の前身）を建設するなど、島田軌道終点や沿線に次々と製材所が事業を始めた。

四月　・**静岡歩兵三十四連隊**が静岡に編成され、軍旗が親授されて名実ともに「静岡連隊」が発足。

四月　一日　・大長村以東大井川沿岸十三ヶ町村**大井川水防組合**結成し、志太郡内大井川東岸の治水事業を行った。

四月　八日　・島田停車場より向谷貯木場を貫通して向谷街道に至る**島田軌道株式会社軌道竣工**。前年十二月二〇日に起工したもので、この日から営業開始。人力により運行する(人車軌道・人車鉄道)。資本金二万五〇〇〇円、総工費総額一万三五四五円(用地買収費を含む)。車輛三〇輛・手押人足(車丁)六〇名を使役すると概算している。軌道は向谷から当時の田んぼ中を一直線に島田停車場まで引かれた。この開通により、向谷方面からは北河製品所の化学薬品や、新たに創立された各工場製品、木材・木製品などの駅出しや、大井川を上下する通船の積荷も運搬され、島田停車場からは工場整備用具など、また向谷方面の住民の日用物資も運搬し、向谷方面が著しく発展する先駆けとなった。また伐採された大藪付近は、見渡す限り「木材置場」と化し、高瀬舟の発着場は、水神山の岩先へ移動した。この軌道輸送は、昭和三〇(一九五五)年の休止を経て、昭和三四年七月三〇日、「トラック輸送」が始まるまで、六二年間重要な路線であった。人車軌道の営業期間としては日本最長記録であった。またこのように日本最初の**人車軌道**の営業は、静岡県で初まり、広まり、そして終わりも静岡県であった。

・この直後、森重兵衛・八木舁らが、横井の大井川堤防外より、停車場南側間に砂利や木材を運搬するため、**横井軌道**敷設を計画したが実現できなかった。

四月十三日　・「丸木製材工場」を先駆けとし、向谷大藪地域に製材工場が続設された。動力はいずれも火力による蒸気機関であった。

四月　・各町村小学校へ「学校医」を置く。

六月　六日　・志太銀行の前身**志太貯蓄銀行**設立、営業開始。

・「六合村衛生組合」結成。

七月　・「法憧寺分教室」は、快林寺分教室に合併される。

八月　三日　・稀な**暴風雨**で、志太郡下で農作物・建物に多大の被害。全壊家屋五六戸、半壊家屋七二戸、大破数百戸。

八月　七日　・八木昪らの奔走と犠牲的奉仕によって、東京から「明治音楽会」を招き、県下初の**オーケストラ演奏会**が、島田尋常高等小学校講堂で開催された。この会は、洋楽（東京音楽学校出身者を中心とする楽団）や邦楽（宮内省雅楽部）の専門家による演奏団体で、西洋音楽の普及を図るため全国巡演を計画し、その皮切りとして静岡県の島田市が選ばれた。そればかりかこの「明治音楽会」としても東京神田のＹＭＣＡで第一回演奏会を催してから七ヵ月後のことである。その後全国五四回の演奏会を開いている。大正八年から島田で始まる「蘭契会《らんけいかい》」主催の画期的文化活動の先駆けとなった。

八月十二日　・議会解散のため、わずか五ヶ月後に第六回「衆議院議員選挙」、広住久道再選。

九月六・七日　・浜松付近に**台風**上陸、北上、志太郡下被害は全壊五六軒、半壊七二軒。大井川流域でも各地水害。

九月十一日　・**暴風雨**で伊久美地域被害。

十二月三一日　・大井川橋流落後、鈴木文作・仲田岡太郎が許可申請していた、**島田金谷間渡船**が許可。渡船場はかつての川越場跡、大井川橋のあった場所。河原には歩道を整備、小さな枝流には板橋を懸け、架橋不能な流路に渡船を設けた。経営は共同事業から逐次委託営業へ移行。この渡船は、昭和三年「大井川鉄橋」が竣工開橋まで続いた。

・大長村の各字「衛生組合」を統合し**大長村衛生組合**を結成。

・この年、島田町の戸数二〇四〇戸、人口一万五五七人。

・この年、県下の**赤痢**患者六七一七人、死者数一五八一人。**ジフテリア**患者数九二五人、死者数二四一人。年末から翌年新春に至るまで島田町内においても**赤痢**流行。

・県下の娼妓数一〇九四人・貸座敷一八一軒・引手茶屋十一軒（明治期最高）。

・**大倉組山林部**は、明治二八～三一年まで「井川山林」を伐採して大井川を流送し、木屋水門・新川水門から引き入れて、大洲村忠兵衛の八町歩の敷地に設立した製材工場に送った。製品は軌道により藤枝駅に引き込み京浜地方に輸送した。この火力による製材工場は明治三〇～三一年まで操業したが、挽屑《ひきくず》（おがくず）を大量に栃山川に捨てたため、下流の農民から**公害**として苦情が出され、また大量の水を引き込んだことにより、水田が冠水するなどの被害も出たため、操業わずか二年で廃業した。

一八九九　明治三二

一月　三日　・幸町北裏へ新設の「島田尋常高等小学校」校舎の新築工事に着手。

一月十六日　・県会解散に伴う「県議会議員選挙」（複選制）。当選者藁科喜作・岡崎平四郎・長谷川善太郎・八木舜（いずれも改進党）。

一月二五日　・下川根村家山に**度量衡**《どりょうこう》**検定所**設置。

一月　・五和村島区に**島報徳社**が設立された。結社時の社員五八人（島区民の七割が加入）。神座の開墾地内の字堤下・大柳・大沢前の三字名を統廃合して**明治新田**と改称した。

二月十五日　・「歩兵第三十四連隊第一大隊」、上川根・東川根地方に行軍する。

二月　七日　・**中学校令**を改正公布（尋常中学校を中学校と改称。修業年限五年）。**実業学校令**公布。

二月　八日　・**高等女学校令**を公布（女子の高等普通教育機関とする、修業年限四年）。

・「歩兵第三十四連隊第十二中隊」が、笹間村で演習として「猪狩り」を行った。

二月十三日　・**大火災**。午前五時半、島田町四丁目南裏片川久太郎方から出火。五、六丁目に延焼、町の中枢部である警察署など一〇三戸全焼。出火は、石野熊次郎方（彌十豆腐店）の煙突の火の粉が片川方の雪隠《せっちん》(トイレ)へ飛び火したとされ、火元争いになったが不明に終わった。火勢は北側へ延焼し、貸座敷松本良八方や、まだ建てて間もない「島田警察分署」をも焼き、ついに六丁目に及んだ。尾火は西南側餅屋(後の甲賀金物店)、北側美濃屋歌田勇吉方、東は六丁目南側伊沢長吉方半焼、北側清水重平方を焼いて鎮火した。折悪く、この日向谷貯木所整備のため水門を閉めてあったため、用水路に水がなく、また西風が強烈だったことから大火となった。なおこの火事を**彌十火事**と称した。

二月二五日　・下川根村家山に平野寿吉が医術開業。

二月　・「東川根村立小長井尋常小学校」が小長井城跡に移転新築する。

三月十四日　・下川根村抜里《ぬくり》に「信用組合」創設。

三月二二日　・**谷口橋架設許可出願。** 六合村細島町井雄一郎・初倉村船木三浦茂登次の両名が、「橋梁架設・銭徴収願書」を静岡県知事に提出。六月に許可された。

三月二四日　・島田町長、秋野萬次郎に替わり、「桑原古作」が就任(〜明治三六年二月一六日)。

三月　・神座・神尾間の「渡船」許可。

・「大長村役所」新築竣工。

四月　一日　・「湯日小学校猪土居《ししどい》分校」を分離して「金谷小学校」へ併合。

・大津村の「尋常小学校」に「補修科」を設置。またこの年、村役場を落合二五ノ一番地に新築した。庁舎一棟建坪二九坪、雑戸一棟一〇坪。

四月　・大井川下流の相川村相川字西島境と吉田村大幡字寺島間に架かる「不二見橋」に代わる新規架橋を**国富橋**《くにとみばし》と命名。橋の建設・維持は、吉田村神戸《かんど》の**中村圓一郎**を中心とする両岸有志よる株式組織で当たった。長さ八九二m・幅員二・七二mで、頗る堅牢な木橋であった。橋銭一人二銭、荷馬車一輌十七銭、自転車一輌四銭など。その後**藤相鉄道**《とうそうてつどう》**株式会社**に買収・補強され、大正四年九月十一日より橋上を**人車軌道**渡しとすることにした。

五月十八日　・藤枝・笹間間、千頭・笹間間の郵便交換線開設。

六月　六日　・伊久美・笹間にて感染病「予防法」講習開催。

六月二六日　・県知事より**谷口橋架設認可**。直ちに六合村道悦島と初倉村阪本を結ぶ工事着手。

七月二五日　・笹間村杉山定吉氏方養蚕室で「養蚕家集会」を開催。

八月　一日　・相川村上泉地先で堤防決壊。農地八〇〇数十町歩被災。被害甚大。

八月　八日　・下川根村家山に「電信局」設置決定。

・下川根村で赤痢予防のため「清潔法」施行。

八月一〇日　・株式会社**五和《ごか》銀行**が横岡新田に設立された。設立発起人は北川米太郎他六人、資本金三万円、一株五〇円で六〇〇株であった。設立理由は、川根地方は製茶・椎茸・木材・薪炭など物産に富むが、従来金融機関が無かったため、地方物産の開発を図る。

八月十五日　・**谷口橋《やぐちばし》**(木橋・賃取橋)**が完成**。

九月十一日　・**暴風雨**で伊久美地区被害。

九月二六日　・第一回**県会・郡会選挙**(改正府県制による直接選挙)。大地主議員・複選法が廃止され、**県会・郡会議員を公選**。県会議員当選者、鈴木辰次郎(自由党)、秋野橘太郎・藁科喜作・岡崎平四郎(以上改進党)。郡会議員当選者(志太郡定数三一名・島田町定員二名)。鈴木久一郎・天野廉(島田町)、町井平四郎(六合村)、平尾金蔵(大津村)、石田武雄(大長村)、西野与吉(伊久身村)、榛葉元三郎・小泉素一郎(初倉村)。

十月七日　・**大暴風雨**(台風伊豆半島上陸)、農作物・建物に被害甚大。

十月十五日　・大井神社大祭は十三・十四日は好天であったが、十五日の御神輿渡御は午前一〇時頃から降雨となり、杉村嘉十家前で御駐輦祭《ごちゅうれんさい》を執り行った後、杉村宅に御仮泊し、翌日御旅所に無事渡御を済ませ御帰還された。

・この年、森淑・天野廉両人他数名が発起人となり「西駿委託株式会社」を創設したが間も

年	月日	事項
		なく**西駿銀行**と改称した。 ・この年、最新流行の乗り物**自転車**が島田にお目見えした。 ・県下の**赤痢**患者数二四六〇人、死者数九一六人。**ジフテリア**患者数八七四人、死者数二四七人。 ・この年、島田町の戸数二〇五九戸、人口一万七五三人。 ・この頃、東海道「大井川橋(木橋)」維持管理困難となり、以後昭和三年鉄橋完成まで渡船に頼る。
一九〇〇 明治三三	一月十八日	・ペスト予防のため、ネズミ買い上げ。
	一月二〇日	・藁科・川根間の「川根街道」で測量着手。
	一月二八日	・青森県下北半島円通寺より御分躰を戴き、**旗指《はっさし》恐山《おそれざん》地蔵《じぞう》**建立。
	一月三〇日	・児童数増加に伴い、五丁目南裏の「島田町小学校」が狭隘となり、また「男女が区別」されることとなって、柳町北裏へ新築中の**島田尋常高等小学校**校舎完成。校地二四〇〇坪、建坪六二七坪五合、経費一九五八八円。新小路の旧校舎は**男子部**とし、柳町の新校舎へ女子児童を分離させ**女子部**とした。
	二月　六日	・昨年度人口、伊久身二五五五人、笹間一八三八人。
	二月	・**東遠倶楽部**が前出の「東遠青年協会」の後を継承する形で組織され、隔月一回、榛南の諸問題について討議、年六回続いたが解散。
	三月　七日	・**産業組合法**公布、九月一日施行。信用・販売・購買・生産の四種の組合と、その兼営組合が生まれ、農業経営の保護、販売・購買の協同化および金融を行う。
	三月一〇日	・**治安警察法**公布。
	三月三一日	・「大津小路長徳寺」と「柳町快林寺」の分教室を廃止した。

四月　三日　・**島田女子尋常高等小学校**新校舎の竣工式を行い開校。校舎は敷地二四〇〇坪・建坪六二七・五坪の洋風平屋建。総工費は一万九五八八円。職員数は十二名、学級数一〇学級、児童数は五四二名で、校長は武光軍蔵が男女両校を兼務した。竣工式当日は生徒の成績品や諸家出品の書画ならびに動物十数匹を展示した。

四月　七日　・千葉山智満寺の「本尊千手観音像」が**国宝**に指定。

四月一〇日　・志太郡茶業組合、**粗悪茶**の件につき横浜市茶商より注意を受ける。

四月十五日　・島田町大津小路に**東海病院**開業(外科・院長清水鏡)。

五月一〇日　・皇太子(のちの大正天皇)ご成婚で、県下の銀行休業、新聞休刊。各地で盛大な祝典挙行。

五月二〇日　・下川根村家山に「陸軍軍用旅舎」設置。

六月二八日　・下川根村抜里の製茶家が**製茶伝習所**を設立。

七月　・吉田村の浅井熊太郎は、町長八木本之助の協力を得て、同村林泉寺を仮校舎として**堰南学校**《えんなん》を設立、開校した。募集人員四〇人。

八月二〇日　・**小学校令改正**(尋常小学校を四年制に統一、義務教育の授業料を徴収せず、など)。

八月二一日　・八月十七日**台風**本土接近、二〇日まで大雨降り続き、二一日の大雨で、二一日午前九時頃、改修工事中の相川村上泉地先八番出から十一番出に至る延長約一八〇余間の大井川堤防決壊して濁流が押し入り、相川《あいかわ》村上泉《かみいずみ》・下江留《しもえどめ》・西島、吉永村一帯、静浜村宗高《むなだか》・藤守《ふじもり》は一面大海の如く流失家屋多数。濁流を食い止めたのは九月十七日。流失家屋十二戸、倒壊家屋十六戸、半壊家屋二戸、浸水家屋八二三戸、浸水面積八〇〇町歩、相川村の相川八幡宮も流失した。その後、相川村・吉永村は二ヵ月に亘り**赤痢大流行**。現場の修築工事や補強敷設の工費総額一万八〇〇〇円余は全部県費で賄われた。

九月二八日　・**台風**、午前六時三〇分浜松付近へ上陸。**大暴風雨**のため、大洲村善左衛門地先で破堤。農作物・建物への被害甚大。志太郡下全壊家屋三一五戸・半壊家屋三四九戸・大破家屋五三

二戸・罹災者《りさいしゃ》六一一人、八〇余町の田畑浸水、農作物の減少二割余。両陛下より救恤金《きゅうじゅつきん》御下賜《かし》される。

九月二九日　・大長村神座の「大井川水防夫」を改め、**神座私設消防組**として組織。

十月十七日　・下川根村抜里の青年、**夜学舎**を開設。

十月　・下川根村家山の青年、**夜学舎**を開設。

十一月　六日　・大津落合に**巡査駐在所**設置。

十一月　・「大井川木材商組合協議会」が島田町で会合。

十二月　六日　・幸町快林寺本堂改築落慶。

・島田町七丁目で東海道から分岐し、初倉村・吉田村を経て横須賀街道に接続する**県道川崎街道**が竣工。延長七九六間三分三厘、幅員二間。工費総額五一五八円一七銭四厘。内二六六三円七七銭六厘は県費補助金、二四九四円三九銭八厘は町費負担。

十二月　七日　・従来「火葬場」として完全な設備はなく、わずかに大長村伊太字旗指《はっさし》静居寺《じょうこじ》境内の一部で行ってきたが、この日許可を得て、**島田町火葬場**が大津道上中溝北五九四番地内（山裾伊太谷川沿岸）に、敷地八八坪を得て新設。翌年新春から使用開始。

十二月　八日　・**大火災**。扇町区寄場「末廣亭」西隣、原駒吉方老婆の手洋灯転倒が元で出火すると、同時に「末廣座」に延焼、西風激しく、「杉皮葺の屋根」はたちまち火の粉の雨となって風下に広がり、幸町・柳町・大津小路の大半に及び、焼失家屋一五五戸。これにより「屋根の改良」が叫ばれた。

十二月十七日　・初倉村で二六三八円で**隔離舎**建設。

・この年、**ペスト**患者二〇人、全員死亡。**赤痢**患者数一五八〇人、死者三四四人。**ジフテリア**患者数五九六人、死者数一七五人。

・この年、島田町〜相川村相川、「国富橋」袂まで堤防改修工事竣工。

		・この年、東川根村の**沢間組製茶所**が、この地域では最初に共同製茶・共同販売を始めた。
		・この年、島田町の戸数二一〇四戸、人口一万九三六人。
一九〇一 **明治三四**	一月二〇日	・**島田青年団**創設。一月二一日・四月七日・五月三一日に、当代一流の仏教学者を招き、「仏教講演会」を開催した。
	一月二七日	・株式会社**伊久美銀行**登記。
	二月　四日	・**県立高等女学校**の開校認可。
	二月　九日	・「鶴ヶ谷分教場」廃止。
	二月	・**野口病院**開設（産科・小児科、院長　野口佐平）。
	三月一〇日	・初倉村阪本へ**初倉郵便受取所**が開設、のち**初倉郵便局**となる。
	四月　一日	・六合・大津両村の尋常小学校へ「高等科」併設されたため、いずれも**村立尋常高等小学校**と改称された。高等科は修業年限四年。修身・読書・作文習字・美術・地理・歴史・理科・図画・唱歌・体操などを修得。
	四月　四日	・第八回**日本木材商業組合聯合会**が静岡で開かれ、七日までの間、島田町向谷、天竜川駅、掛塚港などの「材木陳列場」を見学したが、全国各地からの参加者は四五〇名に上った。
	四月　八日	・**榛原郡立榛原中**（現榛原高校）が郡役所の一部を仮校舎として授業開始。「堰南学校」は廃止しその生徒を継承した。
	四月十七日	・下川根村家山地方で、**豪雨**のため田畑流失。
	四月二九日	・「金光教島田小教会所」が島田町祇園に設置。
		・**県道島田伊久美線**、島田町五丁目から大津尾川入口まで三八〇〇m着工。
	四月	・大間の「千頭学校分校」が**大間尋常小学校**として独立する。
	五月　一日	・東川根村長、管内の小学校に**農繁**（製茶・養蚕）**休業**不許可を依命通達する。

五月一〇日　・従来伝染病患者が発生した場合は、横井道大井川旧堤防付近に、仮小屋を設けてこれに収容してきたが、島田町字大津道上中溝北（伊太谷川南）に、「新隔離病棟」を移転し、反対運動も起こったが、結局**島田町（公立）伝染病院（避病院）**を設立（木造瓦葺き平屋建て、敷地六二七坪、建坪一六二坪五合、総工費六七四二円、整備費を含めると八四九八円、初代院長高橋忠徳）。

五月十二日　・**志太郡教育会**、伊久美で「夏期講習」開催。

五月二八日　・**榛原郡立榛原中学校**の新校舎落成。六月五日開校式挙行。生徒は郡役所の仮校舎より引っ越す。

五月　・相川村上泉一番「用水門」改修工事竣工。

六月　七日　・大井川沿岸の杉林に害虫「杉樹虫」発生。

六月　・「小長井尋常小学校」、二ヶ年制の「高等科」を併設し、**小長井尋常高等小学校**となる。

七月　一日　・通船や川狩ともに増加し盛んとなったため、この年、内務大臣の許可を得て、水神山鼻へ新堤防を完成させ、その堤防に「新水門」を設け、「新用水路」を築き、流下してきた木材をここから「貯木池」へ流入させた。また「仮設貯木場」に抑留してある木材は、水神山裏の旧堀貫水門から流入させた。さらに町共有地の大藪地内の竹木を伐採して「貯木場」を設け、木材その他の貨物を陸揚げし、当業者の便宜を図った。また水門脇に**役場出張所**を設け、大井川の流水増減、新水門から貯水池へ流入する木材の数量を調査記録し**用水路使用料**（荷舟一艘十五銭、川狩木材一本角六銭 他）、**貯木場貸地料**（面積一歩当たり一〇銭）を徴収した。これらの「特殊財源」が、町歳入の大部分を占めていた。

・大長村伊太で従来の「水防組」を**消防組**に改組した。

七月二三日　・「大井川木材商組合」の発起人会を、島田町役場構内公会堂で開催。

七月二四日　・新税**水車割賦課**徴収許可された（用水を利用し動力とした、水車等の営業をする者に課税）。

八月二一日　・八月中旬より天候不良が続き、さらに**台風**が襲来したため、本格的改修工事に着手していなかった大井川堤防のうち、相川村上泉地先の八番出しから十一番出しに至る延長約一八五間の堤防が午前九時頃決壊した。

九月十七日
・決壊した大井川堤防が、漸く応急工事が完了した。人畜に被害はなかったが、被災地の稲作は壊滅した。県当局は工事費として一万八〇〇〇余円を支出した。

九月二二日
・下川根村家山で**火事**発生。

十一月二〇日
・伊久身村「二俣尋常小学校」新築。
・島田町五丁目で東海道から分岐し、大津街道を過ぎ、大津村に至る**県道島田伊久身線**島田町内完成。延長七一二間一分、幅員三～二間。工費総額九一三四円六五銭、内四六三四円六五銭は県費補助、四五〇〇円は町費負担。

十一月二五日
・**町道扇町柳町線**(柳町改良道路)、幸町から大津小路に通じる直線道路(延長二三三間五分、幅員二間)竣工、落成開通式挙行。工費総額一四九六円四九銭一厘は町負担。

十二月　三日
・「榛原郡農事講習会」下川根村家山三光寺で開会。

十二月　七日
・「県道金谷初倉線」着工。

十二月二〇日
・**用水使用料(入津料)条例の改正**許可され、「用水使用料」が島田町の大きな財源になった。
・この年、**戸塚病院**設立(外科・院長 戸塚貢)。
・この年、大草村山王社は八幡社に合祀。
・この年、大井川河身(流水部)改修工事、堤防新築工事で、相川村西島地先まで三九五間延長、西島地先堤防二重となる。
・この年、「産業組合法」に基づく、有限責任の組合として、榛原郡東部で**勝間田信用組合**がいち早く創立された。
・この年、戦死者・準戦死者の遺族、負傷者の救護を目的として**愛国婦人会**が設立された。東京を本部とし、各郡町村長の婦人が役員となる官制団体であった。

年	月日	事項
		・この年、島田町の戸数二一二八戸、人口一万一一八七人。 ・この年、六合村の戸数六九三戸、人口四〇五六人。 ・この年、県下の**赤痢患者**一一三七人・死者二六三人。志太郡患者一一四人・死者三五人。榛原郡患者五七人・死者一六人。
一九〇二 **明治三五**	三月	・**勝間田銀行島田支店**が二丁目角へ設置され営業開始。
	四月　一日	・六合村・大津村の尋常小学校へ「高等科」を併設し、**六合尋常高等小学校・大津尋常高等小学校**と改称された。
	四月一〇日	・六丁目の劇場「増井亭」が増築竣工し、**開盛座**と改称された。
		・天野廉らは、向谷地先大井川堤防沿いへ**堰東**《えんとう》**製材工場**を建設し、町内各製材工場へ魁《さきがけ》て**帯鋸**を設置した。
		・大長村神座「慶雲寺」本堂再建落慶。
	四月	・横井河原で**最初の自転車競走**を開催。競技場は、現在の市営球場西南の河原で、一周四〇〇mのトラック。工費一〇〇円で、「島田輪士会」が出資した。
		・**大長村農会**創立。会員五一五名。
	五月一〇日	・大井川川狩業者ら、「大井川木材川狩組合規約書」を作成する。
	七月　八日	・大井川堤防決壊、南部流域被害あり。
	七月三〇日	・島田地域の農民数百人、「大井川取水制限」に抗議行動。
	八月七～八日	・低気圧通過、静岡県中部以東大雨、**大井川大洪水**。東海道鉄道「大井川鉄橋」は左岸の橋台が崩壊のため汽車不通となり、また国道筋の島田・金谷間の「渡船」も同様に不通となった。しかし橋台部以外の鉄橋は無事であったため、谷口原に茶園を持つ人たちは、無断で鉄橋上を行き来した。下流の「蓬莱橋」「谷口橋」も根元より落ち流失。その流木で「国

年	月日	事項
		富橋」も流失し**東西交通途絶**。
	八月一〇日	・「衆議院議員選挙法」改正（直接国税十円以上、大選挙区制）公布に基づき、第七回「衆議院議員総選挙」が行われた。**一県一区制**により、国民党では広住氏が引退し、青地雄太郎（青島村前島）、政友会では福島勝太郎（安倍郡大里村中島）が当選した。しかし、わずか五ヵ月で衆議院解散、再び「総選挙」が行われた。
	九月	・東海道鉄道「牧之原隧道」の上り線が開通し、**東海道鉄道複線化**が完成。
	十一月	・**吉永漁業組合**創立。一〇月一三日**飯淵漁業組合**、一一月一五日**藤守漁業組合**が創立。
		・島田町**向谷郵便局**開設（局長 川村順助）、一般郵便事務の取り扱い。
		・この年、吉田村川尻局で電信事務が開始され「**川尻郵便電信局**」と改称された。
		・この年、島田町の戸数二一四六戸、人口一万一三三九人。
		・この年、大津村の戸数三七〇戸、人口二一五七人。
		・この年、初倉村の戸数一〇七五戸、人口六三六五人。
		・この年、吉田村の戸数一七〇七戸、人口九三〇一人。
一九〇三 明治三六	一月	・**初倉村青年会**創立。
		・**下小杉漁業組合**創立。
		・まれな**降雪一尺五寸**に及ぶ。
	二月　三日	・**家山青年会**、「製茶伝習所」落成式を兼ねて「春期大会」開催。
	二月十一日	・犬間《いぬま》・奥泉・大間《おおま》・千頭・崎平の青年組織を連合して**上川根壮年連合会**を組織する。
	三月　一日	・第八回「衆議院議員総選挙」。初めて「大選挙区制」を導入。政友党の福島、国民党の青地が再選された。政友会六・憲政本党二・無所属二。
	三月　五日	・**志太郡立農学校**（現藤枝北校）設置認可。

四月　・初倉村船木に「巡査駐在所」設置。

五月　二日　・午後三時、「初倉尋常高等小学校」出火、校舎一棟、建坪九一坪。中央教室焼失。

・**初倉村女子学友会**創設。

六月　一日　・「伊太御料林」の払い下げ許可。

・下川根村において**製茶伝習所**が伝習開始。

七月　七日　・志太郡青島村青木の青年が横浜から帰宅後、容体が悪化、検査の結果**疑似ペスト菌**を検出、**黒死病(ペスト)**と決定、同日死亡。本人は火葬、家はトタンで囲われ、青島村会の決議で患家一棟・物置二棟を焼却処分した。他に感染はなかった。

七月二〇日　・「金谷銀行堀之内支店」閉鎖。

八月　三日　・**島田町公民大会**、町政刷新を求め、「全町会議員の辞職」を勧告。一七日、郡長にも陳情。

九月二四日　・第二回**県会議員**および**郡会議員選挙**、県会議員当選者は、大洲村鈴木辰次郎・岡部町仁科梅太郎・広幡村甲賀英逸・藤枝町岡崎平四郎。

・郡会議員当選者は、森淑・鈴木久一郎(途中補欠秋野橘太郎(島田町))。塚本熊次郎(六合村)、長谷川巌太郎(大津村)、塚本重吉(大長村)、西野与吉(伊久身村)、三浦茂登次・森本利一郎(初倉村)。

一〇月　三日　・島村地内「県道」竣工完成。

一〇月　四日　・金谷町で「県生糸製造同業者組合」主催・第一回**製糸講習会**を開催。

一〇月一〇日　・島田町長、再び八木昇当選(〜明治四二年二月三日)。

・東川根村、**農事講習会**を開催する。

十一月十三日　・**大井川材木商同業組合**が、六月十九日静岡県知事から認可され、この日「創立総会」を島田町庚泰寺で開催した。組合員数は二六二人。

十二月　一日　・**下川根村青年夜学会**の発会式が、家山尋常高等小学校で開催。

十二月　六日　・**川崎街道(相良街道)**が竣工完成。島田町七丁目・下島・道悦島・谷口橋・初倉村谷口・阪

年	月日	事項
		本・船木・吉田村神戸《かんど》を経て田沼街道に接続、延長七九六間三分三厘。総工費五一五八円十七銭六厘（内県費補助額二六六三円七七銭六厘）。
	十二月二〇日	・初倉村地内県道竣工完成。
		・県下の**赤痢**患者数一一五二人・死者二四〇人、また**ジフテリア**患者五九九人・死者数一八四人。吉永村・静浜村で**赤痢**大流行。
		・この年、**大井川通船組合**設立。
		・この年の末、榛原郡川崎町静波の泰善寺を借用して**東遠音楽会**を設立し、女子教育の場とし、女子の品位向上を目指した。翌年改め「学芸部」「音楽部」を置いたが、しかし二年足らずで閉校した。向学心に燃え資金力のある女子のみ、静岡・東京方面の学校に進んだ。
		・この年、静岡県人口一二九万八七六人。志太郡人口一二万五五九七人、榛原郡人口七万九八七六人。島田町の戸数二二四八戸、人口一万一六五四人。
一九〇四 **明治三七**	二月一〇日	・**日露戦争**、ロシアと国交断絶し開戦（〜明治三八年）。宣戦詔勅降下。
	二月十七日	・相良町の海岸でロシア軍艦来襲に備え「見張所」開設。
	三月　一日	・第九回「衆議院議員総選挙」。青地・福島が再選されたが、政党的には「政友会」が大勝。
	三月　六日	・第三師団「静岡歩兵第三十四連隊」へ**動員令**が下された。日本側総兵力は、約一〇九万人（日清戦争の約四・五倍）。志太郡下の召集陸海軍人は、二万五一七二人。榛原郡下の動員数一七八〇人。
	三月一〇日	・金谷町では、従軍兵士と家族の扶助、慰問を行う目的で、**金谷町奉公会**が組織され、同様に五和村でも**五和村奉公会**が結成された。
	三月二六日	・**静岡・豊橋両連隊出征**。
	四月　一日	・「木材商同業組合」従業者の就業時間・等級制賃金決定実施。新規**大井川木材商同業組合**

の設立認可。初代組合長伊藤亨、副組合長八木鉄蔵。

五月　二日　・日本三紡績の一つと言われた「島田紡績所」設立者の**鈴木久一郎氏没**、享年六〇。氏は川越人足救済のため茶園開墾、製茶業を振興。「大井川橋」架橋に尽力、また「水力発電機」を設置するなど島田町事業家の先駆けであった。

六月　一日　・「伊太御料林」の払い下げ許可。

七月一〇日　・**台風**上陸、この豪雨により未曾有の増水となり、築堤して未だ数年足らずの河口付近吉永村飯淵《はぶち》字築留の堤防決壊し、延長二〇〇余間が流没し、接続する約一一〇間も半壊、開墾したての良田約二一町歩に濁流が流れ込み土砂を堆積させ不毛の地となった。

八月三一日　・「鵜網御料林」の払い下げ許可。

八月三一日　・「静岡歩兵第三十四連隊」、**首山堡**《しゅざんぽ》で大激戦、関谷連隊長・橘大隊長ら戦死。

九月　四日　・**遼陽占領**により各地で祝賀会。

九月三〇日　・**遼陽激戦**で下川根村死傷者四人。伊久身村戦死者二人、下川根村戦死者一人。

一〇月二一日　・遼陽激戦で戦死者、川根村一人、笹間村一人。

一〇月二六日　・この年秋から榛原地区では、**牛馬耕**の伝習会が、吉田町神戸で二年連続で行われ、一方では堆肥を作り肥料とする農家が増加した。

・東川根村、日露戦争戦没者三名の葬祭式を行う。

十一月二〇日　・この年、島田の木材事業は**戦争（特需）景気**に沸いた。軍需品・武器弾薬の戦地への輸送には「木箱」が多く使用され、生産が追いつかないほどの需要であった。

・この年、島田尋常小学校・島田女子尋常小学校に「図書館」が戦役戦捷《せんしょう》記念事業として設立、職員・児童の寄付金によって経営された。

・この年、向谷に島田町消防組「第五部」新設。

・この年、県下**ジフテリア**患者五九六人、死者数一七五人。

		・この年、島田町の戸数二二四〇戸、人口一万一八六一人。
		・この年、上川根村「軍人家族保護会」規程を制定する。
一九〇五 **明治三八**	一月　二日	・**旅順開城**。各地で祝賀会。
	三月一〇日	・**奉天の戦い**(日本軍死傷者七万余人)。
		・初春、未曾有の**大降雪**あり。
	四月二三日	・「金谷町茶商同盟会規約書」を締結。金谷町では村松文平・村松多次郎ら十二人が締結。茶の品質維持に意を注いだ。
	四月〜	・「ウラジオストーク艦隊」が駿河湾に出没のため、和田・静浜・吉永三ヵ村連合して藤守海岸に「監視所」を設け、約二ヶ月間警備に当たる。
		・家山消防組は日露戦役記念として、桜樹五〇〇本を大井川堤防および八幡宮境内に植樹。
	四月	・「千頭尋常小学校」が「高等科」を併置し、**上川根村立千頭尋常高等小学校**となる。
	五月二七〜二八日	・**日本海海戦**。連合艦隊、ロシアのバルチック艦隊を破る。各地で祝賀会。
	七月	・静岡県より「河川取締規程」が公布され、木材流送が規制された。
	九月　二日	・**上・中・下川根村農会**が連合して設置した**製茶研究所**の修業生が卒業。
	九月　五日	・**日露講和条約(ポーツマス条約)調印**。総戦病死者数は、約十二万人(日清戦争の約八・七倍)。軍事費十五億円(日清戦争の七・六倍)。静岡第三十四連隊は、八月末の首山堡戦から九月の遼陽戦で戦死者四九二名、戦傷者七〇二人と、連隊の約半数が被害を受けている。志太郡の動員数二五二一人・戦死者一七五人・傷死者二〇人・病死者五一人、死者総計二四五人。榛原郡下の動員数一七八〇人、戦病死者一六二人。
		・近隣町村の戦病死者、島田町三〇(従軍二二三)、六合村八(従軍九七)、大津村二(従軍三五)、大長村七(従軍五五)、伊久身村七(従軍五二)、初倉村十六(従軍一六三)、金谷町十一(従軍一四四)・五

	和村七（従軍八四）・中川根村九（従軍六八）・上川根地域七余（従軍一〇〇余）。
	・島田町の**製材・製函業**は、軍の弾薬箱の注文で**空前の活況**を呈した。
九月　九日	・「日露講和反対」の県民大会を静岡浅間神社で開催。約五千余名集合。県下各地でも反対集会が行われ長野県と並び最大件数を記録。
一〇月	・加藤友吉、大長村神座へ三〇馬力の「日本型水車」による水力で**丸カ製材所**建設。
一〇月　三日	・「島田女子尋常高等小学校」へ**附属幼稚園**付設。
十一月　一日	・**榛原郡普通農事講習会**が下川根村家山で閉会式。
十二月二〇日	・**大津村農会**設立。
	・この年、榛原中学校内に**榛原郡社会研究会**が発足。目的は地方の教育程度を向上させ、会員相互の智徳を進め品位を高めるためで、会員は町村長・学校長など四〇余名。
	・この年、島田町の戸数二二〇五戸、人口一万二〇四八人。
	・この年、県下**赤痢**患者二六五九人、死者数五五一人。また**ジフテリア**患者数六二一人、死者数一七二人。

4-1 明治22年2月東海道鉄道開通当時の島田停車場と機関車
東海道鉄道敷設路線は、焼津・榛原郡静波・相良・大阪村(大須賀町)を経て浜松に至る一案と、焼津・青島村・島田・金谷を経て浜松に至る二案とがあったが、積極的に誘致しようとする有力者の多い二案が反対者の多かった一案より有利に働き現在の路線が実現した。静岡・島田間の乗車賃は上等66銭・中等39銭・下等20銭であった。(明治末期撮影) ㉘

-2 明治20年11月 金谷
隧道完成
隧道用や鉄橋橋脚用の煉瓦は隧
道西側で現地生産された。
明治21年8月 大井川鉄橋完成。
明治22年2月 静岡・東京間開通。
同年4月静岡浜松間開通。
明治23年5月金谷停車場旅客扱い
開始。東海道鉄道全線開通 ㊾

4-3 明治32年4月
に竣工した国富橋
大正9年9月から橋上を人車渡しとした藤相鉄道 ㊲

4-4
島田軌道(
車・トロッコ)
向谷の貯木
から島田停
場まで材木
運んだ (51)

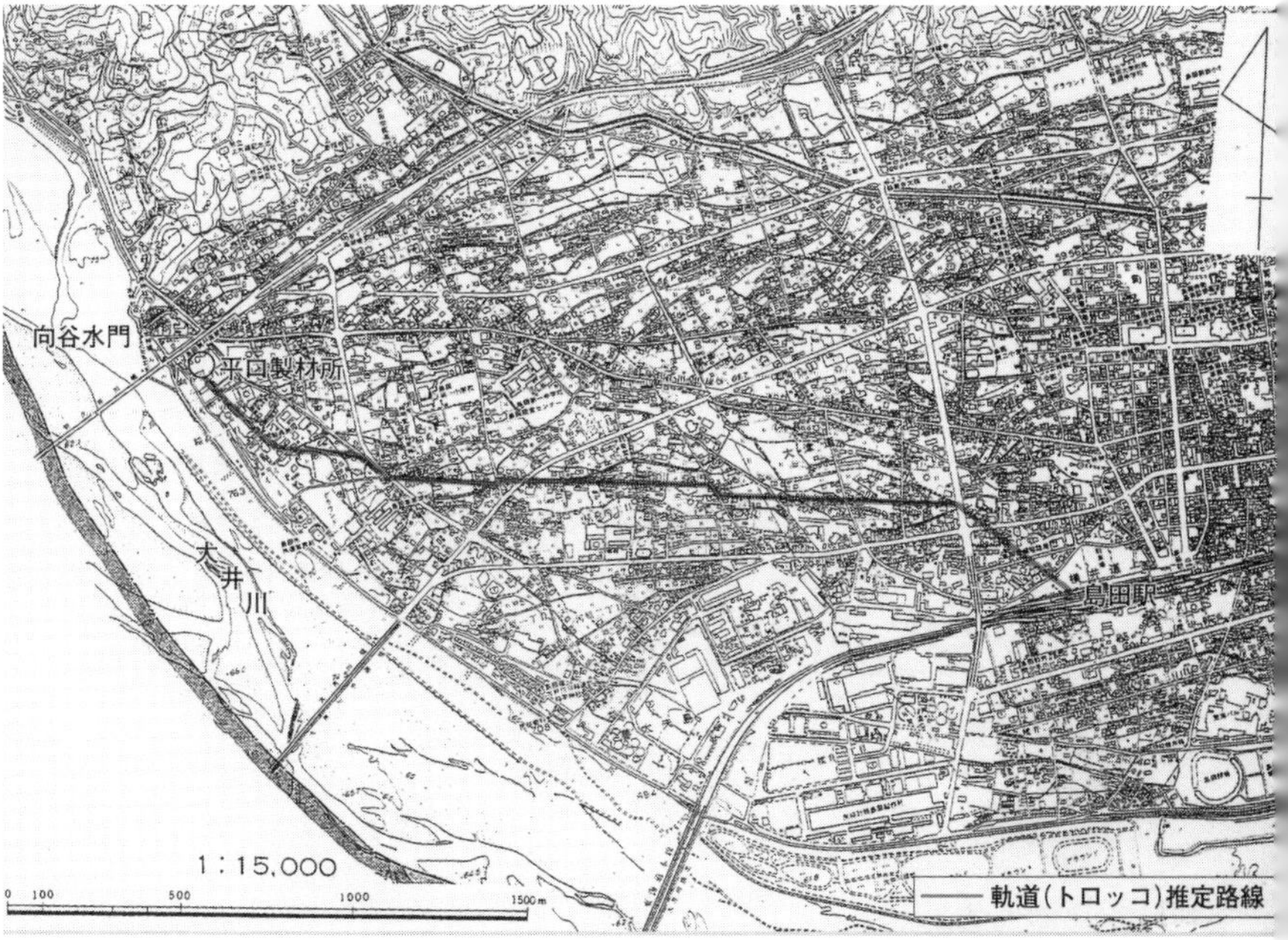

4-5　明治31年4月 島田軌道開通
向谷の貯木場から島田停車場まで2.9kmの単線の人車(トロッコ)。川根地方の林産物の搬出、生
必需品の搬入に大きく貢献し、南北流通の拠点として向谷方面の発展をもたらした。(51)

4-6 谷口橋

明治32年8月、六合村道悦島と初倉村阪本とを結ぶ木橋・賃取橋として完成 ㉘

4-7 日露戦争

明治37(1904)年2月10日開戦、静岡の34連隊は第2軍に属し首山堡を占領。

-8 砲撃後集められた木箱(島田製?)と薬莢の山。㉖

4-9 明治26年 大井製作所

八木舜・森十兵衛・増田昌三外の共同経営で、横井地先に建設。工場設備は2台の丸鋸を備え付け、職工8人を使用。島田における火力機関の最初。㊿

4-10 大井製作所外観とその貯木場

バックに見える松並木は大井川の堤防 ㊿

4-11 加藤製作所

明治28年6月、加藤友吉が大井川畔の横井下原坪地先に、水力による製材所を建設。

しかし翌29年大井川大洪水よる堤防決壊で工場は全て流失。

明治44年、加藤商事合資会社創立、タービン式水力による製材工場を横井善太夫島に建設事業開始。㉘

4-12 北河製品所　明治29年1月、岐阜県から移住してきた北河豊次郎は稲荷島南端の大籔の一部を切り開き、メチルアルコール・木酢酸・醋酸アンモニア・タール・ピッチなど多種の化学薬品を製造したが軍部指定工場となったため、一般人の縦覧は禁止された。㉘

4-13 乗合馬車　明治29年4月、島田停車場・向谷鴬橋間、島田停車場・藤枝停車場間の往復に、大池春吉が乗用馬車の営業開始。乗車定員6人、片道賃銭2銭5厘とバスより安く重宝された。 ㉘

4-14 天神山鼻北(笹ヶ久保)の仮設貯木場　ここに抑留してある木材は、水神山鼻の旧堀貫水門から向谷の貯木場に流入させた。㊿

4-15 向谷貯木場　町共有地 大藪地内の竹木を伐採して貯木場を設け、流送されてきた木材(ツガ・モミ･ブナなど)や他の貨物もここで陸揚げされ、大量に積み上げられた(ハイ作り)。「木都島田」の象徴的風景であった。㊿

五 木都島田の発展…製材・製函業の活況

・明治新田 ・水力発電所と川狩り・通船の対立 ・中小河川の大氾濫
・藤相鉄道の開通 ・東海紙料(株)・北河製品所 ・米騒動 ・スペイン風邪

年号	月日	ことがら
一九〇六 明治三九	一月一〇日	・加藤友吉、神座の工場で事業開始。
	一月十八日	・**静岡歩兵三十四連隊**が静岡駅着、屯営へ凱旋す(～二〇日)。
	一月	・稀な**大雪**。山間部のみならず南部農村地帯にも七寸(約二〇cm)の積雪。
	二月十一日	・「犬間青年義会」「奥泉青年矯風会」「千頭壮年義会」等五青年組織を合併し、**上川根村青年会**を結成する。
	二月	・初倉へ来住していた**今井信郎**《いまいのぶお》が四代目初倉村長に就任。
		・六合村、法改正により改めて**農会**の設立を許可。
		・島田地方未曾有の**寒波**、**降雪**一尺五寸(四五cm)に及び、小学校では児童を早退させた。
	三月　三日	・東川根村・上川根村合同で**川根在郷軍人会**を結成する。
	三月十四日	・「静岡歩兵三十四連隊」招魂祭、戦死者一六二六人を祀る。
		・大倉喜八郎は、徳山村地名の「分水工事譲受渡願」を県から認可。**水力発電**を製紙工場の動力とする計画。
	三月三一日	・「鉄道国有法」公布。
	四月　七日	・**静岡女子師範学校**開校式。生徒数本科一・二年各四〇人、同三年三九人。予備科三三人、

合計一五二人。

- 四月　　　・大井川に「河川法」施行。
- 五月　三日　・伊久身村**伊久身郵便局**落成式。
- 五月　　　・初倉村で初めて「牛馬耕」の講習会を開催。
- 六月二二日　・明治二二年、民費で築堤の吉永村飯淵《はぶち》字築留《つきどめ》の鼻の堤防(大井川左岸の河口部先端?)が「官堤」へ編入された。
- 七月十七日　・発達した低気圧が通過し、**大井川洪水**、向谷《むくや》六番出《だし》一帯が大破したが発見が早く、「水防組合」の必死の努力で、最小限度の被害で食い止めた。また下川根村家山の前田付近では、一面湖水と化した。
- 八月三〇日　・「日露役戦捷《せんしょう》記念基本財産蓄積条例」制定許可(明治四二年十二月十六日改正許可)。これにより明治四〇年度より毎年五〇年間、島田町の基本財産の蓄積を行う。財源は戸籍に関する手数料および証明手数料の全部を積立。
- 　　　　　・島田金谷間**大井川渡船**を、法改正のため改めて営業許可出願。
- 十一月十六日　・下川根村で「製炭法」伝習会が開所式、十二月五日に卒業した。
- 十二月　　・六合村で「在郷軍人団」結成。委員長広住久道、団長塚本順蔵。
- 　　　　　・この年、「明治新田」の堤防は県営となる。
- 　　　　　・この年、御料局、富士製紙(株)所有の一万一八六八町歩を買い入れ、千頭山御料林に組み入れ。
- 　　　　　・この年、**日英水力電気(株)**の設立事務所が開かれた。大井川開発計画の最初である。開発資金として英国の外資導入を目論んだ。
- 　　　　　・この年の川狩木材の数量は一五万尺締《しゃくじめ》。
- 　　　　　・この年、島田町の戸数二二一九戸、人口一万二二二六人。

		・この年、県下**ジフテリア**患者数六五〇人、死者数一七一人。
一九〇七 **明治四〇**	一月十九日	・**東海製紙(株)**は大倉組・富士製紙・三双組の三者協力により、第一回創立委員会を東京築地で開かれた。
	一月二一日	・東京株式市場が大暴落。
	二月十一日	・**上川根村立千頭補習学校**が開校した。
	三月　五日	・新規則の通達に基づき、**志太郡医師会**を結成。この日創立総会を開催、四月三日認可され、「新医師会」が成立。従来の「志太医師会」は自然消滅。
	三月　七日	・東光寺の民有林で山火事、約五十町歩焼失。
	三月二一日	・**小学校令改正**。尋常小学校義務教育修業年限を六年に延長。高等小学校修業年限を二年もしくは三年制とする。翌年四月から実施された。高等科の学生は、帽子に一年生は一本、二年生は二本の白線を巻き、当時の子供たちの憧れの的だった。
		・大津村尾川から千葉に通じる新道完成。
	四月　五日	・**島田商工会**結成、会長八木　昇《のぼる》。
	四月十二日	・富士会社から、川根茶の製茶、近年粗悪につき、改良を求める警告が示された。
	四月	・**帝国在郷軍人会島田町分会**が島田町有志の斡旋《あっせん》により成立。
	五月	・東川根尋常高等小学校、高等科二ヵ年を四ヵ年とする。
	六月一〇日	・天野廉・加藤友吉・福島角蔵・紅林仙蔵・加藤吉太郎・児玉吉五郎・神谷宇作などの有力者が発起人となり、**大井川川狩聯合会《れんごうかい》**が結成された。会長天野廉、副会長加藤利八。日露戦役後、日増しに活況を帯びた木材業により、盛んとなった大井川上流からの木材流送という「川狩り」作業は、沿岸住民や通船営業者との紛争が絶えなかった。これを円滑に運営しようとするものであった。この頃の川狩作業は、一〇月一日から翌年三月三十一日

	までと定められ、流送されてきた木材は、一旦伊太笹《ささ》ヶ《が》久保《くぼ》地先の「仮設貯木場（木場）」に集め、そこから赤松蛙岩下流の取入口から刈り込んだ。刈り込まれた木材は、黒印によって所有者を区別しながら、貯木場へ流し入れられた。この年の川狩木材数量は二三万五〇〇〇尺締《しゃくじめ》。聯合会で定めた「等級別人夫賃金」は、組代人（庄屋）一円二〇銭から人夫八等の九四銭の一四段階に分かれ、さらに全従業員へ一日当たり米一升の代金が支払われた。
	・この頃、茶園に「赤壁病」大発生、被害甚大。
七月二八日	・森勇一・鈴木久一郎は、上川根奥泉小川の牛首山《ぎやぁくびやま》（牛の頸《くび》）へ発電所建設出願。
七月二九日	・大井川沿岸町村代表、青島村に集会。「日英水電発電所建設反対」の運動方針を協議。八月十六日知事に反対陳情。
八月二四～二六日	・二つの台風が接近、梅雨前線を刺激して大雨となり**大井川洪水**。東海道本線**大井川鉄橋**島田側の堤防が破壊され、橋台まで及んだため、**島田・金谷間の交通は途絶**した。渡船も架橋も復旧が容易でなく、鉄橋を渡るのも今回は厳しく禁じられたため、十一日間も交通は途絶となった。そこで流水部分に「仮橋」を仮設し、また往時の川越人足《かわごしにんそく》の指導で「俄川越《にわかかわごし》家業」が復活し、島田側は河原町地先の堤防上に、金谷側は八軒屋旧渡場付近に小屋を建て、旅客は相対交渉で渡し賃を支払い、大井川を肩車越《かたくまごし》で一般乗客を渡した。
八月	・吉田町高島水取水門の北方一五〇m付近で、二〇〇mにわたり破堤するも大きな被害無し。
九月十九日	・島田尋常高等小学校の運動場五三五坪拡張、教員住宅を（男子部）校地内に移転。
	・県令に基づき「消防組」に洋服の採用を決め、演習および儀式に専ら着用することとした。
	・下川根村・中川根村両村で「林業講習会」が開催。
九月	・「浜松歩兵第六十七連隊」が出来、管内所属替えが行われた。
	・**元島田青年会**を創設。夜学の開設・農事試験地の試作・会員貯金などを主な事業とする。大正四年八月には会員数三〇名。

・**在郷軍人会六合分会**が発足。軍人思想の発展と相互親睦、戦死者遺族の慰撫《いぶ》や戦死者の招魂祭を主催することなどを目的とする。

一〇月　一日　・下川根村家山小字大和田地先の岩石に、大井川通船が衝突し難破した。

一〇月二〇日　・第一回**志太・榛原両郡連合川根物産品評会**開催。

一〇月二二日　・**志太榛原連合茶業者大会**が開催、川根茶業の発達に対する問題が提起され、二六日閉会。

一〇月　・「県会議員選挙」は、定員四名に立候補者四名であったが、政党間の得票争いで激戦を極めた。結果は「政友会」が上位二名当選し、「憲政会」の地盤を覆した（島田地区・焼津地区からは人選されなかった）。

・「郡会議員選挙」は、森淑・秋野雅太郎（島田町）、塚本熊次郎（六合村）、金沢喜一郎（大津村）、横田川福次、石神次平（中途退任で後任は堀恵熊吉）（伊久身）。町村単位で調製されたため平穏裏に終わった。

十一月　四日　・島田町消防組では、河原町地先の大井川河原で「秋季大演習」を行った。消防組員全員は洋装で、軍隊式の演習を行い、警察部長が検閲官として臨場し、講評を行った。

十一月　八日　・「大井川水電反対運動」が盛んとなり、有志団体委員による会合で反対が決定した。

十一月十三日　・「奥泉補習学校」を設置する。

十二月　五日　・大倉組系統経営の**東海紙料株式会社**（その後の東海パルプ・特殊東海製紙（株））創立、総会開催。資本金一〇〇万円、本社は東京市京橋区水谷町八番地に置き、出張所を島田町（向島《むかいじま》）四三七九番地に設けた。取締役社長**大倉喜八郎**は、富士製紙株式会社と共同事業で、井川村に広大な山林を所有していた大倉組の木材を「砕木パルプ」とする事業を始めた。これ以後、大量の木材が上流から下流の島田町向谷《むくや》の貯木場に向けバラにして流した（**バラ狩り**）。また地名《じな》における水力事業**地名《じな》発電所**は、大倉喜八郎から東海紙料（株）に継承する旨願書を県に提出。翌年一月許可。水力発電を動力として製紙業を営むこととした。

十二月 五日　・内務省、**日英水力電気(株)**の大井川筋水電開発事業を認可。

十二月 六日　・午後九時二五分、向島《むかいしま》小字二軒家の、農家桜井啓次郎方から**火災発生**。藁葺き屋根であったことと強い西風に煽られ、火の粉を向島の町並み一帯に降らせた。しかし「島田町消防組」の必死の活躍により向島町並への類焼は免れた。

十二月二六日　・島田郵便電信局所内に**特設電話交換所**を設置し、事務を開始。最初の加入者四五人。因みに電話料は、東京五五銭、静岡二〇銭。しかし長距離線が直通ではなかった。

・**川根茶業会**が組織され、役員を選抜した。

・この年、大津村では尾川と千葉山口追分までの道路改築を行った。

・この年の小学校構成は、「男子部」職員十七名・十四学級・尋常科五三五名。高等科二九二名・計八二七名。「女子部」職員十四名・十一学級・尋常科四八四名・高等科一〇〇名。

・この年、榛原郡内で各種団体の意思疎通を図るため協議の結果、総合的団体誌の編集を企画し『**榛原郡時報**』を毎月一回発行することとした。

・この年、島田町の戸数二二七六戸、人口一万三五九二人。

・この年、大津村の戸数三六九戸、人口二二五九人。

・この年、**ペスト**大流行。死者三二〇人(史上最多数)。静岡では**赤痢**が最多で三二〇人・**同疑似**四一人・**チフス**四一〇人・**ジフテリア**二九四人・**猩紅熱**《しょうこうねつ》九人

一九〇八
明治四一

一月二四日　・川根地区の「在郷軍人会」総会が、上川根村千頭尋常高等小学校で開会した。

一月　・吉永村中島地先、「大井川堤防改修工事」により二五一間を改築、明治四三年竣工。

一月　・東海紙料(株)の「製紙工場」は、島田・金谷町五和・徳山村地名の三ヵ所の候補地の内、ら物流の点から島田が選ばれた。

二月二七日　・下川根村の三小学校が新築し、「新学校令実施」を決定。

三月十五日 ・**島田町消防組**が、その設備と、前年向島字二軒家火災で見せた活動の敏活さが評価され、「金馬簾《きんばれん》」一条の使用を県下で最初に許され、その授与式が男子部小学校校庭で行われた。

三月十九日 ・志太榛原二郡下、各町村の同業者を結集した「大井川木材商同業組合」であったが、統制が乱れ、運営にも支障をきたしたため、「組合総会」を開き役員の総入れ替えが行われ、根本から人事の刷新が行われた。新組合長には天野廉・副組合長に加藤友吉が就任。これ以後、島田町向谷付近一帯とともに、一丁目南裏通りに、製材所が次々と建設されて工場街化し、島田はその後、**木の町**(**木都**)と呼ばれるようになった。

四月　一日 ・木材組合では、長い労働時間と、引き続く好景気に、「労賃の引き上げ」を実施した。職工長六〇銭以下、一等職工五五銭以下、二等職工四五銭以下、三等職工四〇銭。

・「旧水利組合」を廃止し、新たに大井川左岸の島田・六合・青島・大洲・高洲・大富・静浜・相川・吉永・和田・小川・大長・大津の十三ヵ町村で、改正された**大井川水防組合**を結成。万一に備え、次の三ヶ所に**量水標**を設け、監視人を常置した。大長村神座地先(警戒水位九尺以上)、相賀赤松地先(警戒水位十尺以上)、六合細島地先(警戒水位四尺以上)。

四月二五日 ・中川根地域、最初の本流「鉄線架橋」は、中川根村藤川・徳山村堀之内間に架けられた鉄線吊橋**万世橋**《まんせいばし》である。この日開通式が行われ、昼夜煙火が上げられた。規模は長さ一二二間(二二九・六m)・幅二間(三・六m)。総工費は一三四三円七七銭で、藤川・堀之内両地区住民の寄付金・区費・村費・祝儀を集め建設された。

四月 ・付近農村の茶園一帯へ「白星病」大発生被害甚大。

四月 ・千頭尋常高等小学校が義務年限を六年に延長し、高等科一・二年を併置する。

四月 ・小長井尋常高等小学校、**東川根尋常高等小学校**と改称する。

五月十五日 ・第十回「総選挙」。政友会六、憲政本党一、中立一。

五月二一日 ・小学校児童に「害虫駆除規定」が定められた。

五月	・川村健蔵が**丸川製材合資会社**設立、資本金二〇〇〇円。さらに池田新平等による「江戸屋丸江製材合資会社」その他製材工場ブームとなった。また大井川対岸の五和村横岡にも水力の製材工場ができた。
五月二四日	・森淑、「県会議員補欠選挙」に当選。
六月	・「島田町外十三ヶ村水防組合」は大津村を除き、**島田町外十二ヵ村水防組合**と改称し、大井川東岸の水防に関する細かい規約を取り決めた。
六月	・日英共同「日英水力電気(株)」創立委員長、同会社設立賛助の依頼および株式の募集をする。
七月	・百々《どど》勇蔵が七丁目北裏へ**丸百製材工場**設立。
六月二四日	・下川根村家山・抜里《ぬくり》地区で茶樹害虫**アカダニ**が発生。駆除法を指導。
八月　一日	・島田大井神社、「県社」に昇格。盛大に昇格記念祭が行われた。
	・茶の新品種**藪北**誕生。
八月	・東海紙料(株)島田工場は、**地名発電所**(中川根徳山村)の建設に着手。施工は大倉土木組(現大成建設)により、建設資材・発電機等は川舟によって島田から曳き上げられた。水は徳山村塩郷に取入口を設け、約二・四km(内一一六m隧道)の水路で発電所に引き入れ、落差二一mで発電するという計画。
一〇月　一日	・島田郵便局**特設電話交換通話**事務開始。加入者五二一人。
一〇月　四日	・「愛国婦人会静岡支部」第一回疎開開催。
一〇月十三日	・第二次桂太郎内閣の要請を受け**戊申詔書**《ぼしんしょうしょ》を発布。明治天皇が国民教化のために出した詔書。日露戦争後、人心が次第に浮華に流れているとして、国民の団結や倹約を説いた。これは「膨大な戦費負担」のため、「町村改良運動」を推進し、町村財政力を強化するため、区(部落)有財産、学校・寺社の統一。産業組合・青年会の設定、町村の組織化を図るもの

		であった。
	一〇月	・「初倉村立湯日尋常小学校」の尋常科が六年制の義務教育となり、**榛原郡湯日尋常小学校**と改称した。
	一〇月十五日	・大井神社大祭。この大祭から県知事が「参向使」として参向することとなった。
	十一月　一日	・「初倉村立初倉尋常高等小学校」は**初倉尋常高等小学校**と校名変更。
	十一月　一日	・「島田女子尋常小学校付属島田幼稚園」が独立して**島田町立幼稚園**と改称し、役所前へ園舎を建設(保母二名・園児六〇名)。
	十一月　一日	・静岡連隊、第三師団から「第十五師団歩兵第二十九旅団」に再編される。一六日に第二十九旅団司令部は習志野(千葉県)から静岡市に移転。
	十一月	・相賀地先道路改良。五月着工し十一月落成。渡口《どぐち》から禰宜島《ねぎじま》まで延長二一二二間六分、道幅九尺、工費二九三八円五八銭五厘。
		・相賀地先「農地改良」工事完成。
	十二月	・**組合立牧野原小学校**設置。
		・島田町消防組で初めて第三号「蒸汽ポンプ」一台を価二〇〇三円で購入。
		・この年、民有地一一五町歩余が梅地《うめじ》御料林《ごりょうりん》に組み込まれる。
		・この年の川狩木材数量は二二万九〇〇〇尺締《しゃくじめ》。
		・この年、島田町の戸数二三五二戸、人口一万三七二〇人。
明治四二 一九〇九	一月　三日	・宮小路理髪店紅林方から出火、住家二六戸、非住家三棟、計二九棟焼失。原因は、こたつに蒲団《ふとん》を掛けたまま、家内中芝居見学で不在であったため。
		・「西駿委託株式会社」が**西駿《せいすん》銀行**と改称。
	二月一〇日	・「島田町消防組」は各部より五、六名を選抜し、「第六部」を増設、**蒸汽ポンプ組**と称した。

二月十五日	・社団法人「藤枝競馬《けいば》倶楽部《くらぶ》」出願の相川村相川字堤外への農商務省馬政局**公認常設競馬場**開設認可される。
三月十五日	・横井の製材工場から出火し全焼。
三月十七日	・島田町長、八木昪に替わって馬場晴利に。
三月二二日	・「大長村在郷軍人分会」結成。
三月二九日	・祇園町の「牛頭天王社《ごずてんのうしゃ》」が**須田神社**《すだじんじゃ》と改称。
四月　五日	・**川崎町立榛原女学校**(現榛原高校)が開校。
四月	・勝野峰太郎、川村、町井などによって、**愛駿製材工場**が建設されたが、これに並行して、「オサ屋製材工場」・「丸吉製材所」など向谷付近の発展とともに、島田駅近くの一丁目南裏通りも製材工場街と化してきた。
四月二〇日	・吉田村では、「川尻郵便通信局」を、吉田村の中心地である上吉田の辻(現片岡の辻)に新築移転して**吉田郵便局**と改称した。
四月二二日	・「大津村立大津尋常小学校」校舎改築。高等科を併置して**大津尋常高等小学校**となる。
六月十一日	・「大長村在郷軍人会」創立。会員八二名。
六月二〇日	・大雨による**大井川増水**で渡船禁止、川根街道破壊。
七月	・川根茶業会主催「製茶教師養成実習講習会」を開催する。
八月末日	・「県会議員補欠選挙」を行い、島田町 森淑当選。
	・「千葉尋常小学校」改築竣工。杉皮葺平屋二棟、普通教室二・応接室・職員室・便所等総建坪五〇坪、校地二七五坪、総建築費一一三四円。
九月	・県、「神社寺院仏堂合併促進」を通達。
九月	・**地名発電所**を建設中の東海紙料(株)は、大倉組を介して発電機械をドイツ・アルゲマイネ電気会社より購入、備付けを開始した。主な機械は一〇〇kWの発電機二台・ドイツフォイ

ト社製水車一六〇〇馬力二台、変圧器四台であった。

一〇月一〇日　・東海道二丁目で分岐し、日之出上区に通じる**二丁目道路**新設開通。延長六二間、幅員一間四尺。工費総額六九九円六八銭、内四一九円八〇銭は町費負担。二七九円八八銭は二丁目区負担。

一〇月十二日　・鉄道院、線路名称を制定。主要幹線を本線と呼称。**東海道本線**と改称。

一〇月二二日　・「島田町屠場《とじょう》使用条例」制定許可され、使用料徴収し町財源の一つとなった。本年収益一二九二円七五銭。

・神座開墾事業**明治新田**完成、組合解散。

・前年に尋常科が六年制の義務教育となり、初倉村立から**榛原郡立湯日尋常小学校**と改称。

十一月　九日　・島田河原町五九九四番地の二、旧大井川堤防沿いに**町営屠場《とじょう》**建設竣工。五棟の家屋を建築、建坪四三坪七合五勺、総工費三九六九円四三銭二厘。

十二月十二日　・馬政局指定「公認藤枝競馬場」が大井川河畔相川村のトラックに開設、一九日開所式。

・**島田電燈(株)**設立。前年、社長秋野雅太郎・北河豊次郎外町内名士四〇名が役員に名を連ね、資本金五万円を出資して設立された。島田町内に増加した製材工場・製函工場から排出される大量の挽屑(オガ屑)を燃料とした「島田火力発電所」による**電燈会社**が、一丁目西端、北裏(電灯小路)の中央西裏に建設され、この日、操業を開始した。町内二二〇〇灯に点灯されたが、これが島田における「電灯」の始まりである。発電所の建設に当たってはアメリカのバクナル・エンド・ヒレス合名会社に委託され、水管式オガ屑燃料ボイラーによる発電は、出力一〇五kW、二三〇〇ボルトの発電能力を持ち、このような設備は世界でも初めての試みであったと言われる。当分は夜間送電のみ。しかし、工業用動力としては進展しなかった。と言うのも木材業の主力動力「蒸気汽罐」も、自らの産業廃棄物であるオガ屑を燃料とし、一石二鳥の効果を果たしていたからである。翌年七月創業を開始した「東海紙料(株)砕木パルプ工場」の一時的動力にも使われたという。

十二月十八日　・「大井川川狩組合」と「通船組合」との交渉不調でいがみ合い、大争闘の形成となった。

十二月下旬　・柳瀬・崎平間の「釣橋」が完成する。

十二月　・この年の川狩木材の数量は二四万尺締。

・落合村の神明社・八幡社を春日神社に合祀。

・この年、榛原郡の連合青年会を**榛原青年会**と改め、郡長を名誉会長とした。

・この年、県下**ジフテリア**患者数六五四人、死者数一七五人。

・この年、島田町の戸数二四四〇戸、人口一万四二二一人。

・この年、初倉村の戸数一〇九五戸、人口六八七八人。

・この年、**生糸輸出量**、中国を抜いて世界一位となる。

一九一〇
明治四三

二月　五日　・稀な積雪八寸余(二四cm)。

・衆議院議員を五期務め、国会開設請願運動に活躍、県改進党員、衆議院議員、阿知ヶ谷の**広住久道**が五九歳で没した。

・三丁目南裏に、寄席**白梅館**(後の太陽館)ができた。

二月十四日　・「大井川通船組合員」集会。川狩りによる通船妨害への対応協議。十六日、川根村家山でも集会。三月に「通船の障害となる川狩り禁止」の陳情書を県知事に申請した。

二月　・六合村で「六南報徳社」を四一名の同志で発会した。

三月　四日　・**降雪九寸**(二七cm)に達し野山を埋めた。

三月二〇日　・向谷貯木場より向谷往還に通じる**向谷貯木場道路**竣工。延長一七七間、幅員二間。工費総額三九四円五四銭は町費負担。

三月二一日　・島田町尋常小学校への通学路として、河原町から向谷県道に達する**向谷・河原町道路**新設

	開通。延長六二七間、幅員二間〜九尺。工費総額一四二九円三五銭八厘、内五七一円七四銭八厘は町費補助、八五七円六一銭は向谷・稲荷島・河原町の負担。
三月二六日	・小学校訓導増田雪の記念碑が、向谷龍泉院境内へ建立。
	・**伊久身村青年会**が創設(会員数一七七人・会長萩原良二)。事業としては、春秋二季大会を開催、製茶伝習所を設けた。区内全般の里道修繕、夜学会開催、農事視察、善行者表彰、入営者帰郷者の送迎、学校敷地地搗《じつ》き手伝い、高地へ植樹寄贈。
	・**中川根地域に電信架設**。二月に家山まで開通、三月十五日には家山・千頭間工事完成。この日、千頭・徳山・上長尾のそれぞれの郵便局で電信業務が開始。
四月十一日	・大津・大長両村へ、法律改正による**農会**ができた。
四月十八日	・島田・伊久身両町村へ、法改正による**農会**ができた。
四月二四日	・「六合南報徳社」の設立が許可され、小学校で結社式開催。
四月二六日	・「榛原中部茶商協会」が、金谷町と牧之原の茶商人により結成。
四月	・**長尾川鉄線橋**が完成。長さ七〇間(一二六m)・幅九尺(二・七三m)。
五月二一日	・島田町近在より、牧之原・谷口原開墾地の茶畑開墾のため往復する農夫の便を図るため、七丁目・蓬萊橋間、及び祇園区に通じる里道を改良した**蓬萊橋道路**が開通した。延長五六八間、幅員二間。工費総額四七〇七円四七銭八厘、うち二三五三円七三銭八厘は町費負担、二三五三円七〇銭は七丁目・祇園区の負担。
五月二四日	・**大津村実業補習学校**開校。
五月二六日	・島田町で落雷のため死者一人。
五月二七日	・向谷方面より木材運搬の便を図るため、宮小路(現大井町)から「日英水電会社」横を通り東海道一丁目へ新道開通し**電灯小路**と命名した。延長一二〇間、幅員二間。工費総額五六四円二九銭、内二八二円一四銭五厘は町負担、二八二円一四銭五厘は宮小路負担。

七月　五日

・**東海紙料株式会社**は、五月十五日島田町向島《むかいしま》の現在地に「砕木パルプ工場」竣工。この日より操業開始。ドイツ製の電動機七〇〇馬力三台、二〇〇馬力二台、生産目標月産四五〇トン。発電所を含めた建設費総額七二万七〇〇〇円。当初動力は、地名発電所は未完成だったため「島田電灯(株)」から買電していた。

八月七～九日

・五日から降り始めた大雨は、七、八、九日の三日間に亘る**集中豪雨**(島田町の三日間降雨量は七日一〇〇〇㎜・八日三八〇〇㎜・九日二九七〇㎜・計七七〇〇㎜)となり、大井川の増水量は比較的少なかったが、相賀川《おおかがわ》・伊太谷川《いたやがわ》・大津谷川《おおつやがわ》・栃山川《とちやまがわ》・東光寺谷川《とうこうじやがわ》などの**中小河川**に山地崩壊した土砂が流入、九日午前一〇時頃より氾濫し、濁水は三、四日退かず、田崩れが随所に発生した。各地区の被害は次のようであった。

【島田地区】**栃山川《とちやまがわ》の氾濫**により、島田町六、七丁目以東は、東海道筋を六丁目郵便局(現たぬき屋向かい駐車場)から大井川の「高瀬船《たかせぶね》」で往来し、七丁目東端から御仮屋は、ほとんど全部床上浸水し、一面大海原となった。特に大津谷川・伊太谷川の増水著しく、旗指《はっさし》付近より中河原東部、またその合流する栃山川沿岸の、元島田・鶴ヶ谷・御仮屋区の浸水最も甚だしく、**床上五尺**(一・五m)に達した。住民は屋根上や、法信寺など各所に避難した。横井堤防も決壊。島田地区での被害は、全流失家屋三六戸(鶴ヶ谷)、半壊家屋五戸、浸水家屋一六〇〇戸。溺死者《できししゃ》なし。このとき島田尋常高等小学校、森淑・秋野三子雄両家宅、その他料理屋にて「炊き出し」を行った。医師会も総動員して「救護班」を結成、防疫と傷病者の救護に当たった。

【六合地区】**東光寺谷川の氾濫**により、被害は全村に及び、東光寺区から阿知ヶ谷《あちがや》・岸に至るまで、東光寺谷川と栃山川沿いの一帯は、全て**泥の海**と化した。東光寺区では桜井鉄蔵方が全壊流失、半壊家屋三戸、東光寺山門一棟流失。区内の良田すべて不毛となる。阿知ヶ谷区では、白岩寺裏山崩壊で二戸埋没。栃山の街道筋では、すべて床上浸水。特に製

八月十四日

茶再生工場の浸水流失で多大の損害を被る。東海道往還では濁流により、「栃山橋」流失、屋根に避難し、「救助船」を出した。救助船は、道悦島《どうえつじま》・細島・御請《おうけ》から青島・高洲・志太へ出動した。東海道鉄道も堀之内駅(現菊川駅)から藤枝駅付近まで沿線一帯が浸水。栃山川以東豊田村地内などの鉄道敷が流され、枕木は梯子《はしご》状に露呈して不通となり、旅人は昔ながらに徒歩で往復した。全村の被害は、全壊埋没家屋十二戸、埋没家屋一戸、半壊八四戸、浸水家屋五五〇戸、負傷者十一名、家畜死二頭、堤防決壊延長一四一三間、破損二八七ヵ所。

【大津地区】千葉区で所々**山崩れ**、流失家屋数戸、死傷者数名出た。大草・尾川・落合・野田の水田の約六割が衰廃し、元島田に及んだ。全村の被害は、死者一〇名、負傷者五名、全壊家屋十一戸、全流失家屋七戸、半壊家屋三一戸、浸水家屋一八〇戸。八月九日から十五日の一週間、野田居倉《いぐら》と落合の二ヵ所避難所を設けて救護に当たり、家屋流失した四六人には、大津小学校の教室を開放して収容し、炊き出しで救援した。

【大長地区】神座区の被害は少なかったが、相賀区では熱田が全て荒廃、浸水家屋著しい。伊太区旗指《はつさし》では、全流失家屋三戸、半壊家屋二戸、静居寺《じょうこじ》付近で**山崩れ**で良田没す。

・この水害は藤枝方面でも、瀬戸川が志太地先で決壊。濁流は志太一帯から高州村築地《ついじ》、豊田《とよだ》村保福島《ほふくじま》方面におよび多数の被害を被った。これにより、静浜街道(俗称池谷街道)に敷設の、大井川堤防改修工事用の「石材運搬用軌道」(東益津村浜当目～大井川・大井川堤防上)は廃止。塩田はすべて政府に買収され「吉永塩」は終りを告げた。

・大井川においても堤防各所で決壊を生じ、向谷第一改修堤の中部約五〇〇間を破壊、人家五戸流失。被害の田畑は荒廃田五町八反三段三畝一七歩、荒廃畑反別二段五歩、宅地反別六段四畝一七歩。

・県下の死者行方不明者五九人、床上浸水は志太郡五五五二戸。

八月二九日

・これらの惨状に対し、天皇陛下は侍従を県下に派遣され、当町の惨状を視察、上聞された上、御見舞いの御下賜金三〇五円五〇銭が下された。その他にも、各方面から多大の義捐金品の寄贈があり、復興に立ち上がった。

・大井川中流の「徳山観測所」では**八月の降水量一三〇四㎜**を計測。

八月三一日

・「明治新田」開墾を記念して、神座大井神社へ石製の鳥居を建立。

一〇月十八日

・午後四時ごろ安部郡井川村田代小字小淵沢と称する大井川沿岸において、木材川狩り中に人夫二三名が、東岸から西岸へ筏状の船で渡ろうとしたところ、増水のため船が岩に衝突して転覆、八名が溺死し行方不明となった。

一〇月

・「東海紙料株式会社」の**地名《じな》発電所**は五月に完成、自家発電に切り替え送電開始。しかし地名字塩郷《しおごう》に設けた用水取入口の水門、水路が八月の洪水で破損、埋没。この日掘削修理が竣工し送電を開始した。しかし、その後流脈へ堰《せき》を設け、隧道口へも施設を設けたため、この完成によって「大井川通船」と「筏」による木材流送の業者に大きな影響を与えた。そこで交渉協議を重ねて契約を結んだ。通船組へ年額一四〇〇円、筏乗業者には年額七〇〇円の保証金を年内二度に分けて支払うこと、渇水期には水量制限して筏を放水口から流すこと、通船はその都度放水口を航行すること、木材の「バラ刈り・川下げ」に対しては、その期間中臨時の放水口を作り発電用水を制限した。大井川水系最初の発電所となったが、その後、昭和三五年中部電力川口発電所の運転開始に合わせ廃止された。

一〇月三一日

・第一回「島田蔬菜《そさい》品評会」開催。

十一月　三日

・**帝国在郷軍人会島田分会**創立。これに先立ち「島田奨兵会」（会長 八木昇）は、年額金五〇円の補助を与えられて、基礎も漸く固く、事業もまた漸く挙がろうとしているとき、この会の組織の成立を知り同会を解散し、其の財産全部を提供して「在郷軍人会」発足に至った。

・**向谷青年会**結成（会員数七二人・会長川村順蔵）。事業として集会・道路修繕・夜警・春秋二回大会を開き講演会開催。

十一月　九日　・「小学校基本財産蓄積条例」制定が許可された。

十一月一〇日　・**帝国在郷軍人会大津村分会**創立。

十一月二五日　・東川根尋常小学校、**農業補習学校**を付設する。

十一月　・**帝国在郷軍人会北部川根分会**を結成する。

十一月　・古来からの「左義長《さぎちょう》（どんど焼き）」、小正月の行事廃止を決定し、同三〇日大井神社で焼納式挙行。

十二月十五日　・この年、川狩の流木と通船とが衝突、難破する事故が相次ぎ、「大井川通船組合」の水夫三〇〇人が島田・金谷両町に集まり舟一〇〇艘を河畔に碇泊させて、「川狩を禁止するまで通船を停止する」との要求を求めて**ストライキ。**この問題には、ついに島田・金谷両警察署長が介入し、川狩・通船両組合長に和解するよう訓示。木材業者の川狩り実施時間の短縮、保護金の支払い等で、十二月二四日、漸く和解し、一部通船再開。

・この年の川狩木材数量二九万七〇〇〇尺締。

・この年**東海道本線が複線化**した。

・松葉町**法信寺**、明治初年に建立された現在の堂宇は、この年修復された。

・吉田村の鶴岡勝蔵が**東遠電気株式会社**（資本金八万円）を建て、「日英水力電気会社」から電力を買入し、川崎町・坂部村・勝間田村・吉田村・初倉村に電力を供給した。

・この年から翌年に掛けて、榛原郡東部では「産業組合法」に基づく**信用組合、信用購買販売利用組合**が次々と組織された。金谷・五和・下川根・中川根・大間にも同種の組合が存在した。

・この年、島田町の戸数二五〇七戸、人口一万四六九八人。

・この年、六合村の戸数六九四戸、人口四一六三人。

一九一一 **明治四四**

- この年、県下**ジフテリア**患者数七九一人、死者数一九一人。

月日	事項
一月十五日	・静岡県当局からの要請を受けた、東京帝国大学の横山・大湯両理学博士が、前年の大津谷川・東光寺谷川の水害地視察に派遣されてきた。二月二〇日までの一ヵ月余にわたり詳細な調査を行い、その結果を「水害地視察に関する意見」として報告された。
一月三〇日	・大津村で「常設委員会」廃止決定。
一月	・福島角蔵が、一丁目国道沿いへ「蒸気汽罐」を動力源として製材工場を建設、素材は向谷から軌道で搬入し事業を開始した。
二月十六日	・東川根・上川根等四ヵ村青年会、**川根連合青年会**を、徳山村堀の内小学校で開催。
二月二三日	・「相賀耕地整理組合」設立を許可。組合員三二名。
二月二六日	・この日、東京芝の三縁亭で「日英水力電気株式会社」の発起人総会が開かれ、「日英水力電気(株)」は成立せず、代わりに**日英水電(株)**が成立発足したことを報告。会社名は、英国側の投資を当てにして命名されたが、英国側は大井川の「水利権」とそれまでの「調査資料」をすべて無償で日本側に譲渡して撤退、結果的には日本人のみの投資により、「日英水電(株)」が設立され、上川根村奥泉小川 牛首山《ぎゃぁくびやま》(通称牛の頸)に、**小山発電所**を建設することになった。
二月二八日	・「島田町登記所」より六丁目境に至る、東西方向の道を改良した**高砂道路**竣工。延長一五〇間、幅員八尺。工費総額二〇八円八銭、内一〇四円四銭は町負担、一〇四円四銭は七丁目・高砂区負担。
二月二九日	・大井川の**川狩と通船の紛争**がまたまた再燃したが、川狩りは午前十一時まで、通船は午前十一時以後と決め和解した。
二月	・「岩崎歯科医院」開設(院長 岩崎一郎)。

三月二〇日	・大長地区大井川護岸築堤。二月着工。長さ一四三間六歩、工事費二五六八円六七銭二厘。
三月三一日	・神座柳堤に**大井川製材合資会社**創立。資本金五〇〇〇円、動力は水力。
三月三一日	・前年の大水害の復興のために、畦畔《けいはん》改良をする**大津村耕地整理組合**設立が許可され、全村一斉に工事着手。組合加盟者三一二人、施行面積一六〇町八歩、工費五万七〇〇五円(工事完了大正五年二月二五日)。
三月	・正覚寺《しょうかくじ》境内へ、小学校訓導、大久保縫蔵の碑建立。
四月　一日	・東川根・上川根等四ヵ村青年会、**川根青年連合大会**を徳山村で開催する。
四月　一日	・**全国茶業大会**が静岡市宝台院で開会。「茶葉着色問題」等取り上げ。
	・大津村で各字へ「区長」を置く。
	・初倉村色尾へ「忠魂碑」建立。
四月十八日	・**初倉村実業補習学校**開校。
	・安倍・大井・天竜「三大河川改修期成連合会」、改修規約を決議。
四月二〇日	・**六合村青年会**結成。会員数二六三人・会長塚本熊次郎。青年たちに必要な学究討論・村共同の行事・村の風俗の改良を担当し、事業として講演会・夜学の開設・製茶伝習・撃剣修業。
	・**大長村青年会**結成。会員数三六五人・会長石田憲。事業としては講習会・製茶品評会・道路修繕・共同貯金を実施。
五月	・「日英水電(株)」は**小山発電所**の建設に**着工**した。工夫一八〇名(半数は朝鮮人)による難工事であった。
五月	・**大井川洪水**。徳山観測所で降水量八〇〇㎜、地名発電所の水路が損壊、埋没し復旧工事。
六月二九日	・付近一帯の茶園に「白星病」大発生し被害甚大で駆除に苦心する。
六月二九日	・**大井川大洪水**。「蓬莱橋」「谷口橋」共に流落し交通途絶する。

七月二五日

・「宝田油田株式会社」、地獄沢で石油鉱の試掘を開始。

・**大暴風雨**、大津谷川・伊太谷川出水のため、元島田・鶴ヶ谷・御仮屋方面浸水甚だしく、半壊家屋二軒、床下浸水家屋一〇九軒に及び、田畑の埋没するもの四反歩、伊太谷川沿岸の堤塘決壊は約一〇間。

・榛原郡地頭方《じとうがた》村の「石油発動汽船・世界丸」が、焼津沖で激浪のため難破、乗組員十一名は辛うじて泳ぎ着いて救助されたが六名が行方不明。

・榛原郡吉田村住吉《すみよし》の漁船「福吉丸」も御前崎沖で出漁中、激風浪に吹き流され、長田村石部沖で転覆、乗組員三二名中一人のみ大崩海岸に漂着したが、他の三一名は行方不明。

・志太郡焼津町城之腰《じょうのこし》の漁船「小早丸」は、久能村西平松沖合で出漁中難破し、乗組員十四名のうち七名は海岸に漂着したが、他は行方不明。同じく城之腰の漁船「青島丸」も久能村根古屋沖で難破、乗組員四〇名中三五名が行方不明。

・焼津町海岸に**津波**が襲い、三ヵ所の防波堤七〇間を破壊、全壊家屋十六戸、半壊家屋二十一戸、物置全壊二戸、半壊三戸。

八月　四日

・大井川の増水約七尺に及び、向谷堤防が「愛駿工場」下で約二〇〇間決壊したが、入水には至らなかった。

八月十八日

・藤枝町下伝馬《しもでんま》の**笹野甚四郎**は、西益津村大手を起点とし、新藤枝駅から相良《さがら》に至る延長十八kmの「軽便鉄道」敷設の認可を得、十一月二五日、資本金三〇万円で**藤相鉄道(株)**を設立。目的は、東海道鉄道の駅から外れて、疲弊する藤枝町の進展を図り、また榛南の物産を東海道鉄道・藤枝駅を経由して東西に輸出入することを期待した。

八月

・**加藤商事合資会社**創立。加藤友吉、横井善太夫島の東海道鉄道の鉄橋から約五〇m地点に取水口を設け、「タービン(羽根車)式水力」による「製材工場」建設事業開始。最大出力八五馬力。神座・原坪工場は統合廃止した。なお川狩りされてきた素材も、この取水口から

	取り入れた。 ・「相賀区河川改修」。二月起工、八月竣工。相賀区字志戸輪、掘削長さ一一二間八歩、幅八間、工費三一六八円七〇銭。
九月一〇日	・**豪雨**。相賀谷川・伊太谷川・東光寺谷川など洪水となり、大長・大津・六合の各村莫大な被害を受けた。 ・大長地区の被害は、浸水家屋三六戸・山崩れ損害一戸・堤防決壊六五ヵ所一三〇七間・道路破損一〇ヵ所延長一五二間・橋梁破損七ヵ所、長さ二〇間・田荒地成六町一反六畝九歩・畑荒地成四反六畝二一歩・宅地神座一五三坪・原野三反九畝一一歩・浸水田畑五一町六反歩。 ・六合地区では、東光寺・阿知ヶ谷・岸・道悦島の四集落は、概ね床上浸水二三戸に及び、全戸流失数戸・山崩れによる埋没家屋二戸。
九月二四日	・「六合村帝国在郷軍人会分会」結成。 ・第四回「貴族院議員選挙」には、志太郡下には有権者が一人もいなかった。
九月二六日	・「県会議員選挙」は、定員四人に立候補者四人であったが、島田町の政友会・森淑がトップ当選した。
九月三〇日	・「郡会議員選挙」は、ほとんど無競争であったが、当選者は、秋野雅太郎・酒井次郎三（島田町）、塚本蠖三（六合村）、金沢喜一郎（大津村）、伊藤亨（大長村）、西野与吉（伊久身村）、三浦茂登次・瀧国蔵・坂本美之作（初倉村）。
九月	・「島田女子尋常小学校」を三五三坪拡張し、校舎建坪六八・五坪を増築。
一〇月	・各小学校で、児童生徒に「一坪農業」を実施。
十一月　五日	・次年度県予算に、**材木流下税**（通称筏税）として、百材につき四銭の新税を賦課されることが知れ、県下の材木商約五〇〇〇余名の代表が県庁および各県会議員を歴訪し反対運動を

		行った。
	十二月　四日	・**島田電灯(株)**(火力発電)は、夜間送電しか発電余力がなかったが、**日英水電(株)**と合併し、**日英水電(株)島田営業所**と改称し、昼夜間点灯できるようになった。
	十二月三一日	・島田町内の戸口調査。戸数二五五三戸、人口一万五五二四人。
		・年末から翌明治四五年新春までに、町内に**腸チフス**発生。蔓延四〇余名の患者を出し、町民は恐れおののいた。また県下の**赤痢**患者一一五三人、死者数一三〇人。
		・この頃の県下物価(小売価格)平均は、米一升一八銭・麦一升八銭五厘・清酒一升三五銭・醤油一升二五銭五厘・味噌一斤二五銭・食塩一貫四銭二厘・薪一貫四銭・木炭一貫九銭。
		・このころ島田の製材業は、製材のみではなく**製函業**も盛んとなり、国内需要のみでなく、インド・カルカッタ方面へも輸出された。
		・この年、茶業では粗揉《あらも》み機に「熱風火炉《ねっぷうかろ》」を使用するようになり、揉捻機《じゅうねんき》・精揉機《せいじゅうき》の使用と、動力として**石油発動機**が利用され**製茶の機械化**が進んだ。
一九一二 **明治四五**	一月一〇日	・「日清・日露戦役記念碑」を大井神社境内に起工し、一七〇日を経て竣工した。工費は二四八〇円で有志者並び一般の寄付金をもってこれに充てた。
	一月	・「平松医院」開設(内科・院長 平松伊一郎)。
	二月　一日	・**静岡蚕糸組合**設立。
	二月十一日	・**島田町青年会**発会式を、男子部小学校で挙行(会員数二〇五人・会長佐藤約郎)。夜学の開設、講演会の開催、共存共栄の美風を作る、郷土の認識を新たにするなどを主な事業とした。
	二月十五日	・東海道本線**大井川鉄橋複線**工事竣工開通。同工事は七〇〇〇余万円の巨費を投じ四二年十月起工し三年十ヵ月を要して竣工した。
	三月一〇日	・「島田町青年会」が、島田男子尋常高等小学校を会場として**夜学部**を開始。二学級生徒数

は一五〇人。授業は平日毎夜二時間ずつ、指導教員は小学校職員六名および会員中五名が教授の任に当たり行われたが、町当局からの補助金はなく、青年会有志の寄付行為に頼った。

三月十八日　・大津小路洞源寺境内へ、篆刻家山本世吉(拝石)の碑建立。

三月二一日　・**修養団島田支部**結成発足。これは、新渡戸稲造《にとべいなぞう》を団長とする全国組織で、同胞の共助相愛・心身鍛錬・団結を主義として青壮年層に呼びかけたもの。島田・六合・大津・大長方面から会員七〇余名で、毎月一回中央から講師の派遣を求め開催した。

三月　・神座へ**大長村立実業補習学校**を設置開校。

・**長徳寺**が、大津小路から現在地の新田町に移転した。

三月二八日　・「伊太耕地整理組合」設立を許可。

四月　五日　・「志太榛原両郡川根茶業会」は川根茶家に、「機械使用を禁止」するよう警告した。

四月　七日　・**大津村青年会**結成(会員一五二名・会長曽根忠治)。直ちに総会を開き**夜学会**開講。

四月三〇日　・大津小路で、島田伊久美往還を分岐し、新田町に至る道路を改良した**新田道路**が竣工。延長九三間、幅員二間。工費総額六九五円一銭、内三四七円五〇銭は町費補助、三四七円五一銭は新田町負担。この道路に、祇園町須田神社北裏にあった「道円庵」の敷地がかかったため新田町に移転し**道円寺**と改称した。

五月十五日　・第一一回「総選挙」。政友七、国民一、中正一、同志一。

五月　・吉永村に、**石油発動機付鰹漁船**六隻初めて完成。

五月　・「日英水電」**小山発電所竣工**。六月一日より送電開始。六月一五日金谷町停車場南側の長光寺境内で二〇〇余名が参会して竣工祝賀会を挙行した。許可出水は一四〇〇kWと小規模であるが、電灯電力は島田・浜松へ、電力は焼津・藤枝・相良・袋井などへ送られた。この発電所は、徳山村地先の東海紙料(株)の「地名発電所」とともに、木材の流送・通船の運行に大きな妨げとなり、協議が繰り返されたが、六月一日送電開始。その後、浜松電灯・東遠電気・島田電灯を買収して拡大した。のちに早川電力(株)に合併され、さらに**東京電力**に合併された。昭和十一年十一月「大井川発電所」運転開始とともに廃止された。

六月　・「大長村水防組合」結成。

六月十五日　・河原町関川庵へ**吉三《きちさ》地蔵**建立。

六月　・**島田停車場構内拡大工事**竣工。近頃の商工業の発展に伴い、地方への出荷が激増し、また乗客も増加したため、従来の停車場では狭くなったので、町有志が鉄道院に土地約三七〇〇坪、土地買上代金その他約一万円を献納して、**停車場の拡張**を請い許可されて竣工した(構内六〇〇間、線路上下本線二本・上下側線十一本、構内線路延長約六〇〇間に増加す)。この年の乗客は、一等三人・二等四二三一人・三等一三万一一二九人。降客は、一等五四人・二等三三五九人・三等一一万三五三二人であった。

・「相賀地内耕地整理事業」完成。総面積九町五反四畝二六歩(渡口・西ノ田・志戸輪)。工事費六九〇六円八四銭。

七月十九日　・静岡県令並びに県訓令により、富士川・安倍川・天竜川・大井川など河川法施行の河川沿岸を「七水防区」に分け、「水防本部」を県庁内に、「水防区事務所」を各水防区に設け、各々「水防委員」を委託、非常時に備えた。大井川東岸は「第四区」、西岸は「第五区」となり、「第四水防区事務所」は、藤枝町の志太郡役所内に置いた。

七月二五日　・**烈風豪雨**で**大津谷川・伊太谷川出水**。元島田・鶴ヶ谷・御仮屋方面浸水甚だしく、半壊家屋二軒、床下浸水家屋一〇九軒、田畑の埋没四段歩、伊太谷川沿岸堤防決壊約一〇間。

・吉永村中島より飯淵まで一二八間破堤。

一九一二

七月三〇日　・**明治天皇崩御《ほうぎょ》**。皇太子嘉仁践祚《せんそ》、年号を**大正と改元**。各学校で遙拝《ようはい》式。三日間休校。

大正元	八月　四日	・大井川増水約七尺に及び、向谷堤防「愛駿工場」下で約二〇〇間決壊。
	八月一〇日	・一丁目十字路と島田停車場間の新道**一丁目道路**開通。これにより向谷・一本松・宮小路・東海道町並に通じている道路を島田駅まで通した。延長二〇間、幅員三間。工費総額五一〇〇円七一銭五厘。内二五五〇円三五銭は町費補助、二五五〇円三六銭五厘は一丁目・宮小路負担。
	八月二五日	・狭く曲がりくねった、宮小路橋元より向谷往還を分岐し、扇町・幸町・柳町に至る北裏通りの改良工事が行われ、**宮小路扇町間道路**が竣工した。延長一二六間、幅員二間三尺～二間。工費総額一九六〇円八五銭五厘。内九八〇円四二銭は町費補助、九八〇円四三銭は宮小路・扇町・幸町・柳町の負担。
	八月	・相賀区字杉沢地区河川改修。六月起工、八月竣工。掘削長さ八八間・幅八間。工事費一〇四八円五五銭。
	一〇月三〇日	・**志太郡青年会**が藤枝尋常高等小学校で発会式を挙行。島田町近隣地域では、伊久身村・大長村・大津村・六合村・島田町・向谷《むくや》の六青年会が参加、会員は一一三四名であった。
	十一月	・大井川沿岸林業家惣代鈴木万吉ら二〇名、「**流木税**の新設に反対」の陳情書を県会に提出。
	十二月　四日	・藤枝町と榛原郡川崎町間を結ぶ軽便鉄道**藤相鉄道**の「軌道敷設起工式」が行われた。
	十二月　八日	・逓信局《ていしんきょく》に町費三〇〇〇円を寄付して、島田郵便局は「長距離直接電話」の架設工事を出願。その結果直ちに工事に着手し、この日京浜・京阪地方への**長距離直通線**が開通した。これにより商工業者は多大な便益を得た。
	十二月二四日	・「伊太耕地整理組合」設立認可、工事着工。
	十二月二八日	・**島田電柱税賦課条例**制定許可される（道路を使用する電柱への課税）。
		・東光寺、大草地内、県費補助の砂防工事着工。
		・この年の秋、再び島田町内で**腸チフス**発生蔓延したが、罹病者の家族が患者を隠蔽したた

め確実な調査が不可能であった。

・島田町で町内車両の一斉調査。乗用馬車九、荷馬力七、人力車二七、荷車大七五、荷車中小五五一、自転車一五五。

・この年、**日英水電金谷仮営業所**創設。金谷周辺の電灯付設が進められた。

・この年、「六合尋常小学校」は校舎一棟・教室一棟の建坪二九四坪、運動場八〇一二坪、十三学級、在学生徒数六九二名の内、高等科四四名・尋常科六〇五名。

・この年、『**上川根村誌**』を刊行する。

・この年、県下の**コレラ**患者数七九人、死者数二七人。

・この年、吉田町神戸《かんど》の片山兵次郎は静岡の上田長次郎・神戸の中村円一郎の助けを借りて**片山式カフェイン製造合名会社**を設立。その後、吉田村に工場・精製所を造り、そのカフェインは国内の需要を充たすだけではなく、外国にも輸出された。

・この年より、吉永村飯淵地先、大井川堤防改修工事始まる。

・この頃までに、榛原郡下で十一の家庭婦人を中心とする**婦人会**が結成された。

・この年、島田町の戸数二七四〇戸、人口一万五八四一人。六合村の戸数七一一戸、人口四四七六人。大津村の戸数三七三戸、人口二三八三人。初倉村の戸数一〇七〇戸、人口七二八六人。

一九一三 **大正** 二

一月　八日　・**電柱税賦課条令**を発布、施行(電柱一本につき二円)。

三月一〇日　・島田町内で「鉄骨製火の見櫓《やぐら》」が完成した。木製火の見櫓が腐朽し危険が伴うことから、全額町費で一部・二部・三部に、それぞれ工費五〇〇円で、突貫工事により完成させた。

三月十四日　・一丁目北裏の機械工場から出火したが、島田で最初の**蒸気ポンプ**が出動し、最小限の被害で収まった。

四月　七日　・午前一時、六丁目劇場**開盛座**楽屋内から出火。同劇場ならびに西隣・南隣の両家を焼失、興行中の「照吉一座」の衣装方と女優の二人が焼死。出火原因は漏電または失火。

・停車場通り三丁目へ、加藤政応氏が**加藤医院**を開業した。

四月　・「藤枝区裁判所」廃止に伴い、島田出張所が**静岡区裁判所島田出張所**となる。

五月　・付近農村の茶園一帯に、**赤壁病**発生し蔓延。被害多大。

・「吉田郵便局」で電話交換を開始した。

・**長徳寺**、仮堂のまま新田へ移転。

・横浜市月岡町阿部敏郎が、大長地域九七万五八〇〇坪を鉱区として試掘方出願。

六月十七日　・「榛原夏期講習会」として、家山小学校に於いて教育学の講習会が開かれた。

七月十八日　・「東川根村柳瀬伝習所」、**製茶伝習会**を開催。

八月　一日　・伊沢幹が、六丁目へ**伊沢耳鼻咽喉科医院**を開業した。

八月二三日　・「伊久身村製茶伝習会」を、伊久身村青年会が開催した。

八月　・天竜川鉄橋竣工し、**東海道本線全線の複線化工事**完成。

八月　・**日英水電(株)島田支店**は、従来のオガクズによる「島田火力発電所」は廃止して、大井川上流の「日英水電小山発電所」から送電して、水力発電に切り替えた。電気料金は、五燭三〇銭、一〇燭四〇銭で、従来の石油代金に比べ相当高価であった(当時白米一升一五銭)。

九月二〇日　・島田市向谷に**大井川木材会社**が設置された。

一〇月　・静岡・藁科街道からの**川根東街道**が開通する。

十一月　八日　・**伊久身青年会**が、伊久身尋常小学校で開催し、各顧問の講演が行われた。

十一月十六日　・**藤相鉄道第一期線**、藤枝新駅(藤枝町青島)・大手《おおて》駅(西益津村郡)間竣工開通。軌道間は七六二㎜の狭軌。蒸気機関車はドイツ製のコッペル蒸気機関車。駅は藤枝新駅・青木・志太・瀬戸川・岡出山《おかでやま》・慶全寺《けいぜんじ》・大手《おおて》(青木・志太両駅は間もなく廃止)。東海道鉄道藤枝駅と藤枝町を

	結ぶ「軽便鉄道《けいべんてつどう》」である。
十一月二二日	・橋本鐐太郎氏が二丁目北側に、眼科専門の**復明館分院**を開業した。
十一月	・島田消防組、「蒸気ポンプ」をさらに一台購入し、第七部設置。
	・「川根物産品評会」が、東川根村尋常高等小学校で行われ、授与式とその後「茶業大会」が開会した。
十二月	・この頃、向谷地先大井川堤防沿いへ、**大井川製材工場**など製材・製函工場続々と建設。向谷は大変な賑わいを見せ、寄席《よせ》や芸妓《げいぎ》置場などもできて賑わった。また一丁目南裏の島田駅周辺にも製材工場が増加した。これは原木材は軌道で引き入れ、製品発送には駅が近い、という利点からであった。大正二年の統計では、木材売買営業者二一三人、同周旋業者七六人、製材営業者二九人、製材製函原料ならびに立木売買営業者一二三人、同周旋《しゅうせん》営業者三六人、製函営業者九人、川狩事業者一〇人であった。駅から送り出された製品は、栂《つが》・杉・桧《ひのき》の丸太・角材・板、製茶箱・煙草《たばこ》箱・石油箱・蜜柑《みかん》箱・鮮魚箱などで、総計額七五万五〇〇〇円。その他にも、製材所から出るバタ材を利用した割り箸業者も町内に多く、**島田の割り箸**として東西の消費地に盛んに取引された。
	・一丁目の日蓮宗**正覚寺**本堂・庫裏を建立落慶。
	・農村における**地主制**が、異常に発達してきた。年末の調べで、島田町・六合村を中心に「自作地」は極めて少なく、「小作地」が圧倒的に多くなった。島田町・六合村など水田地帯では、小作人が専業農家の五〇％を超えていた。さらに問題は、小作料が占める割合が、小作人の所得を遥かに上回り、貧窮者を大量に発生させた。
	・この年、金谷町では『**金谷町誌稿**』刊行。編者は平口機一郎。
	・この年、榛原郡下の平均反別収量は、坂部村・金谷町二石、勝間田村・初倉村一石八升、吉田村一石四斗八升余。

		・この年、吉永街道筋に初めて**電灯**ともる。
		・この年、**地名発電所**は、第二水門前後に「堰堤《えんてい》」を築き、対岸の久野脇《くのわき》から兎島《うさぎじま》(地名の中洲)に長く「瀬替川倉」と「木工沈床」を設けて導水する方法に改め、ようやく取水が順調になった。しかし一方、通船・筏の運航に支障、護岸の浸食で移転を余儀なくされた民家も現れた。
一九一四 **大正** 三	一月 九日	・笠井知事、島田町に出張し大井川流木を視察。
	二月二〇日	・下川根村西向で火災発生、七戸焼失。
	三月 三日	・**大井川水防組合**では、水防の完璧を期するため、「組合会」を開催し水防規定を決定した。主なものは、「水防組」を置き、水防夫の数を定める、受持区域の設定、水防資材の備え付け、有事の際の緊急対策など。
	三月 四日	・「茶業連合会議」で規約の改正し、「製茶機械の使用禁止」、機械割徴収。
	三月 六日	・茶業者総代、「機械禁止反対」の陳情書を茶業連合会へ提出。
	三月十二日	・**千葉村立実業補習学校**開校。
	四月二二日	・「茶業連合会」臨時会議を開き、機械使用に関する討議を行うも、うやむやに。
	四月	・**島田町立島田幼稚園**を、女子部小学校から分離独立して開園。
		・**伊久身川島小学校**が建てられた。
	六月	・下旬頃から七月にかけて、付近の農村茶園一帯へ、**苦瓜虫**《にがうりむし》**・赤壁病**《あかかべびょう》**・ウンカ**が続発し、被害が大きく農家を苦しめた。
	七月二八日	・「大井川水防委員会議」が開会され、大長村神座・大長村相賀・六合村細島・相川村西島に**量水計**を設置し、「量水管理人」を定め測定、報告させる。また島田町第一部支部・大洲水防詰所・吉永村水防詰所の三ヶ所に臨時支所を設け、連絡を取り合う事を決定した。

八月　一日
・大井神社が、野田山から御仮屋へ遷座してから三〇〇年、ということから「三〇〇年記念祭」を行い、大井神社境内に**三〇〇年祭記念碑**が建立された。建てたのは、たまたま大井川鉄橋の橋脚工事で島田に滞在していた山梨県南巨摩郡西島村の石工《いしく》朝山喜作であった。

八月二三日
・**第一次世界大戦始まる**（オーストリア、セルビアに宣戦布告）。

八月二九日
・日本は「日英同盟」を口実に、反政府的世論の目をそらすため**ドイツに宣戦布告**。動員令が下り、支那山東《シャントン》半島に上陸しドイツ植民地青島《チンタオ》湾に出征。この戦争に参加したとはいえ、日本は戦場が離れていたため、武器・弾薬用木箱など軍用資材の生産や、アメリカ生産の武器弾薬の輸送などで、国内は大変な**好況**となった。島田へも軍用資材として製材・製函類の下令が引き続き、日露戦争当時を凌駕する活況となった。

八月二九～三〇日
・**台風**浜松付近上陸。二日にかけて暴風雨。吉永村飯淵築留《はぶちつきどめ》裏堤防八〇間崩壊、農作物・建物に被害甚大。

八月
・**東海紙料（株）地名発電所**は、取水口の堰堤が洪水で大破損。この復旧工事のため二五日間も工場の運転休止。これ以降も土砂の流入に悩まされ、昭和三五年、当時の小学校敷地は水路から取り除いた土砂で造成された。

九月　三日
・**藤相鉄道第二期線**、藤枝新駅・大井川駅（相川村相川）間開通。駅は大洲・上新田・相川・大井川の五駅。

九月二四日
・初代島田町長、県議**八木昇氏没**。享年五八。氏は「大井製材合資会社」の創設や「明治新田」開発など諸事業開発を手がける一方、島田で最初の**オーケストラ演奏会**を開くなど文化活動にも大きな功績を残した。

一〇月
・最後の川庄屋であった**飯塚為八**は、江戸時代の**『島田町史』**を脱稿。

一〇月　四日
・静岡・浜松両連隊、対ドイツ青島戦に出兵。志太郡各町村からの従軍者は合計九六五名で、内島田町一〇五名・六合村四七名・大長村三〇名・大津村二〇名で、戦死者は島田町二名

・六合村一名であった。十二月二五日両連隊本部帰営。

・稲荷島《いなりじま》**北河製品所**では、製品の一部である「メチールアルコール」は宮内庁へ、また「アセトン」は陸海軍両省へ重要資材として納入していたが、他にも氷状醋酸《さくさん》・稀醋酸《きさくさん》・醋《さく》酸曹達《さんそうだ》・醋酸石灰アルコール・醋酸エーテル・木性タール・クレオハート油・醋酸アンモニア・タール・ピッチ・有機醋エステル・酢酸《さくさん》銅などの多種の化学製品を製造し、**軍部指定工場**となったため、「一般人の工場縦覧《じゅうらん》は禁止」されていた。

・川根では、茶摘《ちゃつみ》婦人や茶揉《ちゃもみ》職人の賃金上昇により、川根茶に粗悪品が出回り、茶業改良が求められた。その対策として**川根茶業会**を組織し、茶の「品評会」や「技術伝習会」を開催して、生産農家の意識向上に努めたが、この年さらに、**製茶機械の導入を禁止**し、手《て》揉《も》み技能の伝承に務めた。

十一月一日 ・志太・榛原両郡連合**川根物産品評会**を開催する。

十一月七日 ・上川根村、青島《チンタオ》陥落の祝賀会を開催。

十二月一日 ・**中外興業銀行川根代理店**が設置され、川根地方の銀行事業が行われた。

・この年の調査によると向谷川岸を碇泊所とする船舶は、六間の小廻船四一艘・五間が一〇艘・四間が二艘、計五三艘。通船航路は河口より二五里二八町。一般積荷量は上り四五〇貫・下り六〇〇貫を標準とする。主な移出品は、薪《まき》・炭・茶・椎茸《しいたけ》・楮皮《こうぞがわ》・杉皮など。移入品は米・麦・塩・酒・醤油・雑貨など、その価格は一〇余万円。

・島田町向谷字三《み》ツ合《あい》で向谷往還を分岐し、中溝を貫通して伊久美往還に連絡する道路を改修、新設した。一般には**中溝《なかみぞ》街道**と呼ばれた。延長一一三二間、工費総額四〇六五円。

大正四 一九一五

一月十五日 ・東川根・上川根両村、「日独戦凱旋《がいせん》兵士祝賀会」を実施する。

一月二一日 ・六合村は、「御大典事業」として、東光寺の山林一一二〇町八反五畝二五歩の払い下げを得て**植林**した。

二月　八日　・「茶業組合中央会議所製茶品評会」において「千頭製茶共同販売所」が**一等賞**を受賞した。

二月二八日　・沢田・坂本両陸軍中尉が、陸軍の「モ式十六号機」で、日本最初の東京(所沢)・静岡・名古屋・大阪間往復飛行で、初の郵便輸送という大飛行を敢行した。所沢から名古屋までの飛行時間は、沢田中尉は四時間三八分、坂本中尉は四時間五八分であった。島田町の上空を通過したのは、午前一〇時四〇分と一〇時四五分であったが、多くの町民が屋外で朝早くから待ち構え、屋根に上り、山上に登って空を見上げ続けた。

二月二八日　・島田町の車輌調査の結果、馬車(乗用九・荷車一〇)計十九、人力車二八、荷車(大車六九・中小車五六二)計六三一、軌道貨車五〇、自転車二〇〇、自動車一。

三月二二日　・上川根村、「天皇即位大典記念事業」として、記念造林、精神修養会の設立等を決める。

三月二三日　・徳山村の**区有財産統一**。村会で区有財産統一議案、徳山村区会廃止条例を決議。その結果、徳山村の堀之内・田野口・下泉・地名の各区の財産(現金・山林原野・宅地・田畑・墓地・建物)が村の所有に移った。

三月二五日　・第十二回総選挙。**政友会**は大敗し、政府与党**憲政会**の大勝に帰した。

三月　・「小山発電所移転工事」はじまる。大正五年工事終了、送電開始。

四月　一日　・上川根村学区の小学校五校を三校とし、崎平・大間二校は分教所となる。

四月　一日　・島田町の**横井**が独立して区となった。

四月　三日　・大津小路へ劇場**大正座**竣工開場。

・「郡会議員選挙」。各町村当選者。酒井次郎三・石間憘一・秋野雅太郎(中途辞任・後任加藤友吉)

・八木鉄蔵(島田町)、塚本熊次郎(六合村)、金沢喜一郎(大津村)、坂本正巳(伊久身村)、三浦茂登次・森下利一郎・堀本美之作(初倉村)、山田竹次郎(大長村)。

四月　・島田町男子部・女子部両小学校及び青年会に「図書館」ができた。

	・児童増加のため、島田尋常小学校の男子部敷地三八九坪拡張。普通教室二室・土間廊下(十間)を増築、運動場二六七坪を拡張。女子部も建坪二一七・五坪増築。この年の男子部児童一〇五九人・女子部児童九五四人。
五月　一日	・**藤相鉄道第三期線**、大幡《おおはた》駅(吉田村富士見橋西端)より川崎駅(川崎町静波)まで竣工。設置駅は大幡・遠州神戸《かんど》・上吉田・根松《こんまつ》・細江《ほそえ》。但し大井川駅・大幡駅間は、有料「国富橋《くにとみばし》」を徒歩連絡とした。
七月	・「下川根青年大会」が家山三光寺で開催。
九月　七日	・奥泉補習学校を「上川根村第二実業補習学校」と改称する。
九月二四日	・森淑、県会議員当選。
	・中稲・晩稲および茶園に**ウンカ**が大発生。
一〇月二三日	・島田町の「町章」が制定された。
一〇月三〇日	・**六合実業補習学校**の設立認可。
一〇月三一日	・東川根村、「麦競作品評会」を開催する。
一〇月	・**上川根村立第一実業補習学校**開校。
十一月一〇日	・県下各地で大正天皇の「即位礼奉祝行事」挙行。
十一月	・**藤相鉄道**は、一月に「国富橋」を買収、大井川駅・大幡駅間を補強して上流側に軌道を敷設し、客車(十二人乗りトロッコ)を人夫が後押しする**人車**が走るようになった。堤防上までは人夫三・四人で押し上げ、橋上は一人で押した。機関士・車掌は歩行者・自転車と同じく下流側半分を歩いて通った。
十二月　六日	・塚本熊次郎、県会議員に補欠当選。
十二月	・徳山村堀之内の山本嘉三郎外八名は、明治四年村長に「耕地整理発起届」を提出した。この年ようやく合意が成立した。大正十一年「堀之内耕地整理組合」は解散した。

		・この年、島田町向谷《むくや》・河原町に「鉄製火の見櫓」を建設した。 ・この年、「飯淵《はぶち》水門」改築工事。 ・この年秋以降、生糸の輸入減少、輸出に転じた。特に「米国向け生糸」が軍需物資中心に激増した(主にパラシュート用)。
一九一六 **大正　五**	一月十七日	・「六合青年夜学会」は、**六合実業補習学校**に合併された。修学年限は前期二年、後期二年、授業料は課せず、授業科目は、(前期)勅語・詔書・普通文・算術・珠算・博物・農業大意、(後期)公民道徳・算術・珠算・一般作物・園芸・農政と村づくりに重点が置かれていたが、最初の卒業生はわずか十五名であった。
	二月　四日	・大津村「村有林」が確定した。
	二月二〇日	・川根茶樹に病虫害発生し、立ち枯れ被害。
	二月二五日	・大津村では、明治四三年の大水害を期に、全村の**耕地整理事業**を完成。県道沿いに建設記念碑の除幕式を挙行した。耕地面積一六〇町八歩、加盟人員三一二人、工事費五万七五〇〇円、工事着工は明治四四年三月三一日、工事完了大正五年二月二五日と五年がかりの大工事であった。
	三月十一日	・大井川通船組合・川根関係荷主、運賃割引に関し契約書を結ぶ。
	三月	・神座大井神社境内に、区民一般の労力奉仕によって、「明治新田」開墾の功労者、**八木泰吉・昇父子・増野弥三七**の「遺功碑」が建立され建碑式が挙行された。
	四月　三日	・**東川根処女会**が発会式を挙げる。
	五月　八日	・大井川の川狩材が、毎年一三万五〇〇〇本に達する。
	五月一〇日	・六丁目へ劇場**実座**建設竣工、開場。
	五月三〇日	・上川根村と日英水電間で「電灯取り付け契約」を結ぶ。

五月十九日	・「島田町青年夜学会」廃止。**私立島田青年実業補習学校**を設立し、一〇月九日付で認可。
五月	・**東海紙料(株)**は井川山林を大倉組から五〇万円で買受け、富士製紙との共同経営は廃し、「大倉組」の支配会社となった。
	・「上泉銀行」、株式を「静岡実業銀行」へ売却閉鎖する。
六月	・**中村円一郎**(吉田町神戸出身)は、茶業における海外販路の拡張、茶の品質改善などの著しい貢献に対して「勅定緑綬褒章」を下賜された。他にも**大井川鐵道**建設実現促進に尽くし、初代社長に就任した。また大井川の電力開発の草分けとして、電気事業創設にも尽力した。
六月十二日	・静岡営業所の警部補が出張して「川狩り取締」を行った。
一〇月十五日	・**志太茶業革新同志会**が藤枝町で秋季大会ならびに「伝習所品評会」の褒賞授与式を行った。
一〇月	・**向谷水神山掘貫水門の修復**を、二〇〇数十年ぶりに町費を投じて根本的改築を行った。川狩季節には流材作業員の作業のため、水門取入口と、水神山下に新設された水門口を結ぶ「仮道」が山の西側に造られた。
十一月　九日	・「志太郡自治改良会」、東川根で開催する。
十一月十四日	・**笹間青年夜学会**が、笹間小学校篠上分教場で開催された。
十一月	・上川根村岩田文吉ら「全国製茶品評会」で**一等賞**を受賞。
十二月　五日	・大井川の川根行き通船が、川狩中の材木に衝突し難破した。
	・この年、「静岡県材木商同業組合連合会」は「流木税に関する陳情書」を県知事に提出。
	・この年、島田に初めて**北洋材**が入荷。約五〇〇石が清水港から陸送された。その後清水港に**入荷材の七〇%は島田に**移送された。
	・この年末までの島田町の「製材・製函業工場数」は、二〇工場で工員数は四〇〇人であった。原動力は、未だ蒸気汽罐が主力で、電力モーター利用は五工場に過ぎなかった。
	・吉田村では、大正元年から五年の間に、兼業農家は半減、専業・兼業の合計も三五〇戸(約

二・四%）が減少している。その半数以上は**養蚕業**他に転業している。水産関係業者も大正五年～一〇年の間に一一〇五人が十四人と全滅に近い有様であった。

・この年、下江留《しもえどめ》に芝居小屋**大正座**完成。

一九一七　大正　六

二月十六日　・大井川通船水夫数十人、賃上げ要求**ストライキ**実施。通船と川狩の利害対立、荷主と通船・川狩の関係、沿岸住民の日常生活品の補給、生活権とも関わって複雑な問題であった。

二月　・「大井川木材商組合」、定款《ていかん》により製材規格を改定し、同時に「標準価格」を決定した。

三月～四月　・長島小学校、**麻疹**《はしか》流行につき四〇余日間授業を休業。

四月　一日　・「榛原郡立榛原中学校」を県立に移管し**静岡県立榛原中学校**と改称し、榛原・志太・小笠三郡の主要な男子教育の場となった。

四月十三日　・榛原郡川崎町・吉田町・坂部村・勝間田村の四町村は、**組合立榛原実科高等女学校**を共同で創立することとなり、この日文部大臣より設置認可を得、同年五月一日授業を開始した。その後、相良・萱山・萩間を加え、七町村組合立とし、組織を変更して**高等女学校**（四年制）として大正九年四月十三日認可を得た。校舎は元川崎小学校校舎を修理改造して用いた。

四月二〇日　・「衆議院議員総選挙」。志太郡下を根拠地とした候補者は、増田治郎（中立）・小泉策太郎（政友会）・鈴木富士弥（憲政会・新人）の三名であったが、最有力視されていた増田氏が落選した。

五月　一日　・静岡で**普選期成同盟会**発会式。

五月　五日　・島田町長が、馬場晴利に代わり**置塩藤四郎**（棠園）となる。

五月一〇日　・六合村道悦島八幡神社境内へ「忠魂碑」建立。落成除幕式を兼ね、第一回慰霊祭を行った。

・大津村全村内各戸へ**電灯**点火。一〇燭一灯四〇銭。五燭一灯三〇銭。

五月十八日　・午前四時、まれな**大地震発生**。震源地大井川上流。大津通でレンガ塀崩壊で圧死者二名。

七月　・従来の**島田町役場**が老朽化したため、森家の西隣に庁舎を新築移転。この庁舎は昭和三七

	年一二月に幸町の第二中学校跡地に新庁舎が竣工するまで四〇年余年間使われた。
七月十五日	・東川根村、小猿郷の児童のために「寄宿舎」を建立。
七月	・数日来の大雨により、**大井川出水**。「日英水電小山発電所」の堰堤の一部破損。修理中度重なる出水に修理が遅れ、終了は大正八年初めであった。
八月	・男子部小学校講堂で「仏教大講演会」開催。講師忽滑谷快天・新井石禅両文学博士。
九月　一日	・島田町大津通りの秋野医院屋敷内離れを借りて大塚罫助が、**実業裁縫養成所**を設立。
	・横井の「島田紡績所」は、東京市の**東洋紡織株式会社**へ売却された。
九月	・東川根村青年義会、「**東川根村青年団**」と改称し団則を制定す。
一〇月　一日	・大津村中心に**集中豪雨**。大津谷川・伊太谷川たちまち増水し、野田地区は床上浸水、御仮屋地先合流地点付近から下流栃山川は、橋は流失、道路は決壊、堤防は破損。濁流は田畑・家屋を浸水し、御仮屋・松葉町の浸水被害大。国道筋の栃山一帯は、交通が途絶した。
一〇月　四日	・東川根村長、「茶業濫獲・粗製茶」につき注意警告を依命通達する。
十一月　一日	・「大井川通船組合」と「大井川木材川狩組合」との間に、川狩関係で大きな紛争が勃発。事の起こりは木材のバラ狩りの流下が、通船の航行を配慮しないことであった。取締当局や沿岸町村の有力者が和解融合に努め、妥協案をまとめた。
十二月　三日	・「大井川木材株式会社」が大破綻した。
十二月　六日	・公認常設競馬「相川競馬場」の福島への移転認可される。
十二月十九日	・「大井川通船組合」が、川狩による運航困難・物価の高騰・水夫の賃上げなどを理由に運賃の「二割五分**値上げ**」の広告。
	・この年、明治十四年に創立された尾川村須賀社・諏訪社・権現社・大塔社・西宮社（のち村社西宮神社）は、西宮神社に合祀し**五社神社**と改称した。
	・この年、大草村西宮社は**八幡宮**へ合祀した。

年	月日	事項
一九一八 大正 七		・この年、大豆粕などの肥料価格が二〜二・五倍に高騰。
	一月二〇日	・各種新聞取次販売業山谷宗重が、地域新聞週刊誌『**太陽新聞**』発行。
		・「大井川木材会社」の臨時株主総会を開き解散。
	一月	・**川根地方大渇水**で、飲料水の争奪が盛んとなった。また渇水と**稀な寒気**により、桑畑中心に椎茸など農作物にも大きな被害が出た。二五日には三〇cm余の積雪があった。
	二月十七日	・徳山村では村内各区に通船杜絶による食料状態、損害状況を調査、その結果をまとめて報告、県知事に陳情した。主な内容は、川狩が通船の就航を妨害、川狩業者の横暴、川狩が地域住民の生活を圧迫していることなど。
	二月二七日	・志太郡藤枝町外十六ヵ町村学校組合立**志太実科高等女学校**（現藤枝西高）設立認可。
	二月	・大渇水と大量の川狩により、通船の往復全く途絶。そのため**川根地方一帯の物産大暴騰**、**食料品の搬入途絶**。
	三月 一日	・川根六ヵ村、「川狩制限」と「通船運賃の五割増撤廃」を、志太榛原両郡長、県に要請。
	三月 四日	・通船側が協議なしに「運賃五割増し」を予告。
	三月十八日	・島田町字横井、「東海紡績(株)」の女工七八人は本日夜業より**ストライキ**。
	三月二一日	・「川狩・通船の問題」について、各村長・茶商人組合委員は静岡市に集まり、志太・榛原両郡長、島田・金谷・藤枝警察署長らを交え、通船・川狩業者との話し合いを持った。三月二三日**協定成立**。二四日付で急告として公表。
	三月二二日	・徳山村では、協定の内容に納得せず、協定公表の前、村民一〇九名をもって「運賃五割値上げの廃止」「三月三一日以後の川狩絶対廃止」などを署名、陳情している。内容は、矛先を川狩業者と一部の山林所有者に向け、あくまで「川狩の廃止」を主張。
	三月二三日	・下川根村では家山三光寺に「村民大会」召集し、「川狩廃止請願運動」を決起。

三月二四日	・六合村で**隔離病舎**設置許可され着工、七月三〇日完成。
三月三〇日	・中川根・徳山・上川根など六ヵ村有志が、徳山村堀之内大泉院で集会、**川狩廃止を**決議。
四月　一日	・島田町外三ヵ村**組合立実科高等女学校**設立申請。修業年限四年。定員二〇〇名。
四月	・春、**スペイン風邪（流行性感冒・インフルエンザ）**が、台湾巡業の大相撲力士により日本にも伝わり大流行（死者十五万人）。
四月　五日	・「大井川木材組合」は「期成同盟会」を組織し、**バラ狩**を開始する。
四月十二日	・川根七ヵ村代表ら、「バラ狩り問題」で県庁へ押しかけ交渉する（～一三日）。
四月十四日	・「大井川バラ狩問題」は、臨時「県公報」で県令公布し一応妥結した。主な内容は五月一〇日を期限に流木を整理し通船に支障をきたさない、川狩りを制限することであった。
四月二六日	・大井川増水のため**製材界大恐慌**。
五月二四日	・「向谷水神社」が、伊太大井神社境内に御治定となる。
六月一〇日	・第五回「貴族議員多額納税議員」の選挙。榛原郡吉田の**中村円一郎**が当選した。
六月十三日	・**藤相鉄道第四期線開通**、遠州川崎・相良間開通。新装なった相良停車場前で開通式挙行。設置駅は片浜《かたはま》・相良《さがら》の二駅で後に太田浜《おおたはま》が追加された。これにより当初目標の大手《おおて》駅・藤枝新駅・相良間が五年六ヵ月を要して全通した。但し大井川は従来通り「人車渡し」。その後、地頭方《じとうがた》・浜岡《はまおか》・横須賀《よこすか》へ延長し、東海道鉄道**袋井駅で連結**した。
六月二五日	・初倉村旧村長、今井信郎為忠氏没、享年七八。
七月十五日	・雨量が多く増水で木材数万流失。
七月二三日	・富山県魚津町で漁民の妻ら海岸に集まり、国内最初の**米騒動**勃発。米価の高騰する中、有力米商人が米を買い占め、県外に移出してボロもうけをしていたことがきっかけとなった。
七月二三日	・六合村**隔離舎**竣工。
八月　二日	・政府**シベリア出兵**を宣告。

八月一〇日	・小笠郡大池村（掛川）で、**県下最初の米騒動**、十一日には新居・森でも勃発、十二日以降県内各地に波及（二市二二町十四村）（〜八月二四日）
八月十二日	・大井川、「バラ狩り」問題が再燃す。 ・六月、静岡では並米一升三〇銭、七月三一日には三六銭、八月二日四二銭だったが、この日四五銭と空然の**米価急騰**となった。
八月十四日	・米騒動鎮圧のため、県知事は静岡・浜松両連隊に出動を要請。
八月十五日	・夜、藤枝町では一〇〇〇余名の群衆が、小宮小左衛門方、その他数ヶ所の豪宅へ押しかけ家財・器物を破損し、羽目板や電柱に「一〇万円出せ」「一万円よこせ」等と大書して寄付金を強要した。 ・この日金谷町では、夜、民衆二〇〇〇名余が、米商人に対し、米の値引きと困窮者への寄付金を迫った。一部は暴徒化し、米商人七、八軒が襲われたので、消防組と有志による夜警が行われた。十八日には、有志による「金谷町救済団」が結成された。そして合計七〇〇〇円余の町内有志の寄付を集め、町内四ヵ所に「米の廉売所」を設けて、一〇月初旬まで、内地米一升三〇銭、外地米一升二〇銭で廉売して困窮者の救済を行った。また群衆を扇動したとして二一名が起訴された。
八月十六日	・政府は、暴動を抑えるため、全国各地の「市場立合を中止」したが、これが逆効果となり、物価とくに米価の上昇は急激となった。 ・磐田郡笠西村・袋井町とともに、**島田町**でも大井神社境内へ数千人の群衆が「町民大会」と称して集まり、金持ち・資産家・米穀商へ脅迫状を送り、群衆は一丸となって喊声《かんせい》を上げ騒ぎ出した。警察署員・消防組員・在郷軍人・青年団が防御線を敷いて抵抗したが、八時半、島田駅着の列車で、静岡三十四連隊の一個小隊の兵員が到着し、部署に着いたので未発に鎮撫した。島田町では、貧民救済のため、町内有志の多額の寄付を前後二回にわた

って集め合計二万六九七四円となった。それによって外国米などを購入し、一五等以下の貧困者には、一人三合ずつの割合で補給し、さらに白米二五銭、外米一〇銭で大廉売した。このうち騒動に巻き込まれる恐れのあった多額納税者の森・加藤・北河は、四〇〇五円当て、秋野は二〇〇〇円、河原町桜井久彦・酒井次郎三は一四〇〇円の負担をした。

・なお、御下賜金の志太郡への配付額は六五〇〇円だったが、当局では米に交換し、一升入り布袋を、当時二〇等以下の庶民に配付した。これを「御救恤米《ごきゅうじゅつまい》」と称した。

・五和村では、村内の有力者がいち早く対策を協議、金銭・穀物の寄付を集め、米の廉売・公売を行ったため米騒動は起きなかった。

・榛原郡吉田村では、米穀廉売のため救済寄付金を集め、それに全国の富豪よりの分配金、下賜金を加え、困窮者の救助費として米の廉売を実施。東京の台湾米を購入、一俵十二円四〇銭～五〇銭を補助して分配した。

八月二二日　・川根地方、川狩により物資の移入が途絶し、**食料不足**に瀕する。

八月　・**丸青島田青果株式会社**設立。

九月中旬　・静岡県内にも**スペイン風邪**流行。

九月二四日　・「大津村農業同志会」設立。

・**台風**が、昼前浜松付近に上陸。県内は志太・榛原が被害の中心で、中でも相川村・吉田村が最も著しく、台風による潮風で、木々は赤くなり田圃は全く白穂化、梨などの果樹も同様に例年の七～八割の減収で、果樹は翌年も七～八割の減収という**大凶作**であった。

一〇月　・島田第一(男子部)小学校校庭で、第一回**庭球大会**を開催。島田市出身で、静岡中学校から「全国庭球大会」で静岡県代表として参加し、**全国優勝**をした桜井金吉も参加した。

・河原町地内の、旧東海道国道と東海道鉄道線路との間の河原を整地しトラックを設け、**自転車競走会**が催された。

	・第三回**全国製茶品評会**において、東川根・上川根両村の出品者多数が受賞した。
一〇月十七日	・県、「川取締規程」改正し、**川狩を制限**する
一〇月二九日	・横井善太夫島で、製材工場から出火全焼。
十一月二七日	・木材組合とは別に**大井川木材川狩組合**を設立、結成式を行った、組合長天野廉・副組長加藤友吉が就任。目的は、業者間の融和と作業の円滑化、さらには従業労務者への待遇、木材組合との関連について規定した。事務所は以前と同様「木材商同業組合事務所」の一角に置かれ、表裏一体となって運営された。
	・**スペイン風邪第一波**大流行。感染者世界で五億人、死者は二五〇〇万人と言われる。
十一月	・**駿府鉄道(株)**創立発起人(近藤修孝・殿岡啾石ら)、「島田町・東川根村藤川間軽便鉄道敷設」の免許申請書を提出する。
十二月十六日	・「初倉村立実業補習学校」へ、「女子部」を設置。
十二月	・この年、「小山発電所」からの電線通過路に当たる相賀入口南西部、渡口《どぐち》の瑞雲寺と、相賀谷川を隔てた国本の天野勘次宅を結ぶ範囲の家屋に**電気が供給**された。
	・この年、川根地方を非常な**寒波**が襲い、大井川の水量も激減する中で、木材の「バラ狩り」が行われたため、大井川通船による生活物資の輸送が途絶し、川根地方では**食糧危機**が発生した。そのため**川狩業者との対立が激化**。この頃通船の川舟の数は、大井川通船組合に属する舟が一〇〇艘余、個人持ちが五〇艘余、合わせて一五〇余艘であった。
	・この年、「島田を起点」とする大井川に沿った鉄道敷設(現大井川鐵道)が計画されたが、島田では機運が盛り上がらず、大正十一年、「金谷を起点」とする計画に変更された。
	・この年、「東海紙料株式会社」では、パルプ生産と並行して「製材業」も開始し、工場内には竪鋸機・丸鋸機・自動摩擦鋸機などが備えられた。

一九一九　大正 八

月日	事項
一月初頭	・県知事は、県内四大電力会社の四日市製紙・富士製紙・富士水電・日英水電に対して「県内電気事業の統一」について、その検討を求めた。
一月十七日	・「川狩廃止期成同盟会」が、中川根村智満寺にて**川狩廃止大会**を開催。
一月十八日	・**パリ講和会議**開催。
一月二九日	・川根七ヵ村青年会が**川根農業倶楽部**を設立、**食糧の自給自足**達成を目指す。
一月	・「日英水電」、上川根村各家庭に**電灯**をつけ時刻を報じる。
三月　一日	・島田町外三ヵ村組合立**島田実科高等女学校**(現島田高校)設立認可。
三月　七日	・上川根村、「田代川水力電気(株)」の大井川水利使用の件につき異議を申し立てる。
三月	・**スペイン風邪**(流行性感冒)第一波終息。日本患者数二四〇〇万人、死者三九万人。
四月　八日	・**県立島田中学校**の設立を県に申請していたが、島田町では地元負担金・寄付金等への協力が弱く、後出の藤枝町が政界・経済界の有力者を中心に党の積極的、徹底的な活動によって、県立中学校は藤枝町へ設置となった。それに変わるものとして、島田・大津・大長・六合一町三ヵ村の協議によって、**学校組合立実科高等女学校**を島田町へ創立した。仮校舎として島田尋常高等小学校女子部の西寄り平屋建て校舎の一部(現島田市役所西側道路部分)で授業開始。初代校長田尻長兵衛。学科構成の特徴として、裁縫に重きを置き、上級学年では総時間数の半ばを裁縫が占めた。
四月二〇日	・上川根村、「東側分教場」を建設、開校式を挙げる。
五月　七日	・森勇一、宗教誌「めぐみの光」発行。大正十三年五月二七日、「福音新聞」と改題した。
	・志太郡下の町村農家で「梨の栽培」が盛んとなり、**梨業組合**が結成。
五月	・東川根村、「藤川製茶共同組合」を設立。
六月二八日	・**ベルサイユ講和条約締結**(第一次大戦終結)。
七月	・入学児童増加に伴い、島田尋常高等小学校の男子部校舎増築。普通教室二室を南寮新校舎

に増築し、教員住宅を廃止して理科室・器械準備室・物置に移転改造。この年の男子部職員二四名・二二学級・尋常科児童一〇四四名・高等科児童二五〇名。女子部職員二〇名・十八学級・尋常科児童一〇〇四名・高等科児童四六名。女子の高等科への進学は極めて少なかった。

八月 ・**スペイン風邪第二波**到来。港湾都市から感染拡大。死亡率は第一波の約五倍。

九月 ・「県会議員改選選挙」(志太郡定員四名・立候補者四名)で石間英太郎(島田町・志太郡憲政会少壮団推薦)・山口忠五郎(藤枝町・政友会)・天野卓(島田町・政友会)・杉村吉之助(憲政会)の得票順位で当選。

・第六期「郡会議員選挙」。当選者は、杉村嘉太郎・桜井定平・戸塚貢・鈴木金苗(島田町)、河村久一(六合村)、金沢喜一郎(大津村)、大塚喜四郎(大長村)、坂本正巳(伊久身村)、杉村松四郎・榛葉一太郎(初倉村)、そして郡参事会員が五名が選ばれた。

一〇月四日 ・島田町内の少壮有力者、石間令吉・大河原住・近藤義太郎・八木利一・渡辺錠次郎・虎岩専蔵・蔦山菊次・沢田由之助・平林鉄蔵・清水真一・清水鍫一・斎藤新右衛など十二名で**蘭契会**を結成。最初の事業として、新町通りの島田第一(男子部)小学校講堂で「静岡楽友会会員出演」の**洋楽大演奏会**が開催された。

・「学校組合立実科女学校」を**志太郡島田実科高等女学校**(県立島田高等学校の前身)と改称。

十一月 ・民間の研究所「北里研究所(北里柴三郎)」と官営の「国立伝染病研究所(長与又郎)」とでスペイン風邪(インフルエンザ)のワクチン開発競走の結果、十一月には五〇〇万人に**ワクチン接種**。

十二月一〇日 ・この年、私設「鶴ケ谷区消防組」を編成し発会式を行った。設備は腕用ポンプ一台、定員五五名、組頭九島源七氏であった。

十二月 ・「日英水電(株)」は臨時株主総会で「早川電力(株)」との合併を決め、大井川の水利権、東京への電力供給の「電気事業経営許可権」を引き継ぎ、大正十一(一九二二)年八月には**田代川水力電気(株)**を創立した。大井川上流の田代川の水を総延長七六一〇mの地下導水管で山梨県早川上流に落とし、約七九〇mの有効落差で二万六七〇〇kWの発電を行う計画であった。工事は大正十二(一九二三)年から開始され、竣工は昭和二(一九二七)年であったが、そのときには「早川電気」は群馬電気と合併し「東京電力」となっていた。

・この年、郡費三〇〇〇円を指定寄附し、「藤相鉄道(株)」が十八万円を負担して**富士見橋**を県営として、「軽便鉄道」との兼用橋とした。

・この年、「島田紡績工場」は**東海紡績株式会社**に買収合併された。

・大正八から九年にかけては、島田町内の「製材製函工場」は実に五三、原動力一二〇〇馬力、工員作業員数一一二五人を数え、**島田木材業界の最盛期**であった。また従来通り大井川材を扱う向谷付近の工場と、大部分が移輸入材を扱う島田駅付近の工場と「向谷最寄」「駅最寄」に二分されてきた。しかしこの時期経済界は不振に傾き始めていた。

・この年より昭和三二年にかけて、大井川改修工事・洪水量の調査・護岸水利事業を行う。

・この年末、県は「被差別部落」統計と改善策をまとめる。県下で五四部落、二三〇九戸、一万三九八五人。

・大正七年八月～大正八年七月末までの**全国のスペイン風邪**患者数二一一六万八三九八人、死者二五万七三六三人、致死率一・二％。静岡県の総患者数七五万一九二人、総死者数五四三八人(全国五位)。

・大正七年来現在の静岡県下の人口静態調査によると、本籍人口一六一万四一四六人、現住人口一五八万七〇五六人、現住人口は二万七〇七〇人減少。

5-1 川狩り

木材を一本ずつ流すバラ流し。大井川本流・田代川下流で行われ、「黒木」と称された奥山一帯の天然生樹木を扱った。大井川の源流から向谷の貯木場まで危険な作業が165日もかかったという。明治40年6月大井川川狩聯合会結成。㊿

5-2 筏流し

井川下流域で木材を筏に組んで一度に大量の木材をまとめて流送する方法で、江戸時代には川越制
との関係で厳しく禁止された。しかし島田宿の森屋三代目源太郎が享保年間(1716～1735)に木曽か
1人の筏乗りを連れ帰り､幕府の許可を得て「木曽式筏流し」を始めた。扱う材木は、寸又川より下流
「白木」と称した人造植林の樹木だった。㉘

5-3 地名発電所

東海製紙(株)(大倉喜八郎)は、徳山村地名に発電所を建設。稼働したのは明治43(1910)年10月で、大井川水系最初の水力発電所であった。井川山林の原木を大井川で流送し、地名発電所の電力を使い、島田に同年5月に完成した「砕木パルプ工場」を稼働させるためのものであった。㉘

5-4 大倉喜八郎

明治28年広大な井川山林を獲得、地
名発電所をつくり「東海紙料(株)」を明
治43年操業開始した。(56)

5-5 島田電燈(株)の創設

明治42(1909)年12月12日営業送電開始。敷地は島田町一丁目北裏(電灯小路)で、挽屑(オガ屑
を燃料とする火力発電所であった。「水管式オガ屑ボイラー」は世界最初の試作であったと言
れ、32mの高さを持つ煙突は県内最高であった。(64)

神座「明治新田」位置図
明治二年 開墾着手
明治三二年 開墾地内の字名を統合して「明治新田」と改称
明治三九年 長年の苦労によって築造された堤防が県営となる
明治四二年一〇月開墾の完成、組合解散
明治新田

5-6 神座「明治新田」の開発図

明治2年 開墾着手

明治32年　開墾地内の字名を統合して「明治新田」と改称

明治39年 長年の苦労によって築造された堤防が県営となる

明治42年10月 開墾の完成、組合解散　　（編者作成）

5-7　小山発電所

日英水電(株)は上川根村奥泉字小山の通称「牛首山」(牛の頸)に約50mのトンネルを開鑿、「小山発電所」を建設した。明治44(1911)年工事に着工。翌45(1912)年5月竣工。工夫は180人で半数は朝鮮人であった。出力は1400kWで、6月1日から送電された。⑪

5-8 島田町役場

大正6年6月老朽化したので幸町森家の西隣りに新築移転した。庁舎前に駐車している自動車は島田で最初に自動車を購入した鈴木金苗の愛用者である。この庁舎は昭和37年12月まで使われた。㉘

六　恐慌の波と戦争への歩み…島田木材業界の浮沈

・蘭契会の文化活動　・飛行艇　・大震災と復興需要　・大井川鐵道・川根電力索道
・国道大井川鉄橋　・相賀広長鉱山　・南米・満蒙移住　・久野脇発電所と朝鮮人工夫

年号	月日	ことがら
一九二〇 大正九	一月二日	・**蘭契会**《らんけいかい》主催の「第一回三美展覧会」が、島田小学校男子部講堂で開催された。三美とは書道・絵画・写真の三つで構成された美術展を意味する。第一回は書道部門で、当時の書道研究の第一人者高田竹山《たかだちくざん》の「書体変遷の大要」と地元文人の作品展示だった。
	一月五日	・**普通選挙期成同盟会**、静岡市追手町中央児童楽園で第一回「東海十一州普選大会」開催。
	一月一〇日	・**国際連盟の成立。**
	一月十五日	・静岡県、「スペイン風邪予防」通達。
	一月二四日	・「島田銀行」創立者、秋野橋太郎氏没、享年七五。
	二月一日	・「六合村消防組」は、規律厳粛・訓練熟達・設備充実という事で**金馬簾**《きんばれん》一条を県から授与され、六合村尋常高等小学校校庭で授与式並びに披露式を行った。
	二月	・**スペイン風邪第三波流行。**この月の調査で、静岡県の**死亡率は全国三位**。島田においても各戸罹患しない家庭は無いと言うほど激甚を極め、治療と防止は容易ではなかった。全国で死亡者数四五万～五〇万人と言われた。
	三月十一日	・県知事　関屋貞三郎、「島田尋常高等小学校」を視察。
	三月十二日	・「相良自動車(株)」が相良・藤枝駅間に**乗合自動車**運行を開始。

三月十五日
・**戦後恐慌**開始。株式市場、株価暴落で混乱。好景気に陶酔していた島田町の製材・製函業を中心とする木材木工業界にも、前年末より不況の兆しが見られたが、海外向けの多い製函業は、比較的平穏で強気であった。この頃、向谷の軌道沿線方面の木材業は、昔ながらの大井川材中心であったが、島田駅周辺や町内に点在する新出の木材業者は、杉・桧・輸入材である**北洋材**(北海道・樺太・ソ連領沿海州のエゾ松・トド松・カラ松)を専らとするように色分けされてきた。

三月
・金谷町が総力を挙げて誘致した**国立茶業試験場**が、金谷町牧之原に完成した。製茶技術の研究・開発とその普及機能を担い、その後、長く全国の製茶技術をリードした。

三月
・**日英水電(株)**は、山梨県の「早川電力(株)」(後の東京電力)に吸収合併された。

三月
・**中川根村の区有財産統一**。中川根村の藤川・水川・上長尾・下長尾・久野脇の各区有財産は村に移転した。但し村内最大の財産を有する「藤川区」は、大正十四年東京訴訟院が控訴棄却の判決を下し、さらに大審院でも上告却下の判決が出るまで訴訟で村と争った。

四月　三日
・四ヵ年継続で大井川に架かる「国富橋《くにとみばし》」の大改築を行って、**藤相鉄道**列車が直通するようになり、新しい県営**富士見橋**《ふじみばし》の工事が着工した。橋長八九二m(内吉田村側鉄橋二八〇・六m、相川村側木橋六一五・七m)、幅員六・五m。工費四二万九三〇〇円。大正十三年四月三日竣工。

四月　三日
・民力涵養《かんよう》・勤倹《きんけん》につき、青年会・軍人会の講演・「活動写真」大会を上川根第一小学校で開催。

四月二八日
・六合村阿知ヶ谷で牛乳店より出火、住宅三戸・非住家数棟全焼。

五月一〇日
・第一四回「衆議院議員選挙」。政友党七・憲政党四・その他二。志太郡下では、憲政会の鈴木富士弥氏が、政友会の原敬総裁の懐刀と称され有力視された杉山四五郎氏を三五八票差で破り当選した。

七月　九日
・**蘭契会**主催で、**尼港**(ニコラエフスク)**殉難者弔慰《ちょうい》大講演会**が「實座《みのるざ》」で開催され、弔慰金の寄贈について奔走した結果、四四六円六六銭を集めたことを報告した（尼港事件＝三月十二日未明、ニコラエフスクの日本軍は、休戦中のソビエトのパルチザンと戦闘状態に入ったが完全に敗北し、武装解除された将兵と居留民は投獄された。五月二五日救援軍が向かうと、日本軍民一二二人が殺害されパルチザンは撤退した）。

七月三〇日　・東川根村農会、「農事講習会」を開催。

七月末　・**スペイン風邪第三波終息。**「内務省衛生局年報」によると、大正七年八月から大正八年七月の静岡県の総患者数七五万一九二人で**全国第五位**、総死亡者数五四三八人。致死率〇・七二％。因みに世界の総患者数は五億人、死者数は二五〇〇万人。日本では総患者数は二四〇〇万人、死者数は三九万人。

七月　・「青部《あおべ》製茶共同組合」を設立。

八月十六日　・河原町で、「仮設自転車競争場」を設け開催中、観覧席が倒れ子供二人圧死。

九月　九日　・**集中豪雨**により、白岩寺《はくがんじ》裏山が崩壊し、麓の鶴ヶ谷区の住宅、田畠が埋没した。被害甚大であったが、人畜への被害はなかった。この災害で、結成間もない私設**鶴ヶ谷消防組**が、総動員で崩土の防止、救護、復旧などに当たり、その著しい貢献と努力に対して、島田警察長から表彰された。

九月十一日　・「島田町青年会後援団」結成。

九月二八日　・榛原郡長、児童生徒の思想善導につき依命通達する。

一〇月　一日　・**第一回国勢調査**（～一四日）、静岡県人口一五五万三八七人余。志太郡人口二四万一〇〇〇人弱。榛原郡人口八万九〇〇〇人強。島田町戸数三四七五戸、人口一万九五三九人。六合村戸数七三一戸、人口三二二三人。

一〇月十四日　・**島田大祭**中日、三丁目委員詰所前で演技中の一丁目屋台と、行列を終えて自町へ戻る途中の七丁目青年組との間で、些細なことからの口論となり、大立ち回りの大喧嘩となった。

その騒ぎで驚いた御先騎《ごせんき》の乗馬二頭が暴れてけが人を出すなど、大事件となった。最終的には、町長置塩藤四郎《おしおとうしろう》と警察署長坂中源蔵が仲裁に入り、一時預かりとなった。この結果、翌日の神輿渡御《みこしとぎょ》は準備が遅れ、出発は午後二時となり、大急ぎで御旅所《おたびしょ》に渡り、神事を終えて、御帰還は午後八時過ぎであった。

十一月　一日　・大井川支流の「木材川狩規則」を制定。

十一月二七日　・奥泉八木地区に**腸チフス**発生につき、当該部落の児童、小学校への通学停止。

十一月　・東川根村農会・青年団主催「製茶品評会」を開催する(〜二八日)。

・**島田・川崎線**、県道に認定される。

・「大井川通船組合」は「日本労働総同盟友愛会」に加入し支部を設立。当時の水夫一人の往復手取り賃金は三〜四円であった。

十二月　一日　・本日現在の県内自動車数は一九四台。昨年より三二台増加。

・大正八年から九年にかけて、島田町内の「製材・製函工場」の数は五二を数え、原動力一二〇〇馬力、工場従業員数一一二五人と、正に**島田木材業界の最盛期**であった。

・**コレラ**は、この年兵庫県神戸《こうべ》での発生を最後に大流行は終息。

一九二一
大正一〇

一月一〇日　・日本も**国際連盟に加入**。

一月　・上長尾村出身の高木壬太郎死去。氏は晩年「青山学院院長」を努め、キリスト教の分野で多大な業績を挙げた。

二月十一日　・「島田町青年会創立一〇周年記念大会」開催。大運動会(昼間)・大園遊会(夕方)・大講演会(夜間)を開催した。

三月三一日　・「島田青年実業補習学校」廃止。

四月　三日　・島田町青年会、**大運動会**開催。種目は一〇〇m・二〇〇m・八〇〇m・一〇哩(一・六㎞)リ

	レーレース、余興として相撲が加えられた。またマラソン王と称された「金栗四三氏」を招き、静岡県庁前から島田尋常高等小学校男子部校庭(新町通り)までの二〇哩(三二km)の**記念マラソン大会**を、県下の青年から募集して実施した。金栗氏は試走し、町民にマラソン走法を実地に指導した。レースの結果は、一位は浜名郡の選手に譲ったが、二位から四位までは島田青年が占めた。入賞選手の出身は、島田(一五名)、藤枝(八名)、浜名郡・磐田郡・金谷・掛川は各一名だった。
四月　三日	・「上川根村処女会」が第一回総会を開く。
四月十二日	・私設「鶴ヶ谷消防組」が、公設消防組へ編入され「第八部」となった。初代部長は九島源七氏。
	・島田町役場で「町史」の編さん準備着手。
	・**郡制廃止法を公布**。
五月　五日	・「大井川改修期成同盟会」を結成。
五月　九日	・志太郡立から島田町立へ再び移管し、校名を**静岡県島田高等女学校**と改称した。県立に移管され「静岡県立島田高等女学校」となったのは昭和九年、そして、校舎を稲荷島に建設竣工・移転したのは昭和一〇年になってからである。
六月	・県下実業野球大会で、「東海紙料チーム」が**優勝**。
七月　六日	・**駿府鉄道(株)**発起人五三名、**島田町・東川根村藤川間鉄道敷設**の認可を受ける。
七月二八日	・「島田青年実業補習学校」を**島田町立第一実業補習学校**と改め、一段と躍進した。
	・この夏、**集中豪雨**があり、相賀谷川《おおかやがわ》・伊太谷川《いたやがわ》・大津谷川《おおつやがわ》・東光寺谷川《とうこうじやがわ》が洪水で氾濫し、特に白岩寺山下の栃山川の堤防決壊して農地を流失・埋没させた。
	・この夏を最後に**スペイン風邪の流行は終息**。
八月下旬	・降雨が多く寒冷のため**稲作不作**であった。

九月十八日	・**蘭契会**主催、「第一回文化講壇」開講。その後昭和六年一〇月二三日まで、およそ十一年間、二三回開催された。第一回は文学・法学・哲学の分野の六人の大学教授の専門的講義であった。
一〇月	・初倉村各部落の消防組を統合し、**初倉村消防組**結成。
十一月　二日	・横井地先大井川河原へ「グラウンド」設置。
十一月　四日	・島田青年会主催、**蘭契会**後援で第二回「洋楽演奏会」が、東洋音楽学校の学生三五人の出演で開催された。
十一月十六日	・六合村阿知ケ谷《あちがや》の坂田啓次郎が、七丁目へ「島田自動車商会」を設置し、最初の**タクシー**営業を開始。最初は米国製ダッジブラザーズ二台で始めた。乗車料金一円均一、**円タク**と称した。此により、従来の「人力車」営業へ大きな影響を与えた。島田町内における**自家用乗用車**使用の最初は、西岡寛祐医師で、往診用に購入した。次いで宮小路の加藤政応医師、七丁目の野口佐平医師も往診用に乗用車を使用した。
十一月二四日	・宮小路(大井町)「法幢寺《ほうどうじ》」本堂再建落慶。その後、昭和五一年五月中河町旗指《はつさし》へ移転。
十二月十三日	・**家山大火災**。中川根村家山地区で、八八戸を焼く大火災が発生し集落全滅。被災者は、三光寺・派出所・小学校・村役場が収容所となった。出火原因はマッチによる失火。被災窮民二〇戸に白米を分配。
十二月十八日	・「静岡連隊」初年兵八五七名**満州へ出発**。
十二月	・「東海紙料(株)」が無断で流材し始めたため、「川根問題」が再燃した。
	・「大井川の減水」が翌年一月にかけて甚だしくなり、材木業も苦しくなった。
	・この年の島田町予算は、歳入合計五一万七七三五円、歳出合計五一万七七三五円(経常部一万七七三五円・臨時部三四万三四五四円)。
	・この年、相賀村全村落の家屋に**電灯**が灯る。

・この頃より清水港に**北洋材**が大量に移入。この材を対象としていた島田その他の製材工場が**清水に移転**した。

・この年までに、榛原郡下の銀行は合併、増資により総数一三行、総資本金三〇〇万円となった。

・大正五年~大正一〇年に掛けて、榛原郡下の主要な養蚕地域の飼育戸数は、上川根村（八七戸）・初倉村（八五戸）・吉田村（八一戸）である。吉田村は以前から洪水の被害の多さ、水質・土質の悪さから、明治以来稲作より**養蚕業**の実績があった。

・この頃までに、各村各地域で**処女会**が結成された。これは、各地域の小学校校長が中心的指導者となり、手芸・料理を通じて未婚女性の交流、勉強会を行った。

一九二二 大正一一

一月

・前年の政財界の不祥事等による人心の不安と焦燥が、不景気の深刻さを増し、**未曾有の経済界恐慌**の年を迎えた。島田の生命線である木材業は、製材・製函ともに製品の急激な値下がりにより最悪の時代となり、金融業もほとんど停止状態となった。

・有限責任**大津信用購買販売組合**創立総会を開き、規約制定・役員を選出。初代組合長には金沢喜一郎が選出され、組合員は、村内農家全部三四八名であった。出資口数は七三二口、出資金総額は三万一六六〇円。

・**六合信用購買販売組合**創立。組合員数四〇八人、払込出資額三一九〇円。

・六合村で「女子修養会」結成発表。

・神座《かんざ》・鵜網《うあみ》・相賀《おおか》地区では共同して**大長西信用購買販売利用組合**という産業組合を創設し本部を相賀に置き神座を支所とした。これは一致団結して勤倹貯蓄を力行し徳性を向上することを目的に、「神座自彊《じきょう》会」を創立した三三名の篤志者が基となっていた。

三月十六日

・大井川の「川狩材の減少」から、材木界は危機感を抱き輸入材に多くを頼るようになった。

三月

・「東川根村梅地《うめじ》水電利用組合」が設立される。

四月　一日

・学校組織を変更し、従来男子部・女子部に分かれていた「島田尋常高等小学校」を、**島田第一尋常高等小学校**、「島田女子尋常高等小学校」を**島田第二尋常高等小学校**と改称し、両校とも**男女共学**とした。但し高等科は、男子を第一校に、女子を第二校に収容することとした。この年の両校の状況は、「第一小学校」は職員二七名、学級二六学級、児童数は尋常科・高等科合計一五二一名。「第二小学校」は職員二二名、学級二一学級、児童数は尋常科・高等科合計一二八七名であった。

四月　一日

・「大長村立神座尋常小学校」は、「高等科」を併置して**神座尋常高等小学校**となった。

・**郡制廃止**施行。

四月　三日

・民間飛行家 根岸錦蔵・雲井龍子が、河原町地先大井川河原で**飛行大会**開催。河原には遠近から集まった人々で埋め尽くされた。

四月二三日

・「駿府鉄道(株)」の会社名を**大井川鐵道(株)**と改称。

四月

・島田町内「輪士会」や陸上競技関係者の勤労奉仕で、横井地先大井川河原(現在の市営球場の位置)へ、一周三〇〇mのトラックが新設され、横井グランドは、「自転車競技場」から「陸上競技場」へと移行した。

四月

・榛原郡下に電力を供給してきた「東遠電気(株)」は「早川電力(株)」に合併された(本社は東京・資本金一五〇〇万円)。

五月　一日

・県下初の**メーデー**。

六月

・島田に独立した**メゾヂスト島田教会**が設立された。教会の客員、森勇一主幹が発行した「めぐみの光」が、福音を伝えるとともに、時事問題・町政への意見要望などを掲げ、町民への啓蒙とキリスト教精神の高揚に努めた。

七月　八日

・**大雨**で大井川出水し、相賀・伊太・大津、東光寺の各谷川氾濫し、田畑農作物の被害甚大。

七月十五日	・島田町祇園須田神社裏へ**尚武館**完成し、記念の「県下銃剣道大会」開催。
七月二八日	・**蘭契会**主催、静岡楽友会管弦楽団出演で「納涼音楽会」が開催された。
	・千葉で火災発生、農家三戸焼失。
七月中旬	・大井川増水のため「通船」の往復が不能となったため、川根地方の食糧が欠乏した。
	・島田駅貨物ホーム北側へ、製材工場を建設した片川信平は、初めて動力を「蒸気機関」に代えて**電力**とした。これ以後操業された大小の工場はすべて電力によることとなった。
七月～八月	・大雨で「富士見橋」の一部、木造鉄道橋が二度流失。
八月　四日	・早川電力(株)(竣工時、東京電力)は、**田代川水力電気(株)**を創設。大井川上流田代川の水を南アルプスの下を総延長七六一〇mの隧道《すいどう》で山梨県早川上流へ落とし、約九〇〇mの有効落差で最大出力三万六七〇〇kWの発電を行う計画。昭和二(一九二七)年竣工。
八月二〇日	・吉永村の吉田宇一「駿南自動車(株)」設立、吉永・藤枝間に**定期乗合自動車**運行を開始。
九月二七日	・**川根村青年大会**が、上中下川根村連合で中川根村上長尾《かみながお》において挙行された。
九月	・横井グランドで「志太郡陸上競技大会」(教育会・青年団・小学生)開催。
一〇月　九日	・「大井川通船組合」は、大井川で**飛行艇**の試運転を行った。近く「大井川通船株式会社」を設立し、第一期計画は島田・家山間、第二期計画は島田・千頭《せんず》間の営業を予定していた。舟は、従来の高瀬舟の中央部後方台上に、五気筒六〇馬力の航空機エンジンを搭載し、飛行機と同じプロペラ(木製・全長約二m・最大幅約二m)を回転させて、旅客二〇余名を乗せ大井川を上下航するものであった。上航する速度は時速一五km位だったが、騒音がひどいのが欠点であった。しかし川根筋の人々には大変便利であったため、大いに期待された。予定では途中の横岡・神座・川口・福用《ふくよう》へ「乗降場」を設け、向谷《むくや》と家山には、「乗船券発売所」を設ける予定。
一〇月	・「静岡三十五銀行島田支店」が「勝間田銀行島田支店」を合併吸収した。

年	月日	事項
	十一月　三日	・阿知ヶ谷の天満天神社境内へ、置塩藤四郎《おしおとうしろう》の撰文と書による「広住久道頌徳の碑」建立。
	十一月　八日	・大井川鐵道(株)、「鉄道線路の起点変更」認可申請を提出し、起点**島田町を金谷町**《かなやちょう》に変更。
	十二月二〇日	・「六合村産業組合」設立。組合員四〇八人、組合長 塚本松一。
	十二月中旬～	・五丁目の「志太銀行」廃業閉鎖。
		・六合村尋常高等小学校「保護者会」結成。
		・川根地方の**寒気**非常に厳しく、川根椎茸《しいたけ》の栽培に大きな影響が出た。
一九二三 大正十二	一月	・「初倉村消防組」が公設消防組になった。
	一月　四日	・「島田第一尋常高等小学校」が、中河原(現 中河町)へ新築移転、工事に着手。校舎・運動場ともに狭くなったため、中溝《なかみぞ》道路北側に、平屋建て校舎を新築して「分教場」を設置。
	二月十七日	・伊久身村で渡間・原八坂・堀の内を設定区域として「伊久身公設消防組」の設立認可。
	二月二四日	・島田青年会・**蘭契会**主催の**大音楽会**が、多忠亮指揮・東洋音楽学校合唱管弦楽団五〇名出演で開催された。
	三月十三日	・大井川の増水のため、木材三万締《しめ》(束ねたもの数える単位)流失。
	三月十八日	・千頭郵便局・東川根村・上川根村主催で**電話開通式**を行う。
	三月二二日	・大井川増水により、島田町向谷の「取入堰」破損したため、川狩材二万本流失。
	三月三一日	・「伊太尋常小学校高等科」を併置し、**大長村立伊太尋常高等小学校**と改称した。
	四月　一日	・**郡制廃止**。
	四月　六日	・島田町向谷から下川根村家山間に**飛行艇**が復航。川狩り終了により二往復となった。所要時間は上り二時間、下りは一時間半で運航した。昭和十三年まで就航した。
	四月十二日	・「下川根村家山小学校」が、就学児童の激増により、下川根村池ノ端天王山上に移転決定。
	四月十四日	・大井川流材損失、価格にして五万余円。

四月十六日　・郡制廃止に伴い、郡会議員および郡参事会員は、任期と共に任務は終わった。

・**徳川家達**《いえさと》は、川崎町の「培本塾」を訪れ、牧野原・谷口原の「開拓茶園」を視察、谷口の「東照宮権現社」を参拝。

五月　二日　・千葉山智満寺の寺宝「木彫諸尊刻出盒」が**国宝**に指定された。翌三日には大草慶寿寺の「絹本着色十六善神画像」が**国宝**に指定された。

五月　・県**水平社**結成。

・静岡県庁より、「谷口橋」の老朽化に伴う大規模修復工事が指示された。

五月　・「大井川通船組合」が「川根商人組合」(荷主側)との間での取決協定を止め、協議を経ないで、六月一日より一割一分の値上げの通告をした。この問題から両者の空前の紛争を惹起し、通船運行停止。

六月二〇日　・**大井川飛行艇**《ひこうてい》**(株)**創立総会を開催。島田町向谷・下川根村家山間の運航開始した。

六月二二日　・「大井川通船組合」が突然料金値上げし、沿岸の商人会はこれに反対し紛糾。この紛糾が長引き、日用品が欠乏、また船夫も生活が困窮し、他へ転職する者が増えた。

七月　八日　・「川根茶商人組合」は中川根・徳山・下川根・上川根・東川根など五ヵ村に呼びかけ、新たに「川根通船組合」結成の準備のための協議会が開かれた。

七月二四日　・大井川通船値上げ問題、通船側の強行な態度に調停は破綻、対抗手段として各村ごとに**区有船**を建造し出した。

八月　三日　・**蘭契会**では暑中休暇を利用し、幸《さいわい》町《まち》の高等女学校講堂を会場に、会期一週間の**第一回夏期講座**を開講した。昭和七年八月まで一〇回にわたり「文化講壇」に並行して開催された。受講生は島田町内のみならず志太地域、県中部からも集まり名簿には四〇〇名が記録されている。

八月　五日　・**川根通船組合**の創立委員会が中川根村役場で開かれ、組合の規約・組合後援会規則などが検討された。予算書から見ると六一艘を就航させ、そこから通船徴収金を得ていた。

八月二六日　・川根地方に**電灯**の点灯認可された。川根五カ村の点灯数は二九三〇灯。

九月　一日　・午前十一時五八分、**関東大震災**（マグニチュード七・九）発生。東京・横浜は焦土と化す。県下は東伊豆駿東《すんとう》・田方《たがた》・賀茂《かも》の三郡一帯に被害が多く出た。県内死者数三七五人・行方不明者六八人、負傷者数一二六四人、全壊家屋二二九八戸、半壊家屋一万二一九戸、流失家屋六六一戸。

・しかし島田周辺では被害極めて軽微、島田駅に救護所を設け、各種団体が救援活動に立ち上がった。政府が設置した「臨時震災救護事務局」から、被災者応急避難所十二万戸建設のための木材調達が、県山林課・静岡県木材商同業組合を通じて行われ、年末十一月二二日までに、県下から総材積十一万五六三九石という大量の木材を輸送した。数年来不況に見舞われていた島田の木材業界は、大量の在庫の木材を抱え込んでいたが、この災害の**復興材需要**で一気に**好況**に転じることができた。その他にも、横須賀海軍鎮守《ちんじゅ》・横須賀英国領事館・小田原町・葉山村・御殿場町・小山町からも注文が島田町へ割り当てられ、製品は、九月十二日清水港出帆の海幸丸を第一便とし、九月二二日の養老丸を終とするまで全部海運とし、その後は主に汽車便を利用した。静岡県から関東大震災応急用材として京浜地方に送られた総数は三二万石に当たる。

九月　四日　・県下に「非常徴発令」施行。食品等を小田原へ輸送決定。

・九月の余震一三一六回。

一〇月　一日　・**大井神社拝殿造営**工事竣工。竣工式・祝賀会を行った。資材は明治神宮造営の残材の御下付を受けて造営され、旧拝殿の資材は、神橋脇に「奉額殿」として改築された。

一〇月十一日　・大井川沿岸各集落で、一隻宛位を造船した。

一〇月十四日　・**県会議員選挙**。「政友会」が圧勝（政友会二九・その他一四）。志太郡下定員四人の得票順では、

		山口忠五郎（政友会・藤枝町）・山内与十郎（憲政会・青島町）海野数馬（憲政会・藤枝町）天野卓（政友会・島田町）が当選。
	十一月二〇日	・庵原《いはら》（現清水東高）・志太《しだ》（現藤枝東高）・浜松第二（現浜松西高）の各**県立中学校**設立認可。 ・一〇月の余震六六回。
	十一月二六日	・「金谷・東川根間」に鉄道敷設が具体化した。 ・十一月余震四九回。
	十二月二〇日	・「大津村産業組合」創立。組合長金沢喜一郎。
	十二月二四日	・「六合尋常高等小学校」では、高等科児童を以て「消防隊」を組織。 ・この年、石間令吉等が率先して切り開き、島田紡績工場地先の大井川河原に**横井運動場**が造られた。 ・この年の震災復興による勃発的活況も、十二月に**米材の多量輸入**となり、また復興材の送荷が終わった頃から**市況は急速に悪化低調**となり苦境に陥り始めた。 ・この年、富士見橋の鉄橋の一部を造る。 ・この年、東川根村の「坂京水電」工事が落成する。 ・この年、「千歯《せんば》」に代わって**足踏み脱穀機**入り始める。
一九二四 大正十三	一月　二日	・**蘭契会**主催「第二回三美展覧会・講演会」開催。書道の比田井鴻《ひだいこう》、東洋画の大村西崖《おおむらせいがい》、西洋画の岸田劉生《きしだりゅうせい》、写真の森芳太郎《もりよしたろう》ら当代一流の芸術家の作品展示に合わせて講演会が実施された。
	一月　四日	・私設「向谷青年消防隊」結成。手押しポンプ一台備える。
	一月十五日	・六合村女子修養会を**六合村処女会**と改称。六合尋常高等小学校卒業の有志を会員とし、園芸講習会・修養講話会・家事講習会・音楽会を開催した。

二月一〇日

・中溝区へ私設「中溝消防組」結成、組頭中村啓司、定員四一名。公設二部払い下げの手押しポンプ一台。

二月二四日

・**一丁目南裏大火**。午後七時一〇分頃、一丁目南裏、「丸丁近藤木工所」の工場機関部付近から出火し、同工場を焼失。東隣の「伊藤製材工場」を始め風下の工場街へ延焼、類焼住家六戸、非住家三二棟を全焼。火の粉は、日之出町付近から宿並一円へ撒き散った。全町消防組の必死の活動のみならず、周辺諸町村その他十六消防組、島田駅には、鉄道保安消防隊などの応援により、夜半に至りようやく鎮火した。その後、焼け跡には直ちに小林留吉等が製材工場を建設し、駅を中心に再び盛んになった。これを契機に、移輸入材を清水港から運賃を支払って鉄道で陸送し工場を経営していた島田町の福島角蔵・伴友吉・村松次郎など約二〇名の木材・製函業者の一部が、清水港の袖師海岸通り付近に、工場を新設して移っていった。

三月一〇日

・東光寺県有林から出火、山林五〇余町歩焼失。

三月

・大井神社境内へ**先賢碑**建立。これは向谷地先の大井川堤防修築や向谷掘貫水門を築いた、島田代官「長谷川藤兵衛長勝」と、駿河国内の詳細な地誌『**駿河記**』を著した「桑原黙斉《くわばらもくさい》」を顕彰した碑である。

三月十八日

・島田・初倉・六合三ヵ町村で「賃取橋梁組合」を結成して許可され、維持経営費は収入から賄うことになり、過不足の負担区分は初倉村六五%・島田町三五%・六合村五%と定め、大井川**谷口橋**《やぐちばし》の経営権を、個人経営者から譲り受けて、「有料組合橋」とした。これ以後、全面的架橋工事が行われ、延長四一〇間、幅二間の橋を架け替える。

三月十八日

・**上川根女子補習学校**開校式を上げる。

三月十九日

・**向谷大火**。午後九時十五分頃、島田町向谷**大井川製材（株）**会社工場から出火、川向こうの商店街へ延焼し、住家八戸、非住家三棟を全焼して鎮火。出火原因は火の不始末。延焼を拡大したのは、蒸気ポンプの故障をはじめ、消火活動の不手際に起因した。

三月十九日　・大津村の落合に、「忠魂碑」建立除幕。

三月二〇日　・初倉村郵便局へ「公衆電話」架設。

・大津村では、落合へ画家「春堰」の碑建立。

三月二四日　・「伊久身区青年会」が、区内出身で茶業の先覚者、「坂本藤吉」頌徳碑を生家の近くに建立。

四月　一日　・「初倉村湯日尋常小学校」へ「高等科」を設置し、**湯日《ゆい》尋常高等小学校**とした。

・**県立志太中学校**（現　藤枝東高校）開設。

四月　二日　・「大津尋常小学校」は、修業年限二年の「高等科」を併置し、**大津尋常高等小学校**と改称。

・中川根・下川根の自転車愛好家が、家山下河原で「川根自転車大会」を開催した。

四月　三日　・県営の**富士見橋**（第二世）竣工、開通。橋の上流側に、軽便専用の橋を架け軌道を敷設して、「藤相鉄道」との兼営橋として運転開始。渡り初め式を挙行。延長八八七m、幅員六・五m。内主流部のある右岸寄り二二六m余すべて内鋼トラス橋とし、左岸より六六〇m余を木橋とし、橋の上流側に軌道を敷設して竣工。橋賃は無料。工費四六万円。人車渡しは廃止され、相川駅と大幡駅も廃止、大井川駅は大井川・相川駅の中間点に移動した。そして**相良・藤枝間直通**となる。

四月十二日　・島田金谷間の国道幹線大井川に、**大井川鉄橋**を架橋することとなり、起工式挙行。予算は国費・地方費合わせて金二二〇万円（延長五六〇間三尺、有効幅員四間、工費一七〇余万円）。昭和三年四月八日完成。

四月十九日　・川根地方で電灯のない村が五ヵ村、戸数二一九六戸。

五月一〇日　・第十五回「総選挙」。県内政党（憲政会六・政友本党四・政友二・革新一）志太郡下の第六区は、憲政会の鈴木富士弥氏が当選した。

五月二七日　・本年の川狩りは、島田町の加藤・平口・東海紙料会社のみであった。

六月	・**寸又川《すまたかわ》水力電気(株)**が設立される。これは寸又川千頭に三〇〇〇〇kWの発電所を建設することを目的とした。
七月　五日	・一年以上も対立紛争続けてきた、「大井川通船組合」と「川根商人組合」「川根通船組合」との争議は、島田金谷両警察署長の仲裁で漸く解決し、大井川通船組合は解散、**川根通船組合**に統一された。
七月　六日	・「製茶機械使用法講習会」のため技術員が川根各地を巡回。
	・**有限責任川島信用購販売組合**を川口に創設。組合長西本惣吉。
八月二七日	・静浜街道「大井川渡船」廃止される。
	・**川根電力索道**の発起人会を開催した。藤相鉄道設立の中心人物、**笹野甚四郎**が中心となって計画された。コースは滝沢(藤枝町)・地名(中川根町)・小長井(本川根町)を索道(ケーブル)による空中交通路を巡らすもので、島田を中心とした大井川の河川交通の発達と発展に対抗し、藤枝中心の商圏拡大を狙った計画であった。
十二月　一日	・「駿南自動車(株)」は**定期乗合自動車**を吉永・焼津駅間にも運航を開始する。
十二月　八日	・島田町長置塩藤四郎《おしおとうしろう》は、**大井川鐵道の基点**を、島田駅貨物ホームを改造し、島田軌道を買収して向谷に至る案について町会へ諮問《しもん》、全員反対。通船組合・川狩組合の大きな反対があった。
十二月二二日	・「栃山川用排水路開削国営事業」に着手。
十二月二三日	・川根地方**旱魃**のため飲料水欠乏。
十二月二四日	・「六合村立尋常高等小学校」高等科生徒が**少年消防隊**結成。
	・横井の「東洋紡織(株)」は、営業不振となり、「日本絹織(株)」へ買収され、**日本絹織株式会社島田工場**と改称された。
	・大長村伊太の北川惣太郎による**乗合自動車**の営業開始。島田駅・藤枝駅間と島田駅・向谷

水神下間で、終点の向谷は川根町家山間の「飛行艇」に連絡していた。その後昭和三年「西駿自動車商会」に買収された。

・この年から、木工業界は再び元の不況状態に逆もどりしたが、「製函業者」だけは、茶・蜜柑・鮮魚・煙草などの梱包用材、ビール瓶用仕組板としてインドへ、石油缶用の仕組板としてアフリカへ、百合《ゆり》球根《きゅうこん》用の加工板としてアメリカへ輸出して何とか不況を乗り切った。

・この年、五和《ごか》村では『**竹下村稿**』を刊行。編者渡辺陸平。

・この年、**大井川鐵道（株）**の定款・創立趣意書が作成された。

一九二五　大正十四

一月　五日　・**川根電力索道会社**、瀬戸谷村滝沢停車場で地鎮祭及び起工式を行った。これは滝沢を起点とし徳山村地名に至る**架空索道**（ロープウェイ）である。東海道線開通、大井川通船の運航・発展により藤枝地域の物資の流通が変わり、経済的地位が漸次後退している情勢に対し、巻き返しを目論んだもので、「藤相鉄道（株）」社長**笹野甚四郎**が中心となって創立。資本金五〇万円、当初は笹間川に水力発電所を作り、中川根北部（堀之内・藤川地域）・本川根地域（東・上川根地域）に電力を供給することを目的としたが、補足的に貨物輸送も行うこととした。

一月十六日　・**藤相鉄道**、藤枝・大手間の路線を**岡部**まで延長、開通した。これにより藤枝駅中心に志太平野の北と南、さらに榛原郡南部を結ぶ地域間交通の体系が完成。

三月九・十日　・両日、大長村旗指《はっさし》森川栄吉方から出火、雪隠《せっちん》（トイレ）と母屋《おもや》を焼失した。

三月一〇日　・**大井川鐵道（株）**の創立総会を、静岡市県茶業組合連合会において開催。取締役社長は**中村円一郎**。当初静岡市と上川根を結ぶ予定が、大正八年（一九一九）には、島田～東川根間に変更、さらに大正十二年（一九二三）に**金谷を起点**することに決定。工事が始まった。

四月二四日	・「大井川鐵道」測量開始。
四月	・岸の大日堂境内へ、茶業の先覚者「小長谷松五郎」の碑建立。
	・原坪《ばらつぼ》・七丁目間の新道へ**弘法堂**《こうぼうどう》落成、入仏式を行う。費用三五〇〇円は信者の浄財。
五月　五日	・**普通選挙法**公布。昭和三年二月二〇日施行。
五月　六日	・**大井川鐵道の第一期工事**、金谷駅から大井川西岸の横岡間まで完成、旅客貨物の運輸開始。しかし支線であるため後に廃線となる。
六月	・「大長村立相賀尋常小学校」に「高等科」を併置し、**相賀**《おおか》**尋常高等小学校**となる。
	・青果物販売業者が一丸となって**丸共青果海産物委託(株)**を創立。社長鈴木松次郎。
七月十八日	・**金谷町少年団**が結成。団員は尋常四年生以上。創立当時団員数九三名。活動内容は体練・訓話・童話の読み聞かせ・道路清掃散水・農園開墾・キャンプ・映画会・乃木祭・義士祭など。
七月二九日	・「大井川鐵道」工事、橋脚すでに九個まで完成。
七月	・**川根電力索道(株)**の架線工事は、瀬戸谷《せとや》村滝沢《たきさわ》から伊久身村中平《なかだいら》まで六四・四kmを架設。続けて地名《じな》までの延長九・六五kmの第二期架線工事に入った。
八月　一日	・島田町長、置塩藤四郎に替わり、「水野富三郎」となる。
八月	・「島田庭球クラブ」を結成、「日本絹織(株)島田工場」の敷地内へコートを設けた。
	・石原純が大井川蓬莱橋に遊び即吟。
九月一〇日	・「金谷銀行」「金谷商業銀行」が合併し**金谷商業銀行**となる。
	・第六回「貴族院多額納税者議員選挙」。中村円一郎当選。
九月	・「島田町立第一実業補習学校」が**町立島田商工実務学校**と改称。実務教育の第一は、**珠算**を必須とし、第二は**木工技術**で、木工科・工業科を特設。また一般関係者にも多くの最新工作機械を使って実地指導を行った。

	十一月十四日	・県主催、「高等林業講習会」を東川根小学校で開催する。
	十一月二一日	・「大井川・川根両通船組合」と「木材同業組合」との紛糾は円満解決し、危険箇所には双方から見張人を配置した。
	十二月十七日	・「六合少年赤十字団」設立認可。
	十二月二四日	・大津通秋野医院邸内へ**(私立)島田高等裁縫女学校**(現樟誠高校の元)の設立が認可された。校長**大塚罫助**。授業内容は洋裁・和裁・編物・礼儀作法・技芸などを中心としたが、裁縫を通じての子女教育のみに留まらず、急変する社会の要望から、昼間部・夜間部の二部制都市として勤労女子に対する初等教育の補習と職業教育の普及に努めた。また遠方からの生徒や生活困窮家庭の子女のため寄宿舎を設け、家族的な生活の中から卒業後の家庭人としての資質を学ばせた。
		・この年、**『静岡県榛原郡史』**を刊行・編者榛原郡役所。
一九二六 **大正十五**	一月一〇日	・川根地方の二俣《ふたまた》・中平《なかだいら》・小川で**電灯**工事開始。
	一月十七日	・横井善太夫島製材工場から出火、工場を全焼した。
	二月十一日	・**私設横井消防組**設立発会、鉄道以南の警備を目的とした。組員四三名。組頭平林内平。
	二月二八日	・「島田第二小学校」で、島田・六合・大津・大長四ヵ町村**少年赤十字団**合同発団式挙行。
	三月十八日	・大井川の**飛行艇**、島田町向谷・下川根村家山間の往復復活。
	四月　六日	・島田町・六合村・初倉村一町二ヵ村橋梁組合経営の**谷口橋**全部の「架替完成開橋祝賀式」挙行。延長一・三km、幅員一・八m。総工費六万七六七一円三九銭の有料橋。維持管理費の負担率は初倉六五%・島田三〇%・六合五%。
	四月十四日	・東光寺民有林から出火し十五町歩全焼。
	四月二九日	・**藤相鉄道**は、相良《さがら》から地頭方《じとうがた》まで延長された。設置駅は新相良・波津《はづ》・須々木《すすき》・落居《おちい》・

地頭方《じとうがた》の五駅で、新相良《しんさがら》駅と波津《はづ》駅との間に唯一の「小堤山《こづつみやま》トンネル」が掘られた。

四月 ・「島田第一尋常高等小学校」の所在地を新校地(中河原区内中溝道路沿い、現中央公園)に移して分教場を廃止。このとき未だ一部児童は旧校舎に残留。

四月 ・「東京電力」は早川電力の支配下にあった「田代川《たしろがわ》水力発電」を合併し、建設中の「田代第一・第二・第三の発電所」を継承した。また一〇月には「静岡電力」を合併した。

五月 ・**川根電力索道(株)**の架線工事が中平・地名《じな》間開通、営業開始。停車場は瀬戸谷村《せとやむら》**滝沢**《たきさわ》(藤枝市)を起点として・桧平《ひのきだいら》・中平《なかだいら》(伊久美)・上河内《かみこうち》・奥山《おくやま》・桑野山《くわのやま》・櫟峠《くぬぎとうげ》・地名《じな》であった。地名から梅地《うめじ》までは船運があり、滝沢から藤枝・焼津・島田・静岡へは「貨物自動車」が走っていた。滝沢から地名までの所要時間は、わずかに二時間、運賃も滝沢〜地名の米一俵六円五〇銭、中平〜地名で木材(標準六〇貫)が八円五〇銭と船賃の半分から三分の一程度。一個の運搬機に約三〇貫(一一〇kg)、二分間に一個のスピードで運ばれた。焼津に陸揚げされた海鮮類は二時間で地名に到着、朝の新聞は一〇時頃には読者に届くようになった。そのため大井川の「通船」は大きな痛手を受けた。しかし同じ頃、大量の工事用資材を運んでいた「大井川鐵道」の敷設工事が進み、昭和六年十二月には、千頭《せんず》・金谷《かなや》間が開通したため、経営は急激に悪化した。

六月 二日 ・**大井川鐵道(株)**、「新金谷駅」建設予定地で起工式を上げる。

六月十五日 ・「川根電力索道」の影響で、委託貨物の減少した「大井川通船組合」が会社側に値上げ断行を迫った。

六月三〇日 ・「吉永郵便局」認可され事務を開始する。

・横井の「日本絹織(株)」で、従業員九五〇人全員が参加して、工場の衛生施設改善を要求した**労働争議**が起こった。組合側の要求すべてを会社側は認めるも、争議を指導した幹部十一人は解雇された。これは、島田の労働争議史上最初のものであり、米騒動とは異なり

	組織的運動であった。
七月　一日	・「六合村青年訓練所」設置、入所式挙行。
七月　一日	・志太・榛原両郡役所が廃庁となる。
八月　七日	・**大倉喜八郎**は、八八歳で大井川上流赤石岳頂上(三一二〇m)を極めた。一行は報道陣を含め二〇〇人という大集団であった。
八月二五日	・**大井川鐵道(株)**、金谷・家山間工事着手。軌道幅一〇六七㎜。
八月	・**川根電力索道会社**は、「第二富士電力会社」との契約が成立し再び蘇生。上川根地域寸又《すまた》川流域に「湯山《ゆやま》・大間《おおま》発電所」の計画が浮上し、その電源開発用貨物の輸送を念頭に、貨物や生活物資の運輸を表面にして、地名から徳山村下泉《しもいずみ》・田野口《たのくち》・堀之内《ほりのうち》を経て上川根村**沢間**まで一七・三㎞の索道延長を企画した。これにより従来島田から東川根村小長井まで舟運で約五日間要した貨物輸送が四時間半で到着可能となる。
九月　四日	・まれな**暴風雨**、遠州一円に甚大な被害。電柱が六四〇〇本余り倒壊折損した。
	・**大井川鐵道**工事、五和村高熊の地蔵峠まで完成。
九月十七日	・野田鵜田寺で**髷供養**《まげくよう》。「虎御前《とらごぜん》感謝祭」を始めて行う。
	・「大津村青年警備隊」発足。
十月　四日	・「栃山川用排水施設」国営事業起工式挙行。
十月十二日	・高さ四mの義人**増田五郎右衛門の義人碑**を、細島の八幡神社境内に建立、除幕式挙行。総建坪予算一五〇〇円は、募金収入三二七一円で賄われた。青年会のこの建碑運動は、「大正デモクラシー」の具体的行動とみられている。
十一月　三日	・榛原郡吉田村川尻《かわしり》地先の「大井川堤防工事」竣工。大正十二年より三ヵ年計画で経費約三万二〇〇〇円で完成。長さは約三五〇間(六三〇m)でこれによって十数町にわたって新田が開拓された。

	十一月十二日	・島田青年会有志・**蘭契会**中心に、**島田商業学校設置運動**。
	十一月十七日	・蘭契会の設置運動、「島田青年会」有志の強力な支援のもと、県議会は全会一致で、二年後から島田町に「県立商業学校」を設置することが決議された。
	十一月十七日	・善太夫島で製材工場から出火全焼。
	十二月十七日	・島田・六合・大津・大長「四ヶ町村青年訓練所」第一回査閲、査閲官静岡連隊区司令官今井陸軍歩兵大佐。
		・初倉村**谷田川報徳社**設立。
昭和 元	十二月二五日	・**大正天皇崩御**。県下各地で大喪行事。摂政裕仁親王、践祚《せんそ》し**昭和と改元**。
		・この年、**初倉村信用組合**創設。
		・この年、「第一回志太郡庭球大会」が藤枝町で開催され「島田庭球クラブ」は第三位に入賞。
		・この年、大津村戸数四〇三戸、人口二六四三人。
一九二七 昭和 二	一月一〇日	・大井川の川狩終了し、島田地方賑わう。
	二月十六日	・金谷で朝鮮人工夫が大乱闘。大井川鐵道工事に従事していた工夫と国道工事に従事していた工夫が「相愛会」加入問題で対立。白昼、金谷町本通りで大乱闘。死者一名を出し、六〇余名が検束された。
	三月 六日	・「藤枝区裁判所静浜出張所」宗高字新町に新築移転。
	三月二七日	・東川根小学校内で東川根村青年団主催の「教育映画会」を開く。
	三月	・初倉村**竹林寺跡**を、史跡として県が指定した。
	四月 三日	・六合村処女会が**六合村女子青年団**と改称。
	四月	・「島田高等女学校」に「庭球部」が設けられ、女学生の球技として愛好された。

	・巌谷小波が大井川へ遊び即吟。
	・大津村へ初めて**ラジオ**がお目見え。
四月十五日	・**島田保勝会**が結成された。
五月	・五和村青年団機関誌『土』が創刊された。
六月　一日	・大津村へ「消防組」が組織された。
六月一〇日	・**大井川鐵道**の第一期工事が完了、「金谷・横岡間」開通。営業開始。
六月二六日～	・「藤相鉄道」**ストライキ**（～七月二日）
七月十一日	・「吉永郵便局」が認可され事務開始。
七月十四日	・**暴風雨**で農作物や建物に被害多大。
九月	・上川根村村長、「繭価《まゆか》低落対策」に関する件を依命通達する。
九月	・東京電力は、九月に**田代川第一発電所**（落差二五〇m・出力六八〇〇kW）、十一月に**田代川第二発電所**（落差五〇〇m・出力二万一〇〇〇kW）を建設し、大井川の水を源流の二軒小屋付近から取水し、東方の別当代山の山腹をトンネルで貫き、山梨県早川に分水して運転開始、関東方面に送電した。
九月～一〇月	・「谷口橋通行量調査」で、トラック・タクシー・自家用車・路線バスなど自動車が、また自転車・リヤカー付自転車などが主流となった。
十月十四日	・初の普選による「県会議員選挙」が行われ、政党別では政友二六・民政十七・中立二。島田では加藤利八当選。
十月十五日	・掛川・家山間県道問題、下川根村側が負担金支出を承認し円満解決。
	・稲荷島堤防下に「大井川公園」が竣工開園。
	・島田駅前の個人経営の貨物自動車運送店が一丸となり**島田合同運送株式会社**を設立。初代社長加藤利八・駅前に事務所を設けた。

十二月一日
- 「島田商工実務学校」知事表彰。
- 「駿南銀行」は「駿河銀行」に合併、**駿河銀行青島支店静浜出張所**となる。
- この年**金融恐慌**。経済界の不安から、全国各地の銀行で取り付け騒ぎがあり、木材業界でも取引が減少、掛売代金の回収困難、滞貨の増大など前途多難となった。失業者が街にあふれ、東海道には流民《るみん》の列が続き、小学校では欠食児童が続出していた。
- この頃、上川根・東川根両村「女子青年団」が結成される。
- この年、県内でも**ブラジルへの移民**急増。四月一日以来決定を見たのは十六家族九一人に達し、これらの人々は五月二〇日神戸出港の若狭丸、六月四日同所出港のサントス丸で渡行することになっており、なお出願中の家族は五六家族ある。この中には単独で渡航する少年が数名含まれていた。なお反面、今まで多かった北米への渡航者は激減した。

一九二八 昭和 三

一月
- 徳山・下川根両村民の負担で徳山村地名と下川根村石風呂間に鉄線吊橋**昭和橋**が完成。総工費は約九五一〇円。橋の長さは二二六m・幅九〇cm、一般交通を目的としていたが、自動車通行不可。

二月十一日
- 「島田保勝会」は、大井川公園と河原町内旧堤防上へ「芭蕉句碑」、また旧堤防上の「朝顔目明きの松」へ標識を建設した。

二月十二日
- 「榛原郡融和会」創立総会を開く。

二月二〇日
- 「普選初の総選挙」。有権者総数三五万一〇五二名に対し投票者数三〇万四八八六名。棄権率は一割三分三厘。

二月二五日
- 島田町青年団・**蘭契会**主催の春期講演会として「下位《しもい》春吉《はるよし》氏講演会」開催。

二月
- 大井川水系の流量を利用する三つの発電所建設計画の水利利用が許可された。それは「東京電燈株式会社」(出力九万九五〇〇kW)・「第二富士電力株式会社」の**湯山発電所**・**大間発電所**

（出力三万九〇〇〇kW）・崎平と小長井の中間に建設された**大井川発電所**（出力六二二〇〇kW）であったが、いずれも取水用堰堤を築き、川狩り、筏流しに甚大な支障をきたすこととなる。

三月十二日 ・**蘭契会**、『**南アルプスと大井川**（写真集）』出版。

三月三一日 ・「島田高等裁縫女学校（校長大塚罫助）」に補習学校を併設し、**島田実践女学校**として設立認可された。その後、「青年学校令」によって、昭和一〇年九月一日、私立**島田女子商業学校**として認可された。

四月　一日 ・中河原へ建設中の**島田第一尋常高等小学校**竣工、全児童を新校舎に収容して移転完了。敷地総坪数五六九五・五坪、建物総坪数九七〇・四六坪。

四月　四日 ・**県立島田商業学校**が、新小路の（現 新町通）旧小学校跡へ設立開校。

四月　八日 ・東海道島田・金谷間の国道**大井川鉄橋**竣工。延長五六〇間三尺、有効幅員四間、工費一七四万三六七四円。渡船廃止。

・**蘭契会**、「大井川鉄橋竣工記念」として、置塩藤四郎執筆の『**島田と近郊**』出版配布。

・「初倉村商工会」結成発足。

六月二九日 ・**大井川鐵道（株）**株主総会開催。決算報告、本社の東京移転、自動車運輸の兼業を決める。

七月　一日 ・女性・未成年者の「深夜労働廃止」を実施。県下で対象六五工場、一万六〇〇〇人。

七月十九日 ・**大井川鐵道（株）**、自動車営業認可され、横岡・居林間開通。

八月　九日 ・「大井川鐵道（株）」が、新金谷駅と島田町七丁目間へ**乗合自動車**の営業開始。区間は島田町大井川公園前で区切って二区間とし、乗車料金は一区間五銭で全区間一〇銭。一〇月二八日からは**バス貸切営業**も開始された。

・大津村東野田で古墳発見。須恵器・武具など出土。**駒形古墳**と命名。

九月 ・千頭「御料林」と民有林「井川山林」との境界争いの裁判が始まる。

十月十三日 ・六合村消防組二部制となる。

十月十六日	・**大長村消防組**公設となる。初代組頭天野勘次。
十月十八日	・「東川根村消防組」を設立・発会式。
十一月　七日	・「大長村公設消防組」結成発会式挙行。
十一月一〇日	・「島田保勝会」では、蘭契会編集の『**日本南アルプスと大井川**』を出版発行。
	・県下各地で、**昭和天皇御大典祝賀行事**を実施した。
十一月十三日	・県社会課が貧困者の生活状態調査の結果、家族五人暮らしで月収三〇円位のものが県下で六九七家族二八〇一人であった。
十一月	・上川根村寸又川《すまたがわ》に湯山・大間発電所建設のために**第二富士電力(株)**が設立される。
十二月	・大津村では、全村の「耕地整理竣工記念碑」を野田玄性寺跡へ建立。
十二月　四日	・「陸軍甲式四型戦闘機」二機、大井川相川《あいかわ》地先河原に不時着。修理の上、翌日離陸。
十二月二七日	・「島田消防組」は、御大典記念事業として、向谷地先から東海道鉄道大井川鉄橋に至る間の大井川堤防上へ、吉野桜の苗六〇〇〇本を植樹した。
	・向島《むかいじま》と河原町の青年会は、協力して**青年義勇隊**を組織発足。
	・横井地区内耕地整理事業終了。
	・神座の「明治新田」の接続地河川敷に広大な芝地が生じたので悪水尻下に堤防を築成し、「模範竹林」造成のため開墾した。県もその必要性を感じ、昭和十一年までに三二〇間堤防を延長した。その後**昭和の開墾**と呼ばれた。
	・町内へ**方面委員**(民生委員)が置かれた。
	・この年、「島田商工実務学校」が、全国優良校として文部大臣表彰。
	・この年、横井競技場は「島田商業高校野球部」の練習場となり、**鈴木金苗**の献身的努力によって野球場拡張整備された。

一九二九　昭和　四

一月	・町長水野富三郎は、自作した民謡「**島田音頭**」を観光宣伝のためコロンビア・レコードへ吹き込ませた。
二月二八日	・不況深刻、県下の中等学校及び女学校の「昭和四年度入学志願者」がこの日締め切られたが、前年度に比べ著しく減少。榛原中学募集人員一〇〇名に対し八七名、志太中は一〇〇名に対し八三名、榛原高女は一〇〇名に対し五三名。悲惨なのは二俣高女の一〇〇名に対し十九名。主な原因は農村の不景気に起因すると県視学官はみている。
三月十五日	・島田・六合・大津・大長**四ヵ町村女子青年会**は、高等女学校講堂で連合大会を開催。
三月十六日	・島田芸妓連は、十六・十七の両日、静岡市寺町若竹座で「島田音頭」発表。
三月十七日	・稲荷島で、島田町内最初の**中老会**を結成。
	・**島田野球協会**を結成（会長　鈴木金苗）。「第一回野球大会」を横井グランドで開催した。
三月二一日	・島田・六合・大津・大長**四ヵ町村青年会**は、高等女学校講堂で「連合大会」を開催した。
四月　一日	・「大津村消防組」が公設となり、披露式を兼ねて「出初式《でぞめしき》」を行った。
五月二五日	・「栃山川用排水路」工事、進捗して通水式を挙行。
六月　五日	・**島田信用組合**（現信用金庫）設立を許可され営業開始。
八月	・**川根電力索道会社**は、地名から徳山村下泉・堀之内、東川根村を経て上川根村沢間《さわま》への架線延長工事を開始した。
十月	・ニューヨークの株価暴落、**世界恐慌**始まる。影響で生糸価格崩落。
十二月　一日	・**大井川鐵道**、金谷・家山間の第一期工事が開通。家山駅前で盛大に開通式が挙行された。鉄道開通により、県道工事が効率的に行われるようになり、旅行者や土木関係者などが家山地区に多く集まるようになり、家山地区が最も賑わった時期を迎えた。
十二月　二日	・飯淵《はぶち》の半田勝雄、宗高《むなたか》字新町《しんまち》に**新町実用タクシー**開業（昭和十三年三月頃廃業）。
	・この年、金谷町では『**金谷町誌**』（稿本・全三冊・河村多画賀造著）刊行。

・この年の暮れから翌年新春にわたって、**腸チフス**が蔓延し数十名の患者が出た。
・この年、町村財政困難のため、小学校教員などの俸給未払い、減俸など全国的に起こる。

一九三〇 **昭和　五**

一月十五日
・川根地方の数百戸が大挙して、**南米ブラジルへ移住**。
・「少壮団島田支部」(団長甲賀安蔵)の団員・町会議員桜井久彦らが、時の江木鉄道大臣、代議士浦野数馬を島田駅に歓迎した。

二月二〇日
・第十七回「総選挙」。民政七・政友四・実同一・中立一。

三月二四日
・**川根電力索道**の延長架線、徳山村地名《じな》から青部《あおべ》まで落成・開通した。

四月　一日
・**大井川鐵道**の下川根字大和田・五和村神尾地蔵峠トンネルの二ヵ所で山崩れで埋没し通行不能となった。

四月一〇日
・未曾有の**晩霜**で、一番茶・馬鈴薯など全滅した。
・**県立島田商業学校**の新築校舎完成して移転。
・中溝区が二分して**宮川町**が誕生。

四月十三日
・上川根村役場新築、落成式を行う。

四月十八日
・**川根電力索道**の延長架線、青部《あおべ》・沢間《さわま》間落成し、地名《じな》・沢間間の工事が落成。六月二八日には使用認可を受けた。停車場は地名《じな》・下泉《しもいずみ》・田野口《たのくち》・堀之内《ほりのうち》・田代《たしろ》・岸前山《きしまえやま》・小長《こなが》井《い》・沢間《さわま》であった。

五月　一日
・大津小路メソジスト教会内へ**私立こばと保育園**が創設された。

五月　七日
・「島田政友同志会」が結成。

五月三〇日
・**昭和天皇県下御巡幸**第三日、焼津・牧之原・掛川等西部地方御巡幸。午前九時四五分焼津駅着。焼津港で漁船・鰹水揚げ作業・鰹節製造工程見学のあと、汽車で島田駅へ。そこから自動車で大井川鉄橋上中央で、復元された「蓮台越し」の行事を御覧になられ(五分)、侍従を北河製品所・栃山川用排水路へ御お遣しになった。次いで自動車で金谷原に登り、明治天皇御駐輦所跡で富士山展望。その後、「農林省国立茶業試験所」、「県立農事試験所茶業部」、野点所で御昼食後、お茶摘みの様子を御覧になる。その後島田駅に戻られ、午後一時二〇分発で掛川へ移られた。

六月十五日
・東川根村の消防組・在郷軍人分会・青年団等、公私経済緊縮に関する申し合わせをする。

六月二九日
・**島田警察署**の新庁舎が、一丁目へ竣工し、四丁目から移転。七月一日に開庁。島田町最初の「鉄筋コンクリート建物」であった。

・島田町内に**腸チフス発生**蔓延し、罹病者二八人。「用水路の使用を厳禁」とした。

・「大井川通船組合」が「大井川鐵道(株)」に対し、損害賠償を要求して大紛争惹起。

・六合村青年会、「栃山川用排水路竣工記念碑」を建立。

・**大井川鐵道**、抜里《ぬくり》から対岸の笹間へ鉄橋完成し、**笹間渡駅**《ささまど》**開業**。十六日地名駅構内で披露祝賀会挙式。これにより「笹間渡発電所」の建設資材の運搬は高瀬舟から鉄道に代わった。

七月　九日
・**大井川鐵道**、金谷・地名間開通。地名駅南側で「索道」と交差するため**保安隧道**設置(のちに電化によりケーブルが架かるため天井部は取り壊した、地名駅南の通称「日本一短いトンネル」。北側は現状維持)。

七月十五日
・町村会へ正副議長を置くこととなり、初代島田町会議長北河豊次郎・副議長桜井久彦。

・道悦島に無集配**六合郵便局**開局。

七月二一日
・伊久身二俣の「伊久身銀行」廃業。

八月　六日
・**昭和恐慌**。この年初秋の頃から、世界恐慌が日本に波及。物価下落、輸出の減退で産業界で操業短縮相次ぐ。農村は米豊作で米価暴落、他の農産物も価格急落により深刻な不況に入る。乞食《こじき》多し。島田地域でも、失業者増加して群をなし、職を求めて流れ歩くので島田町の有志は「同友会」を結成し、大井神社の鳥居前に粥の接待所を設け救済活動を行った。

・**大井川鐵道**、路線終点を東川根村藤川《ふじかわ》から、上川根村**千頭**《せんず》へ変更願を鉄道大臣に提出。

・**大井川鐵道**、家山《いえやま》より塩郷《しおごう》へ延長工事完成、営業開始。鉄道で「木炭」が搬出されるようになり、「川根電力索道会社」や「通船」の船頭に非常な打撃を与え、大規模な**労働争議**が起こった。争議は、大井川通船・川根通船両組合員五〇〇名が鉄道会社を相手に失業の救済を訴え、生活をかけた闘争を展開した。結果は失業見舞金として総額一万二〇〇〇円、失業組合員一人当たり二四円で妥結した。

八月二三日

九月二三日

・第二回「国勢調査」。本県人口一八〇万二〇〇〇余人。失業者七四〇九人。

・**川根電力索道**が地名・沢間間の延長線工事が完成、索道全線二四哩(約三八・四㎞)となり、徳山村堀之内駅で盛大な開通式開催。地名駅北の保安隧道設置。

十月　一日

・**大井川鐵道**、「ガソリンカー」登場。

十月　五日

・この年、六合村戸数七三八戸、人口四四〇七人。

・この年、初倉村戸数一一五六戸、人口六六五〇人。

十月　五日

・この年、吉田村小山を中心として一時栄えた**養蚕業**も、大不況の波にのまれ八〇年の歴史に終止符を打った。米は豊作であった。

・この年までの本県**癩《らい》病**患者調査結果、総数男二二四人・女八八人。合計三一二人。郡別では志太、男十六人・女三人合計十九人。榛原、男十四人・女十二人。

一九三一
昭和　六

一月　六日

・「六合村立尋常高等小学校」、移転新築のため地鎮祭を執行。九月に本館二階建校舎完成。この年の生徒数七三七人。

一月三〇日

・**大井川鐵道**、塩郷より下泉間開通。

二月　一日

・**大井川鐵道**、金谷・下泉間開通、営業開始。

二月　二日

・「東海紙料(株)」設置の「地名発電所」を一旦閉鎖して、その水を笹間川との合流地点に流し、「東海紙料(株)」設置の**笹間渡《ささまど》発電所**(出力四〇三〇kWのち五〇〇〇kW)を竣工、大井川本

	流を流下する木材に対して補償が行われた。またこれにより大津村へ初めて**電灯**がつく。
二月十八日	・海軍機、「志太農学校」(現　藤枝北高)に墜落。横須賀航空隊所属の二機が横須賀・各務ケ原《かがみがはら》間飛行の復航の途中、志太郡西益津村「志太農学校」上空に差し掛かった際、前方を飛行中の「ヨー三八四号機」が突然エンジンに不整をきたし、志太農学校**校舎上に落下炎上**。
三月	・大草で**山火事**発生、二町歩焼失。
	・「栃山川用排水路」国営事業完成。白岩寺山下から大井川に至る**放水路**工事完了。
	・家山川に鉄筋コンクリートの**家山橋**が竣工。工費二万円。
三月二一日	・NHK静岡放送局開局。
四月　一日	・**谷口橋**《やぐちばし》は、島田・六合・初倉の三ヵ町村による「賃取橋梁組合」の経営から**県営**に移管され「無賃橋」となり、橋梁組合の残された負担額七万九〇〇〇円を、以後四年賦で償還することとなった。
四月一〇日	・**大井川鐵道**、金谷・駿河徳山間開通、四月十二日開通式。
四月十二日	・**大井川鐵道**、金谷から青部まで開通。
四月	・**蘭契会**主催で「植村輝子独唱会」(ソプラノ歌手)が開催された。これらの各種の音楽会の試みは島田および周辺地域の人々に音楽愛好の基礎を作った。
六月　四日	・大井神社境内に末社四社合祀。**春日神社**と称し、社殿造営竣工。上棟式と遷座祭を行う。
六月　八日	・一旦閉鎖された**地名発電所は再び継続**が認められた。
六月十九日	・島田町**大井川保勝会**が大井川上流を下検分し、大井川上流の風光を紹介した。
六月末	・県の調査で、医師の診査を受ける**肺結核**患者二七三二人。患者総数推計約二万人。
八月　九日	・徳川村地名より下川根村家山間で、大井川の下り**遊覧船**が賑わう。徳山村万世橋・地名より乗船、鵜山七曲《うやまななまがり》を下り家山着、野守《のもり》の池で余興が行われた。
八月十一日	・大井川上流域を震源とする**地震**が起こり、家山・千頭地方は強震が三分間続き、大山崩れ

や陥没が起こった。

八月三一日　・「上川根村農会」、自給肥料用に**豚**の共同購入を奨励する。

九月十八日　・**満州事変**（柳条溝事件）勃発（〜昭和八年）。

・県議会議員に、坂本政巳・加藤弘造当選。

九月二四日　・「初倉村中河青年会」結成四〇周年記念大会開催。初めて**敬老会**を行う。

一〇月十四日　・「県議会議員補欠選挙」、浅野弘道当選。

十一月一日　・県社会課調査による県下**失業者**は男三五二九人、女一五三〇人の計五〇五九人。

十一月二二日　・「六合村立尋常高等小学校」移転新築完成、落成式挙行。

十一月十七日　・静岡連隊、午後一時五九分静岡駅発列車で**満州へ出征**。

十一月二五日　・「伊久美銀行」業務停止し、**伊久美産業株式会社**に変更。

十二月一日　・**大井川鐵道**、青部・千頭間開通し、**金谷・千頭間全線開通**、営業開始。全長四〇・五㎞。このうち、本流支流を越える橋三六ヵ所、隧道は十四ヵ所を数え、隧道の総延長四㎞余。これにより大井川水系の電源開発が可能となった。また上流の流木材の輸送、川根地方特産物の輸送が可能となり、また下流の金谷町内に製材工場の建設や木場の設置が浮上した。しかし一方、「大井川通船組合」や「川根通船組合」に大きな打撃を与え、また「川根電力索道」へも大きな影響を与えた。

・この頃、上泉村の大畑清次郎は上新田に移り「大畑タクシー」を開業（昭和十三年頃廃業）。

・この年、志太郡大洲村忠兵衛区大塚達は「太陽熱利用の温水器」を発明。未だ未完成だが夏季は晴天二、三時間おけば華氏一三〇度、冬季でも一〇〇度には温まるとのことである。

・昭和五〜六年前後は、都市部の恐慌の煽りを受けて**農村恐慌**を迎えた。朝暗い内から夜暗くなるまで重労働を働いても一日の労賃は五〇〜六〇銭であった。

・県民の**海外移住熱最高潮**に達す。県社会課調査によると、大正七年より昨年末までの十四年間の本県海外渡航者は次の通りである。米国一一七五人・ブラジル一八三九人・カナダ四五六人・ペルー一六〇人・パナマ一一九人などの計四一七一人に達し、毎年一五〇人以上四〇〇人内外が渡航している。本県では従来移民奨励は南アメリカ方面を主としていたが、翌年新国家**満州国**確立により、今後ブラジルとともに**満蒙移民**を奨励することになる。

一九三二 昭和 七

- 一月二八日　・**上海《シャンハイ》事変**勃発。
- 二月十一日　・「千頭大橋」架換工事落成・開橋式を行う。
- 二月　・新作長唄「島田八景」発表。
- 二月　・「川根七ヵ村連合茶業者大会」を開く。
- 三月　一日　・**満州国建国**宣言。「満州移民政策」に基づき移民送出がはじまる。初期の目的は、一つは「武装移民」による治安維持、二つ目は日本の農業問題、農地面積に比して多すぎる農民を移住させることであった。中川根村の場合は後者であった。
- 三月十九日　・金谷・家山間の「川根県道」完成し、**乗合自動車**の運転が始まった。二五日に竣成式挙行。
- 四月　一日　・「島田第一尋常高等小学校」と「島田第二尋常高等小学校」を併合し**島田尋常高等小学校**と称し便宜上、従来の第一を**北校**、第二を**南校**と改めた。
- 四月　三日　・**六合村少年消防隊**は、県連合消防会長から表彰された。
- 四月　十日　・道悦島の「六合銀行」は廃業した。
- 五月　六日　・松本一晴作詞、大村能章作曲の**大井川音頭**と**島田おどり**などが出来上がり発表会開催。
- ・島田町長、水野富三郎に替わり「天野廉」となる。
- 五月二八日　・大井川橋畔へ「蓮台越天覧記念碑」を建立除幕式挙行。
- 七月　・大津村大谷へ、島田・六合・大津・大長「四ヵ町村在郷軍人会」が連合して、「射撃訓練場」を開設した。

		・大長村伊太笹ヶ久保地先の大井川河原、通称柳島へ「夏期キャンプ村」を開設。
	八月	・道悦島六合銀行跡へ、資本金四万五〇〇〇円の**六合商事株式会社**を設立。
		・「榛原郡茶業者大会」が、金谷小学校で開催、国・県に茶業救済を強く求めた。
	九月一日	・「東光寺谷川」改修工事着工。
	九月上旬	・**秋霖**・低気圧による長雨と強雨により不作。大富村・静浜村・大洲村・西益津村では不作を理由に「小作料減免要求」を強く求めた。
	九月二七日	・**蘭契会**後援で「佐藤美子女史独唱会」(フランス・パリラムール交響楽団独唱者)が、高木東六のピアノ伴奏で開催された。
	十一月四日	・上川根村村長、「山葵《わさび》田開墾事業」に関する件を依命通達する。
	十二月十日	・**長徳寺**が、大津小路から島田町新田へ移転し、本堂新築落慶。
	十二月二五日	・家山・森町間県道の**家山隧道**が開通式。
		・この年から翌年にかけて、**恐慌対策**の時局匡救《きょうきゅう》事業として地方道・農道の新設、改築工事、水路の改築、新設などを行った。
		・この年の中川根地域の交通統計では中川根村・徳山村両村共に自動車は入っていない。中川根村では荷車九七台・自転車一五六台・牛車二台、徳山村では荷車四一台・自転車七二台・牛車〇台となっていた。
一九三三 昭和八	一月十四日	・「日本絹織島田工場」**ストライキ**(~二九日)。
	一月十五日	・六合村の主婦たちが一丸となって「六合主婦会」を結成。
	二月九日	・「川根茶業者大会」を開き、川根茶更正のための大会宣言を出す。
	二月十九日	・東益津村花沢山に「**航空灯台**」完成し点灯。
	二月二三日	・「東光寺谷川改修工事」完成終了。

三月　一日　・榛原郡教育会長、郡下の各小学校児童・職員に満州・朝鮮出動兵士への慰問文贈呈を要請。

三月十三日　・島田全町で第一回**防空演習**を開催。

・「六合産業組合」は**六合信用購買販売利用組合**と改称。

・千葉・大草間の県道完成開通。

三月二一日　・千葉山智満寺の御縁起をPK局からラジオ放送。

四月　一日　・島田駅前へ「島田物産陳列館」が設けられて開場。

四月二二日　・「東海紙料(株)」は、本社の所在地を東京から島田町へ移した。

四月二八日　・「上川根村農会・婦人会」等、自家製味噌・醤油・漬物講習会開催する。

八月　一日　・横井へ**共生病院**創立、診察開始。組合員は志太・榛原一三〇〇人。

八月　六日　・島田町内各商工業者参加して「商工広告祭」を開催。

・大津村野田で煙火工場爆発し、工員一人死亡。

八月　・島田町は、主務省に「大井川水電事業に伴う島田町財政の影響意見書」を提出した。これは、「大井川電力(株)」ならびに「第二富士水電(株)」に対し、発電所の用水取入口に堰堤を設けたため、木材流下・川狩が不可能となり、木材業者やその家族の生活を脅かすこととなった。さらに町唯一の権益財源である「入津料」収入が絶無となり、町・町民・業者に大きな影響を及ぼすため、「入津料」の補償を請求するものでもあった。

八月　・徳山村下泉・中川根村下長尾間に鉄線吊橋**下泉橋**が竣工した。総工事費四万六四〇〇円、橋梁全長二七〇m・幅三m、積載量は一・三tの貨物自動車が通過できる規模で中川根地域最初の架橋であり、中川根村内を通過する県道に連絡する道路である。

九月　七日　・**大井川鐵道**、家山・笹間渡間に「抜里《ぬくり》駅」新設。この年機関車四両・客車一二両を有し、年間乗客数は約二二万五一〇〇人を数え、**観光客の誘致**も始めた。

九月十八日　・**島田髷祭《まげまつり》**、「虎御前《とらごぜん》感謝祭」始まる。

九月十九日 ・家山付近に**温泉**が湧出した。

十一月 ・「千頭森林鉄道」、沢間・千頭堰堤間（二〇・四㎞）が竣工。

十二月 一日 ・県下製糸業者、二ヵ月休業開始。

十二月十六日 ・家山・身成間の木橋が両村民の奔走で完成。

十二月二八日 ・東川根村村長、「大井川発電所建設」につき損失補償の件、陳情書を県知事に提出する。

・この年、栃山川の延長工事が行われた。

・祇園町須田神社北側にあった「道円庵」が、大津小路から島田商業高校への道路工事にかかり、現在地に移転し**道円寺**と改称された。

・この年、**谷口橋**が初倉側より約一三二・一ｍが、鉄筋コンクリート・ゲルバー型Ｔ桁橋に架け替えられたが、残りは戦時下の資金不足で木橋のまま残され、戦後昭和三二年に全橋鉄筋コンクリート橋が完成した。

・この年、五和《ごか》村では「経済更生計画書」を作成、「経済更生委員会」を組織し、村を挙げて不況脱出に取り組んだ。

・この年、「愛国婦人会東川根村分会」分区規程を制定。

・この頃から島田町内にも**貨物自動車**の運送事業が始められ、組合が結成された。

・この頃から藤相鉄道は「ガソリンカー」を導入し、朝夕のラッシュ時にはガソリンカーに客車を連結し、ラッシュ時以外はガソリンカーのみで運行。その後「ディーゼルカー」五両も順次購入してすべてで八両となった。

・この年、県下六万の養蚕家、繭価《まゆか》低落で生活困窮。

昭和 九 一九三四

一月二四日 ・島田町長、天野廉に替わり「加藤弘造」就任。

二月十五日 ・「島田銀行」と「西駿銀行」が合併。本社を三丁目に置いた。初代頭取森淑。

三月二五日	・島田町では、庶民金融のため、新小路に**公益質屋**を設置した。
三月	・島田尋常高等小学校北校の北側二階建校舎東部を延長して一〇教室を増築（旧男子部校舎から移築）、同時にその北側に校地拡張して「手工工業」を移転。
四月　一日	・**島田労働基準監督署**が、島田町役場構内へ設置開庁した。
四月　八日	・河原町「朝顔目明き松」の傍らで、県下の「盲人大会」を開催した。
四月二〇日	・**島田町営職業紹介所**が、役場構内に設けられた。
五月十八日	・一丁目へ無集配の**島田第一郵便局**が設置された。
五月二九日	・「沼津繭市場」再開。しかし繭暴落し翌日休場。
五月三〇日	・天覧記念の「大井川蓮台越」の行事が行われた。
七月　五日	・ローカル紙『**東海自由新聞**』が創刊された。
八月　一日	・町内各小学校の保護者が協力して、大井川横井地先と伊太谷川の二ヵ所に、児童の「水泳場」を設け監督することとした。
九月	・稲作に「ウンカ」が発生し被害多大、石油で大々的に駆除した。
九月	・「大井川発電所」建設に関し、梅地《うめじ》区住民の「生活保障願書」を提出する。
一〇月	・「島田実業協会」と「工業協会」が合併して**島田商工会**を結成した。
一〇月	・「駿南自動車（株）」は**藤相鉄道（株）**に吸収合併される。その後藤相鉄道自動車部は、「駿遠自動車（株）」を設立、さらに「堀之内軌道（株）」、「秋葉自動車運輸商会」をも買収して駿河と遠州東部のほとんどの路線を経営することとなった。さらに昭和一八年、五社合併によって**静岡鉄道（株）**が設立され同社が静岡県中部交通網をすべて掌握することとなった。
十二月　一日	・**丹那トンネル**開通。完成まで一六年、犠牲者六七人、全長七八四一m。
十二月　八日	・**県立島田商業学校**校舎竣工、落成式を挙行。
十二月	・映画館・劇場として東川根村に「小長井座」が開館する。

		・「大長西信用購買販売利用組合」では**産業組合病院**の設立に当たり、一口五円の出資額で組合員全部「駿遠医療組合」へ加入した。また翌年には、村費九五〇円、組合負担一〇〇〇余円で「電話線」を組合に架設し、「医療組合」を設立した。
		・この年の**島田町の製材製函工場**数三三工場、木材販売および製函業並木材直接関係者二四〇人、家具建具玩具その他木材加工業者五八人、工場従業者・職工七〇〇人。島田町における産業別収益の比率は、一位の木材工業が二位の再製茶の約八倍を示していた。
		・この年、「吉永漁業組合」は由比・蒲原より「サクラエビ漁」の権利を得て、由比・蒲原沖に出漁を始める。
一九三五 **昭和一〇**	一月	・**下川根村消防組**が、二回の大火以後の成績熟練による優秀により「金馬簾《ばれん》」贈られる。
	一月三〇日	・伊久身村に「診療所」設置。
	二月　一日	・初倉郵便局が、「特設電話」の交換事務を開始。
		・「島田町立青年学校」を「島田第四小学校」内へ併設。
		・まれな**降雪**一尺余り。
		・「県立木材加工試験場」の設置方を県へ請願。
	三月一〇日	・日本絹織島田工場の女工六〇〇人**国防婦人部**を結成。
	三月二五日	・「湯山発電所」建設工事による「上川根第一小学校東側分教場」の児童増加、校舎の増改築落成式を挙げる。
	三月三〇日	・伊久身村に**ジフテリア**発生し、新設診療所は根絶に大わらわ。
	四月　一日	・学区の改定と校名改称。島田町では、小学校の学区を四つに分け、第一・第二・第三・第四学区となる。「島田尋常高等小学校」の尋常科は、三丁目・四丁目・七丁目・高砂・御仮屋・鶴ヶ谷・祇園・新田・中河原・大津小路・柳町・幸町・元島田の区域。高等科は全

町の児童を収容し、校名を**島田第四尋常高等小学校**と改め北校の校舎、校地を利用。

四月　一日　・**青年学校令**を公布。

四月　三日　・宮小路《みやこうじ》(現大井町)から中溝道路に通じる路線「富士見小路」が竣工した。この計画を予見した高橋徳次郎は、路線沿いの中溝に、日を同じくして「高橋製材所」を創業した。

四月　六日　・「大井川鐵道」、地蔵峠トンネル北口の線路五〇m埋没のため不通。

四月　・「上川根村立青年学校」が上川根第一小学校に併設される。

四月　・祇園町の私立「島田高等裁縫女学校」へ、私立**島田女子青年学校**を設立。

五月三〇日　・「大井川蓮台越」の行事を行った。今後は天覧記念として毎年開催することに決定。

六月　三日　・「初倉村小学校」講堂建設竣工。

六月　八日　・「大井神社造営」竣工、祝賀式開催。

・「大井川筏乗《いかだのり》同業組合」と「大井川鐵道株式会社」間の紛争は、鉄道側が組合側に対して五五〇人全員に対し、一人当たり一万三〇〇〇円の生活保証金を支払い解決した。

六月二八日　・「大井川電力発電所」上川根村工事現場の「朝鮮人工夫」一四八人の解雇に反対し、工夫三〇〇人が**ストライキ**を起こす。六月三〇日、被解雇者に帰国旅費増額支給で妥結。

七月一〇日　・大津村では、「青年農業補修学校」「同千葉分校」「青年訓練所」を併合し、**大津村立青年学校**とした。

八月十五日　・「東川根村立青年学校」、開校式を挙げる。

八月二五日　・「大井川発電所」工事の隧道で崩壊事故があり死傷者を出す。

八月三〇日　・大井川が**十五尺**(四・五m)**増水**し、下川根村家山駅付近は一〇〇戸近く浸水。家山・千頭間運転不能となり復旧見込み立たず。

九月　・「千頭堰堤」が完成する。

一〇月十五日　・「県会議員選挙」で加藤弘造・塚本蠖三当選。

・幸町の旧高等女学校跡へ「第三小学校」が移り、第三小学校へ第四小学校から分離した「青年学校」が移転した。

一〇月二八日 ・**湯山発電所**が「第二富士電力(株)」によって建設、完成。寸又川《すまたがわ》上流に千頭堰堤を設け、上流のダムや発電所の用水を導水トンネルで湯山まで導水し、落差一一三mで発電開始。最大出力二万四〇〇〇kW。

十一月　二日 ・大津小路の秋野邸は、明治天皇御小憩の**史跡**として文部省から指定された。

・大井川**谷口橋**は、鉄筋永久橋に架け替えることとなり、右岸より第一期工事で初倉側一一三mが完成した。

十一月十一日 ・金谷駅の**人力車廃業**。自動車時代の波には勝てず、金谷駅構内で最後の一人として営業を続けてきた杉浦運平も、遂にこの日金谷署に出頭し営業鑑札を返上して廃業した。

十二月二一日 ・**大井川鐵道**、笹間渡《ささまど》駅から村役場へ六kmの道路開削。

・伊久身の山火事。笹間渡地先雑木林から出火、原因は大井川鐵道の煤煙か？

十二月二五日 ・私立「島田高等女学校」を私立**島田女子商業学校**と改称した。

・この年、**吉永街道**完成。道悦島字煎餅屋《せんべいや》地先の官道東海道から分岐し、細島・御請を経て青島・大洲地区へ通じる約二〇〇〇m。

・この年、**笹間渡発電所**は、東海紙料(株)の自家発電以外にも東京電力へ売買契約を結んだ。

・この年、大津村戸数四〇〇戸、人口二六九九人。

昭和一一　一九三六

二月　七日 ・志太榛原二町八ヵ村が「大井川堤防改修同盟」総会を開催。

二月二〇日 ・第一九回「総選挙」。政友六・民政五・昭和会一・社大一。

二月二五日 ・夜半より翌二六日早朝にかけ、未曾有の**降雪**約三〇cm余。

二月二六日 ・**二・二六事件**勃発。興津の坐漁荘《ざぎょそう》に滞在中の西園寺《さいおんじ》公望《きんもち》は、静岡県知事公舎へ避難。

三月	・加藤弘造・曽根忠次・谷坂健次が協力して「大津温泉友楽園」の建設計画。
三月	・「富士電力(株)」、「第二富士電力(株)」を合併する。
四月十二日	・「上川根第一尋常高等小学校」校舎増改築、落成式を挙げる。
四月二九日	・上川根村婦人会・青年団主催「高齢者慰安会」を開催する。
五月	・「東海事業株式会社」は、余剰電力を利用して「大倉鉱業島田試験場」を設置。
六月十九日	・上川根村、千頭区在住の「朝鮮人母子生活窮乏者」の実情調査を依頼する。
七月	・各村の「農業補習学校」は**青年学校**と改称。「青年訓練所」は廃止。
八月	・輸出茶の検査を開始した。
九月十五日	・**大井川電力(株)**が、上川根村崎平《さきだいら》に**大井川発電所**を建設、上流のダムや発電所の用水を導水トンネルで導き、落差一一三mで発電開始。最大出力六万八二〇〇kW。この発電所を設置したことに伴い、「大井川木材同業組合」および「大井川川狩組合」との間に、補償問題が生じていたが、この日全文二五条から成る契約を締結し解決。要点は、川狩材《かわがりざい》は一度奥泉《おくいずみ》で揚木、千頭貯木池まで陸送し投入、再び揚木されて軌道により崎平まで運び、再び大井川に投げ込み、下流向谷《むくや》まで川狩するというもの。また運材設備建設費用「約一七〇万円」という当時としては桁外れの大きな金額であった。
一〇月	・上旬から稲作へ大量の害虫発生。
十一月	・政府の**満州国移民計画**が発表され、希望者を募り始めた。静岡県が満州移民に加わるのはこの年の第四次の哈達河《ハーダーフー》からである。中川根村は「耕地面積が少ない郡内一の貧弱町村」との現状認識から、助役の板谷荘吉の積極的推進活動があり、さらに昭和一六(一九四一)「満州開拓分村計画」事業の最初の行事として開催された「加藤弘造の講演会」が大きなきっかけとなった。加藤は島田選出の県会議員で、移民事業に積極的な彼の熱弁が村民にバラ色の夢を抱かせ、背を押したと言われている。

		・この年、中川根村に最初の自動車として「荷積自動車」が入り、翌年には荷積自動車二台、乗用車一台であった。
一九三七 昭和十二	一月	・「初倉組消防組」が公設となった。
	一月	・**大井川発電所**の建設、本送電に伴い「小山発電所が廃止」になる。
	二月	・付近に時ならぬ**大降雹**があった。積雹二〇cmに達した。
	四月	・「大津村婦人会」結成。
		・大津村が、農林省の「農山村経済更生特別補助指定村」となる。
		・「六合青年団」創立二五周年記念事業として「二宮金次郎」の銅像を六合小学校内に建立。
	五月一〇日	・大井川遊覧船「鶯丸《うぐいすまる》」を地名駅前の酒井甲子平が建造、地名・家山間を就航。
	五月二九日	・**東川根村消防組**金馬簾を受賞する。
	五月	・徳山村田野口・中川根村上長尾間を結ぶ鉄線吊橋**中徳橋**が竣工。総建築費は六三〇〇円。
	七月　七日	・**日支事変**勃発して召集始まる。これによって「木材の特需」が急増し、景気は上昇に跳ね上がった。しかし島田地域の製材製函業の各工場では、熟練した優秀工員が相次いで召集され、事業は多忙を極めるも、事業を縮小せざるを得なかった。
	七月　九日	・**藤相鉄道(株)**、大井川に**専用木橋竣工**、開通。その後昭和十八年五月十五日静岡電気自動車・藤相鉄道・中遠鉄道・静岡乗合自動車・静岡交通の五社は合併し**静岡鉄道(株)**となる。
	七月	・各村の農業補習学校は**青年学校**と改称、青年訓練所は廃止。
	八月二六日	・「静岡歩兵三十四連隊」へ**動員令**下る。中国に出動。九月五日長江流域の呉淞に上陸。
	九月　八日	・笹間の石上桑ノ山地先の木橋が県費で架橋。
	九月	・**相賀広長《ひろおさ》鉱山**の試掘・採鉱に取りかかり、一〇月から本格的坑道掘削を開始。この鉱山では、江戸時代には丹石・石綿が、また大正の初め伊太山では**クローム**を発見、採掘。当時

年	月日	事項
		クロームは、鉄砲の銃身・戦車・飛行機の耐熱摩耗部の資材となった。鉱石は、鉄索で山麓に下ろし、馬車やトラックで島田駅へ運び、名古屋の「大同鉄鋼(株)」本社に送られた。
	一〇月	・加藤弘造・秋野三千雄・塚本宇八など、要職の人たちが相次いで応召、出征。
		・大津村では、各字毎に「共同製茶作業場」を設置した。
	十二月　二日	・「県会議員補欠選挙」に、加藤利八当選。
	十二月　九日	・「下川根小学校」が、家山野守の池畔に移転新築することに決定。
	十二月　九日	・大津村産業組合で「三輪《さんりん》自動車」購入。
	十二月一〇日	・「東川根村愛国婦人会」発会式を行う。
		・この年、県下の漁船三〇隻に初の「徴用令」。
		・この年、「蓬莱橋」の架け替え不能となった。
一九三八 昭和十三	一月	・**満蒙開拓青少年義勇隊員**募集開始。
	二月十八日	・笹間村にも「公衆電話」が設置され、笹間局と村役場に各一本ずつ開通した。
	二月	・大津村では、旧位置へ役場庁舎を新築竣工。
	四月二八日	・「東川根村役場」が焼失する。
	四月	・島田町内「停車場通り」を舗装。
	五月　五日	・**国家総動員令**発令。
	五月三〇日	・記念行事「大井川蓮台越」に、「静岡衛戍《えいじゅ》病院」で療養中の傷病兵を招待した。
	六月二九日	・**大豪雨**で大井川支流が氾濫し、県道「東川根線」の交通が途絶する。
	七月　七日	・**盧溝橋《ろこうきょう》事件**。中国北平(現北京市)郊外の盧溝橋で日中両軍衝突。**日中戦争**始まる。
	七月　八日	・県下で「防空訓練」と「灯火管制」実施。
	七月一八日	・東川根村村長、「川根電力索道(株)の営業廃止」に伴う鉄塔等の工作物撤去、用地料の支

		払い、踏荒損害補償、村内従業員の職業斡旋などを会社と話し合い、島田警察署長の仲介で覚書を交わした。
	一〇月	・「島田銀行」が、「浜松銀行」へ買収され**浜松銀行島田支店**となる。
		・大井川橋東端から向島に至る東海道国道筋が舗装された。
	九月十四日	・「第二尋常小学校」が、中溝に校舎を新築完成し移転した。
		・**県工業試験場島田分場**が役所西隣へ設置された。
		・大津村有植林事業完結。
	十二月十六日	・**富士電力(株)大間発電所**が送電開始。寸又川に大間川が注ぐ合流地点付近にダムを設け、大間に近いところに落差一万六〇〇〇kWの中級発電所を設けた。
		・この年、**川根電力索道(株)**は、「大井川鐵道輸送の発展」「大間・湯山発電所の建設終了」などから経営悪化。地名・沢間間索道路線は撤退・廃止となった。しかし電力供給会社としては、昭和十七(一九四二)一〇月に「中部配電(株)」に統合されるまで、笹間村・伊久身村などを主に送電を続けていた。
		・この年、電力の供給を国家が管理するという**電力国家管理関連法**が制定された。これは、各電力会社から火力発電所・主要送電線を現物出資させ、半官半民の国策会社**日本発送電(株)**を作るという計画であった。
一九三九 **昭和十四**	二月　三日	・助役「高杉幸作」が町長となる。
	二月十八日	・「富士電力(株)大間発電所」竣工式。
	三月十三日	・東久邇宮《ひがしくにのみや》殿下が、「東海事業株式会社」の金属マグネシュウム精錬事業を視察。
	四月二十五日	・**警防団令**の実施に伴い、防空任務を強化するため「消防組」を改組し**警防団**と改称。
	四月二十六日	・「青年学校」は義務制となる。

四月	・「電力国家管理関連法」・「日本発送電(株)法」に基づき民有国策の国策会社＝**日本発送電(株)**が発足。日本発送電は、自ら「火力発電」を行い、また電力会社から「水力発電」の電力を買い上げ、それを消費地に送り販売した。昭和十六年に入ると電力の国家管理はさらに強化され、電力会社の保有する水力発電設備や送電線が**強制的に現物出資**させられた。
	・遊休設備の撤去、金属回収の圧力を受け「地名発電所」等の鉄管・水車・発電機を五万二五〇〇円で売却。その後その資材は満州に渡ったという。戦後昭和二四年に復旧している。
七月 八日	・**国民徴用令**が実施された。
七月二六日	・**日米通商条約**破棄される。
八月 八日	・初の**防空訓練**実施(～一〇月)。
八月	・一丁目南裏の製函工場から出火、工場・住家・警察署留置場など類焼。
九月 一日	・**興亜奉公日**を制定。男子の飲酒、女子の紅《べに》・白粉《おしろい》使用などを禁止。神社参拝・労働奉仕・報国貯金等が推奨された。
九月十四日	・**暴風雨**・大雷雨。農作物の被害大。
	・「大津村森林組合」結成。
	・稲作に**ウンカ**大発生、被害甚大。
九月二〇日	・**価格統制令**が発布施行。諸物資の「公定価格」決定の調査始まる。
九月二七日	・「用材生産統制規則」が施行される。
九月	・「電力国策要綱」を決定し、既存の水力発電設備を「日本発送電」に帰属させるとともに、「新規水力資源」を開発することとした。静岡県内では大井川の**久野脇《くのわき》発電所**と清水の火力発電所を計画した。
十月十八日	・県会議員に加藤弘造当選。
十月二一日	・「県茶業連合会」は政府の統制方針に反対の決議をした。

年	月日	事項
	十月二八日	・県令により「静岡県用材検査規則」が施行され「静岡県林産物検査出張所」が設置される。
	十一月五日	・東川根村「奨兵会」「軍人後援会」を解散、東川根村「銃後奉公会」を結成。
	十一月	・東川根村、「家庭防空隣保組織」結成につき各区長への依命通達する。
	十二月一日	・東川根村尋常高等小学校に「少年団」が成立する。
		・この年、静岡県の勧告を受けて、「蓬萊橋利用組合」を結成。橋を修築し、その後も橋流失の被害を受けたが、その都度改修された。
		・この年**木炭自動車**出現。
一九四〇 昭和十五	一月十五日	・**静岡大火**で五一〇〇戸焼失。被災者二万八一五六人。
	二月	・朝鮮からの「集団移民訓練所」、中川根村に開所。「久野脇発電所」の工事人夫養成。
	二月	・県は国策会社＝日本発送電(株)の計画していた中川根村**久野脇発電所**の発電用水利の使用を認める命令書を発した。
	三月十五日	・大津小路真言宗「洞源寺」炎上。
	四月　一日	・**農業統制・食糧統制・銀行統制・金融統制・仕入統制**などが行われた。
	四月一〇日	・大井神社は、「皇紀二六〇〇年記念行事」とし、南西寄りの土地を買収して外苑設置。
	四月	・六合小学校では戦時体制の食糧増産・応急資源開発のため、栃山川旧川底を開墾して**報国農場**を設立、生徒達が作業に従事した。
	五月二六日	・「伊久身郵便局」、「特設電話」の交換事務を開始。
		・生鮮食糧品の**公定価格制**を採用した。
	八月十九日	・**島田商業学校**は、全国中等学校野球選手権大会第二六回硬式野球大会において、四度目の出場、海草中学に決勝で二対一で敗れ**準優勝**。この大会を最後に甲子園大会は中断された。
	一〇月　三日	・「用材配給統制規則」が施行される。

十一月　三日	・第一回「全国多産家庭」を表彰。県下で四四八家庭。
十一月二三日	・「大日本産業報国会」結成される。
十二月十二日	・**大政翼賛会《たいせいよくさんかい》県支部**発会式。
十二月二九日	・国策としての**日本発送電**による中川根村の**久野脇発電所**の工事に着工し、昭和十九(一九四四)年三月に完成した。この発電所の発電用水は、上川根村の「大井川発電所」の放水をそのまま取水し十一km余の隧道で流し、さらに途中枝川の榛原川・境川の水も合わせて発電所に送水し、四九ｍの落差で発電するものであった。したがって、この間**大井川の河原から流水は消えた。**本来一万六〇〇〇kWの発電機二台の計画が、資材不足のため一台のみの設置となった。工費は一五〇〇万円。工事を請け負った「大倉土木」(現大成建設)と「間組《はざまぐみ》」合わせて二五〇〇人余の労働者が集められたが、そのほとんどが朝鮮人であった。「大倉土木」の昭和十五・十六年の朝鮮人雇用総数は四〇二名、「間組」では昭和十七年までの雇用総数は一三二一名との記録が残されている。
十二月	・大長村は、役場を相賀から伊太笹ヶ久保《ささがくぼ》へ移し庁舎を新築完成。
十二月	・横井運動場に接続した河川敷へ「軍用馬調練場」を設置。堤防沿いに「日の丸兵舎」を建てた。なお付近の河原地は開墾して、「島田女子商業青年学校」生徒や「島田女子青年団員」の**食糧増産場**となり、サツマイモ・カボチャ・ジャガイモなどを栽培した。
	・この年、大津村戸数三九七戸、人口二六五一人。
	・この年、吉永村中島地先堤外砂地開墾される。

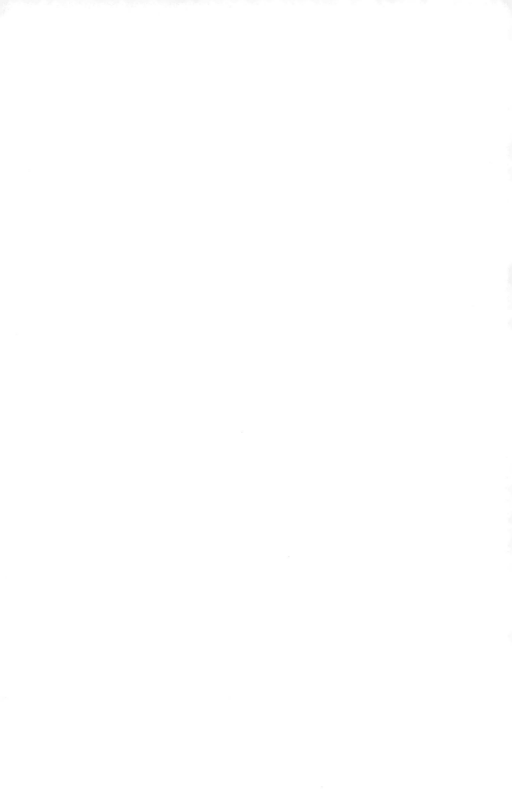

6-1 大正8年「蘭契会」会員記念写真(最初の事業洋楽演奏会の折。前列中央八木利一・右から三人目清水真一) ⑭

-2 飛行艇　大正12年6月　向谷・家山間運航開始。飛行機の発動機とプロペラを乗せて運航。所要時間は上り2時間、下りは1時間で運航。騒音がひどかったが川根筋の人々には大変便利で期待が高かった ⑪

6-3 大正12年9月1日 関東大震災(島田停車場前に仮設された被害者救護所) ㉘

6-5 昭和3年 国道島田金谷間に大井川鉄橋架橋 ㉘

6-4 藤相鉄道
大正9年県営「富士見橋」工事着工。大正13年4月竣工
藤相鉄道と併用橋となり直行するようになった ㊳

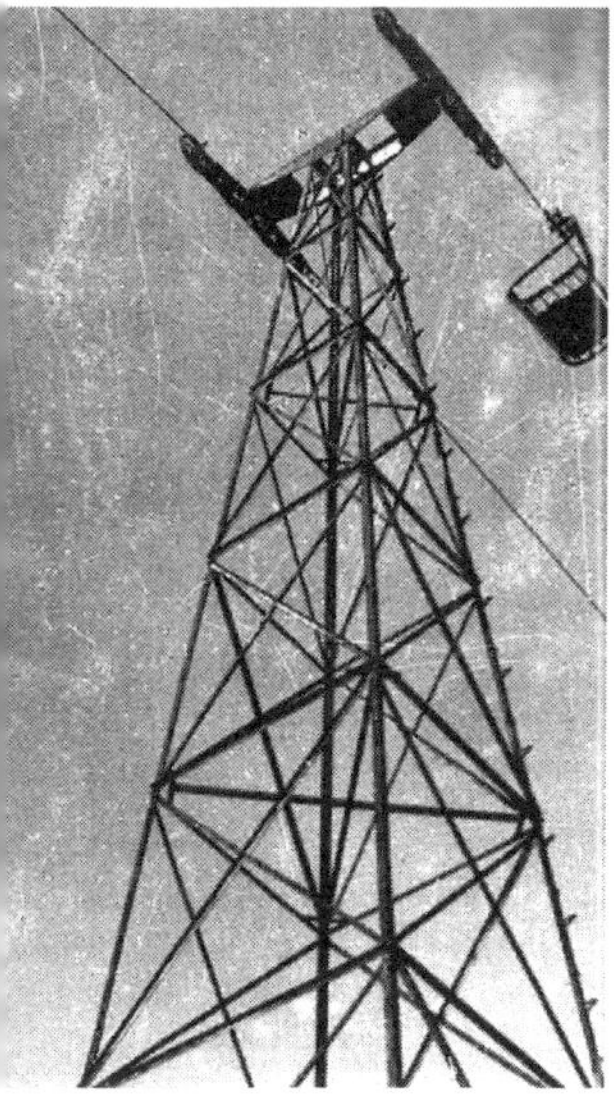

6-6・7 川根電力索道の鉄塔と地名停車場
大正14年1月瀬戸谷村滝沢(現藤枝市)停車場で起工式。
滝沢を起点とし、徳山村地名を経由して上川根村沢間に至る索道(ロープウエイ)で、昭和5年10月全線約38.6kmが完成した。
㉜

-8 日本一短いトンネル(保安隧道) 実は地名駅の北と南に、大井川鐵道と上空で交差する川根電力索道からの保安トンネル。昭和5年に完成した索道は、藤枝の滝沢・地名・沢間間を結ぶ空中ケーブルで、上流には寸又川の湯山・大間発電所建設資材を主に運び、下りには椎茸や薪炭など川根筋の生産物が運送された。（編者作成）

6-9 大正14年12月(私立)島田高等裁縫女学校設立認可
(中央・創設者大塚野助校長 左上・沖六鳳先生) （編者作成）

6-10 島田高等裁縫女学校寄宿舎
地方からの入学者や家庭困窮の生徒のため寄宿舎
設け、家族的生活から卒業後の家庭人としての家
・家政を身に付けさせた。（編者作成）

6-11島田高等裁縫女学校校舎
授業は昼間部・夜間部の二部に分け、裁縫を通じ
の子女教育のみに留まらず、急変する社会の要望
ら勤労女子に対する初等教育と職業教育の普及に
めた。（編者作成）

6-13 大井川鐵道(株)
初代社長・中村円一郎 (79)

-12 昭和6年12月 大井川鐵道・金谷・千頭間全線開通(千頭駅にて開通式) (79)

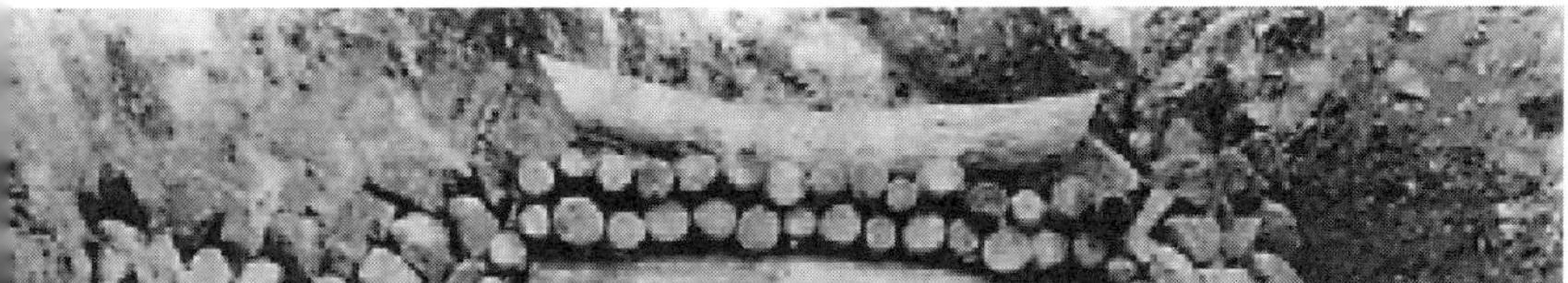

-14 相賀広長《ひろおさ》鉱山

昭和12年10月 本格的坑道掘削開始

江戸時代には丹石・石綿が、大正時代にはクロームが発見された。当時クロームは鉄砲の銃身、戦車、飛行機の耐熱摩耗部の資材して使われた。㊽

6--15 島田商業学校(のちの県立島田商業高校)

昭和15年8月 全国中等学校野球選手権大会第26回硬式野球大会で準優勝した。この大会最後に甲子園大会は中断された。㉘

6-16 久野脇発電所(中川根村)

昭和15年12月 国策として「日本発送電」により工事に着手。昭和19年3月完成。(編者作成)

【参考文献】

①嘉永　七年（一八五四）『歳代記』松浦幸蔵著

②明治四四年（一九一一）『卒業記念帖・静岡県志太郡　島田尋常高等小学校』

③大正　四年（一九一五）頃『八木利一撮影アルバム』

④昭和　七年（一九一八）『卒業記念写真帖・大津尋常高等小学校』

⑤昭和　九年（一九三四）『島田・六合・大津・大長　四ヶ町村郷土年代記　全』紅林時次郎

⑥昭和一一年（一九三六）『島田紡績所』絹川雲峯・「綿業時報・第四回第八号」

⑦昭和一四年（一九三九）『神座発展史（前編・後編）』榊原繁太郎

⑧昭和二七年（一九五二）『第八十回開校記念・沿革誌』島田市立島田第四小学校ＰＴＡ

⑨昭和三五年（一九六〇）『島田木材業発達史』紅林時次郎著・島田木材協同組合発行

⑩昭和三六年（一九六一）『大井川・その歴史と開発』中部電力株式会社

⑪昭和四〇年（一九六五）『初倉村誌』

⑫昭和四三年（一九六八）『静岡県の百年』静岡県

⑬昭和四三年（一九六八）『川根町・明治百年』川根町教育委員会

⑭昭和四三年（一九六八）『静岡県木材史』静岡県木材協同組合連合会発行

⑮昭和四三年（一九六八）『東海パルプ六十年』東海パルプ株式会社

⑯昭和四三〜四四年（一九六八〜一九六九）・島田新聞連載「明治百年」（紅林時次郎著）

⑰昭和四五年（一九七〇）『ふるさとの歴史・松葉町史』長谷川徳市

⑱昭和四六年（一九七一）『大井川流域の林業』東海パルプ株式会社

⑲昭和四八年（一九七三）『島田市史　下巻』島田市史編さん委員会

⑳昭和四八年（一九七三）『開校百年史』百年史刊行委員会

㉑昭和四九年（一九七四）『ああ拓魂・川根開拓団史・他』中川根町拓友会編集委員会

㉒昭和五〇年（一九七五）『拓魂碑建つ』拓魂碑建立委員会
㉓昭和五〇年（一九七五）『島田市立図書館叢書第八集・島田災害考』紅林時次郎
㉔昭和五三年（一九七八）『島田市立図書館叢書第十集・島田町誌』紅林時次郎
㉕昭和五四年（一九七九）『島田市立図書館叢書第十一集・大長村誌』紅林時次郎
㉖昭和五四年（一九七九）『一億人の昭和史・日本の戦史1・日清・日露戦争』毎日新聞社
㉗昭和五四年（一九七九）『静岡の昭和史 上』ＮＨＫ静岡放送局・ひくまの出版
㉘昭和五六年（一九八一）『ふるさとの思い出・写真集・明治・大正・昭和・島田』（編集）谷村茂 （発行）国書刊行会
㉙昭和五九年（一九八四）『島田風土記・大津編』島田市史資料等編さん委員会
㉚昭和六〇年（一九八五）～『静岡県史』静岡県教育委員会
㉛昭和六〇年（一九八五）『島田六合地区南部概誌』花沢且太郎
㉜平成 元年（一九八九）『島田風土記・ふるさと六合』島田市資料等編さん委員会
㉝平成 五年（一九九三）『見る・読む・わかる 日本の歴史④近代・現代』朝日新聞 木下秀男
㉞平成 三年（一九九一）『読める年表』自由国民社
㉟平成 三年（一九九一）『大井川町史・中巻』大井川町史編さん委員会
㊱平成 四年（一九九二）『島田宿と大井川』島田市史編さん委員会
㊲平成 四年（一九九二）『大井川町史・下巻』大井川町史編さん委員会
㊳平成 八年（一九九六）『島田風土記・ふるさと初倉』島田市史編さん委員会
㊴平成 八年（一九九六）『日本史年表・年号ハンドブック』編者 安部猛・発行（株）同成社
㊵平成 九年（一九九七）『静岡県吉田町史・下巻』静岡県吉田町史編さん委員会
㊶平成一〇年（一九九八）『静岡県の歴史』本多隆成・荒木敏夫・杉橋隆夫・山本義彦
㊷平成一〇年（一九九八）『産業遺産研究 第五号』中部産業遺産研究会
㊸平成一一年（一九九九）『新聞に見る静岡県の一〇〇年』静岡新聞社出版局

㊹平成一一年（一九九九）『第十九回企画展・東海道と島田宿』島田市博物館
㊺平成一三年（二〇〇一）『駿州志太郡地名村・墾田の歴史』栗原靖
㊻平成一五年（二〇〇三）『静岡県歴史年表』静岡県歴史教育研究会
㊼平成一五年（二〇〇三）『島田風土記・ふるさと大長・伊久身』島田市史編さん委員会
㊽平成一五年（二〇〇三）『本川根町史・通史編３　近現代』本川根町史編さん委員会
㊾平成一五年（二〇〇三）『おかげまいりとええじゃないか』豊橋市美術博物館
㊿平成一五年（二〇〇三）『第三三回企画展・島田の産業・木材から再生紙まで展』
51平成一六年（二〇〇四）『金谷町史・通史編・本編』金谷町史編さん委員会
52平成一六年（二〇〇四）『第三五回企画展・蓬莱橋と牧之原開拓史展』島田市博物館
53平成一六年（二〇〇四）『第一回島田・金谷共同企画展・島田・金谷の茶業史展』島田市博物館
54平成一七年（二〇〇五）『川根町関係新聞記事索引』編者　上白石実、発行　川根町教員委員会
55平成一七年（二〇〇五）『図説・金谷町誌』金谷町史編さん委員会
56平成一七年（二〇〇五）『本川根町史・通史編２　近世』本川根町史編さん委員会
57平成一八年（二〇〇六）『島田市医師会史』島田市医師会史編さん委員会
58平成一八年（二〇〇六）『中川根町史・近現代通史編』編集　中川根町史編さん委員会
59平成一八年（二〇〇六）『大津のあゆみ』大津郷土史編さん委員会
60平成一八年（二〇〇六）『大井川流域の文化』島田市博物館
61平成一八年（二〇〇六）『島田市医師会史』島田市医師会編さん委員会
62平成二〇年（二〇〇八）『第四七回企画展・置塩棠園』島田市博物館
63平成二一年（二〇〇九）『第八四回企画展・島田市名誉市民・清水真一の軌跡』編集・発行　島田市博物館
64平成二一年（二〇〇九）『旭町町誌』島田市旭町町史編さん委員会
65平成二二年（二〇一〇）『島田博物館収蔵品「浮世絵」目録』島田市博物館

(66) 平成二三年（二〇一一）『島田市立図書館叢書第四集・（増補第四版）島田市年表（慶応・明治・大正・昭和・平成編）』紅林時次郎（増補　杉山和佳）

(67) 平成二四年（二〇一二）『静岡県鉄道軌道史』森信勝著・発行所静岡新聞社

(68) 平成二四年（二〇一二）『あなたの知らない静岡県の歴史』監修　山本博文・発行所　洋泉社

(69) 平成二四年（二〇一二）『第五八回企画展・難所　東海道を旅して・箱根峠～大井川～七里の渡し』島田市博物館

(70) 平成二五年（二〇一三）『会津の桜・新島八重』

(71) 平成二八年（二〇一六）『感染症の近代史』内海孝著・山川出版社発行

(72) 平成二九年（二〇一七）『日本史年表　第五版』編者　歴史学研究会・岩波書店発行

(73) 平成二九年（二〇一七）『見る　読む　静岡藩ヒストリー』樋口雄彦

(74) 平成三〇年（二〇一八）『幕末維新史年表』編者　大石　学・東京堂出版発行

(75) 令和　元年（二〇一九）『川根地域の歴史・五つのテーマで地域を捉える』著者　松本晴巳

(76) 令和　二年（二〇二〇）『疫病の日本史』本郷和人／伊沢元彦著・（株）宝島社発行

(77) 令和　二年（二〇二〇）『私を育ててくれる郷・わが郷土地名について』制作　地名区生涯学習推進委員　山下　初

(78) 令和　四年（二〇二二）大井川鐵道（株）広報課提供

各編の要点

一　幕末の大混乱　「プレ維新《いしん》」ともいえる幕末期のこの地域では、大干魃《だいかんばつ》・大地震・大火災・大洪水などの天変地異の頻発《ひんぱつ》や、黒船来航とともに新しい感染病ペスト・コレラの大流行、東海道筋の金谷宿では「御札降り・ええじゃないか」の乱痴気乱舞。幕府の廃退とともに地域農民の生活困窮と社会の混乱は著しくなり、「世直《よなお》し」を求める地域住民の声は切実なものでした。

二　明治維新　架橋・通船・渡船の許可。元禄九（一六九六）年以来、島田金谷両宿民の生活がかかった「川越制度」は、江戸時代を通して「神君家康公以来の御禁制」を盾に、将軍の渡川に対しても架橋の要求を頑なに拒んできました。しかし討幕を目指す官軍や天皇の東幸、還幸の際には呆気なく仮橋の架橋が命じられました。その後、明治三（一八七〇）年には上流域への通船が許可され、翌年には川越制度の廃止。川越場での渡船が許可されます。これによって失業した約一三〇〇人の川越人足、川役人らの失業対策が苦慮され、一部は船夫への転業、あるいは牧之原や周辺の御林《おはやし》が下付され開墾に当てられました。これらの改革は、大井川流域の人々にとって悲喜こもごも大変な変革をもたらしました。

三　学制・行政区画の制定　「インフラの整備」。明治五（一八七二）年、国民皆学を主旨とした義務教育の学制が公布され、翌年から各集落毎に行われてきた私的な「寺子屋」教育から、全国一律の初等教育が行われるようになりました。行政区画の統廃合とともに、学校も小学校・尋常小学校・尋常高等小学校へと統廃合を繰り返しながら整備拡充が行われました。

　また消防組・郵便局・病院・銀行・警察署・茶業組合などのインフラが整備されてきました。交通関係では、島田・金谷間の木造大井川橋・蓬莱橋・東海道鉄道全線開通など、大井川を挟んでの交通・流通が、有料なれど自由に解放されました。

　東海道の難所の一つ、日坂宿・金谷宿間の「金谷坂」「小夜の中山峠」越えに代わる東海道のバイパス「中山新道」が開通し、人力車、大八車馬車など車の通行が可能になりました。

四　大日本帝国憲法・市制・町村制制施行　「東海道鉄道」全線開通。明治二二（一八八九）

年、新橋・神戸間全線開通し、島田停車場、金谷停車場も営業開始しました。これにより有料の木造大井川橋や、栃山橋から焼津の和田港まで上下していた栃山川の十石船も自滅しました。

「通船と川狩り」。通船の数も増加し、上川根の長島・梅地を上限に各村ごとに船着場ができ、営業を開始しました。それまで人力で山越えし移出していた山間地域の産物、特に「茶」が島田・金谷両停車場から京浜地方へ、さらには海外への輸出品となったため、茶業が急激に盛んになりました。

日清・日露両戦争が起こると、島田の木材業・製函業に対して軍部から、武器・弾薬の梱包材として木箱の受注が急激に増え、生産が追いつかぬほど空然の活況を迎えました。それに合わせて、上流部では大量の山林伐採と川狩りが盛んとなり、通船との利害関係が問題となってきました。また下流では大量の木材が島田の水神山下の貯木場に集積されます。その木材を島田停車場に大量に輸送するため、向谷から島田停車場まで「島田軌道」が敷設されました。その中間拠点として「向谷」が大変な賑わいを迎えました。

五　木都島田の発展

「製材製函業の活況」。東海紙料（株）の営業開始や、向谷を中心に製材業・製函業が盛んになりました。それにつれ、上流地域の「川狩り」も増大しました。さらに上中流域では、徳山村地名と奥泉村小山に発電所が設立され、通船や川狩り・筏の流送との新たな三つ巴の対立が大きくなり、それによって食糧危機、生活物資不足に襲われた沿岸住民をも巻き込んで大きな問題となりました。島田の木材界は最盛期を迎え、大井川材を扱う向谷周辺の製材工場群と移輸入材を扱う島田駅周辺の工場群とに二分化されてきました。

明治四三年八月の三日間にわたる未曾有の集中豪雨により、大井川左岸の中小河川が大氾濫を起こし、記録的な被害をもたらしました。

住民の反対から東海道鉄道の敷設を拒んだ藤枝町や榛南の村々がその後の焼津・島田等沿線の町村の活況を見て、新藤枝駅を拠点とした軽便鉄道「藤相鉄道」の敷設を計画、完成させ、最終的には岡部・新藤枝駅・袋井を結びました。

河口部の吉田町では農業・水産業の不況から「養蚕業」に転業するものが半数以上に達しま

した。

六　恐慌の波と戦争への歩み

大正十二(一九二三)年、大井川通船では、向谷・家山間に「飛行艇」を運航しました。その直後、「大井川通船組合」が突然の値上げから「川根商人組合」と紛糾、調停は破綻し、対抗手段として、沿岸の各村ごとに区有船を建造しはじめました。その後大正十四(一九二五)年「大井川通船組合」は解散、「川根通船組合」に統一されました。

島田・川根間の通船による経済活動の発展に刺激を受け、経済的に後退しつつあった藤枝地域の有志達は経済挽回策として、瀬戸谷村滝沢・徳山村地名《じな》・上川根村沢間を結ぶ架空索道(貨物用ロープウェイ)の建設を計画しました。その「川根電力索道」が昭和五(一九三〇)年開通すると、その価格、スピード、輸送量など、通船は太刀打ち出来なくなります。しかし、ほぼ同時期に工事が進行していた「大井川鐵道」が翌年金谷・千頭間全線開通すると、今度は索道の経営も急激に悪化し、昭和十三(一九三八)年には廃業することとなります。

「大井川鐵道」の開通は、大井川水系の電源開発を加速させ、流木材や特産物の大量輸送を可能にし、さらには観光開発も著しく発展させました。

島田木材業界は、未曾有の「経済界恐慌」で大量の在庫を抱えていましたが、大正十二(一九二三)年の「関東大震災」の復興材需要で、一気に好況に転じることが出来ました。しかし一二月には米材の大量輸入、復興材出荷終了で再び市況は悪化。苦境に陥り始めました。翌年一丁目南裏の大火で焼失した製材工場の一部は、これを期に洋材輸入港の清水港付近に工場を新設移転しました。昭和十三年「日中戦争」が勃発し、再び木材の特需が急増しますが、既に多くの熟練職人が召集され、工場の規模を縮小するしかありませんでした。

江戸時代の川越人足、明治・大正期の木ヤン坊(木遣り)の存在感、大祭での大立ち回り、などなど、外部からの島田の街の印象は荒々しく見られ勝ちでした。しかし大正七(一九一八)年発足した十一人の青年会幹部OB中心に始まった「蘭契会《らんけいかい》」の高尚な文化芸術活動はそのような悪い印象を払拭して余りあるものでした。洋楽演奏会や三美展覧会に始まって、当代一流の学者の文化講演会、夏季講習など当時全国的にも希有な文化活動でした。

昭和十三年「日中戦争」が始まった年、電力の供給を国家が管理するための法律が制定され、半官半民の国策会社「日本発送電（株）」が翌年発足します。自らは火力発電を行い、他の電力会社から水力発電の電力を買い上げ消費地で販売するというものでした。また 新規水力発電として昭和十五（一九四〇）年「久《く》野《の》脇《わき》発電所」が計画され昭和十九年完成します。

あとがき

嘉永二（一八四九）年～昭和十五（一九四〇）年の九一年間を大きく六期に分け、間に貴重な古写真を挟んで、少しでも理解しやすい工夫を試みました。文字が小さくて高齢者にはルーペが必要かもしれませんが、バッグに入れて携帯し易い版にすることを優先しました。旅行中の車内でも、病院の待合室でも、好きなところからお読みください。

最後に、聞き取り調査のため、名も知らぬ行きずりの人にも多くを教えて頂きましたが、特に次の方々には大変貴重なご助言ご教示を頂きました。

榛原郡川根本町地名の郷土研究家山下始氏には川根電力索道・地名用水・地名発電所などの貴重な資料をお貸し頂き、また貴重なお話を聞かせて頂きました。

大井川鐵道株式会社経営企画室（広報担当）次長山本豊福氏からは、大井川鐵道開通時の貴重な写真など頂き、貴重なお話を聞かせて頂きました。

また島田宿・金谷宿史跡保存会元副会長・現相談役で後輩の鈴木利明氏には、企画時点から校正の段階まで、相談し協力して頂きました。

また静岡新聞出版部鈴木淳博氏には、細かく丁寧な校正をして頂き感謝申し上げます。

最後の最後に、プライベートな事で恐縮ですが、「金婚の祝い」も出来ず二年も過ぎてしまった女房殿に頭が上がりません。年金の中からの貴重な預金から今回の多大な出版費用を目一杯賄うことを快諾してくれました。身勝手な亭主からの感謝、感謝の一言です。

令和五年三月吉日

編者　大塚淑夫

【編集・執筆者略歴】

大塚淑夫(おおつか よしお)

・一九四〇年　静岡県島田市祇園町に生まれる。
・島田第四小・島田第一中・県立藤枝東高校卒業
・一九六三年　明治大学文学部史学地理学科考古学専攻卒業
・一九六三年　東海大学附属高校社会科教諭就任
・一九九六年　東海大学文学部考古学研究室専任講師
・一九九九年　東海大学総合教育センター専任講師
・二〇〇三年　同定年退職後引き続き非常勤講師
・二〇〇四年　東海大学「宮古・八重山諸島地域の総合研究プロジェクト」研究員
・二〇一一年　東海大学総合教育センター非常勤講師退職
・元静岡県考古学会会長・元島田市史編さん委員・元本川根町史編纂委員
・元海老名市史編纂委員・島田宿・金谷宿史跡保存会元会長　現相談役
・一九九九年　島田市「市民功労賞」受賞
・二〇一七年　「第一七回静岡県自費出版大賞」奨励賞受賞

【主な著書】

・一九八四年　『島田風土記・大津編』共著・島田市教育委員会発行

・一九八九年　『島田風土記・ふるさと六合』共著・島田市教育委員会発行

・一九八九年　「五百原國・静岡県中部地方の古墳文化」『東海紀要㉟号』東海大学出版会

・一九九二年　『島田宿と大井川』共著・島田市教育委員会発行

・一九九四年　「西相模地方の古墳文化・其の１」『東海大学高中紀要第三〇輯』学校法人東海大学学務部高中課

・一九九五年　「西相模地方の古墳文化・其の２」『紀要初等中等教育第三一輯』学校法人東海大学学務部高中課

・一九九六年　『島田風土記・ふるさと初倉』共著・島田市教育委員会発行

・一九九八年　『海老名市史１・史料編・原始・古代　第六章　古墳時代』海老名市刊

・二〇〇〇年　『日本歴史地名体系第二二巻・静岡県の地名』共著・株式会社平凡社発行

・二〇〇三年　『島田風土記・ふるさと大長・伊久身』共著・島田市教育委員会発行

・二〇〇三年　『海老名市史６・通史編・原始・古代・中世・第五章　古墳時代』海老名市刊

・二〇〇九年　『金谷宿史跡案内』・自著・島田宿・金谷宿史跡保存会発行

・二〇一三年　『大井さんと大まつり・島田・大井神社と大祭の歴史』自著・島田宿・金谷宿史跡保存会発行

・二〇一六年　『東海道・島田宿の歴史』自著・島田宿・金谷宿史跡保存会発行

・二〇〇三年　『本川根町史通史編１・原始・古代・中世』共著・本川根町史編さん委員会

大井川流域の近代史年表

2023年 5 月16日　　初版発行

発行者　大塚淑夫
発売元　静岡新聞社
〒422-8033　静岡市駿河区登呂 3 - 1 - 1
電話 054-284-1666
印刷・製本　藤原印刷株式会社

ISBN978-4-7838-8066-0　C0021

定価は表紙カバーに記載されています。